# A ginga da nação

Intelectuais na capoeira
e capoeiristas intelectuais

(1930-1969)

CONSELHO EDITORIAL
Ana Paula Torres Megiani
Eunice Ostrensky
Haroldo Ceravolo Sereza
Joana Monteleone
Maria Luiza Ferreira de Oliveira
Ruy Braga

Mauricio Acuña

# A ginga da nação

## Intelectuais na capoeira e capoeiristas intelectuais
### (1930-1969)

Copyright © 2014 Mauricio Acuña

Grafia atualizada segundo o Acordo Ortográfico da Língua Portuguesa de 1990, que entrou em vigor no Brasil em 2009.

*Edição*: Haroldo Ceravolo Sereza
*Editor assistente*: João Paulo Putini
*Projeto gráfico, capa e diagramação*: Ana Lígia Martins
*Assistente acadêmica*: Danuza Vallim
*Assistente de produção*: Camila Hama
*Revisão*: Zélia Heringer de Moraes / Tatiana Lotierzo
*Imagem de capa*: Carybé. *Vadiação*, 1965, óleo sobre tela.

Este livro foi publicado com o apoio da Fapesp.

CIP-BRASIL. CATALOGAÇÃO-NA-FONTE
SINDICATO NACIONAL DOS EDITORES DE LIVROS, RJ

A171g

Acuña, Mauricio
A GINGA DA NAÇÃO: INTELECTUAIS NA CAPOEIRA
E CAPOEIRISTAS INTELECTUAIS (1930-1969)
Mauricio Acuña. – 1. ed.
São Paulo: Alameda, 2014.
274p.: il. ; 21 cm.

Inclui bibliografia e índice
ISBN 978-85-7939-295-5

1. Capoeira. 2. Capoeira - Brasil - História.
3. Cultura afro-brasileira. I. Título.

14-15815                  CDD: 796.81
                                     CDU: 796.819'

ALAMEDA CASA EDITORIAL
Rua Treze de Maio, 353 – Bela Vista
CEP 01327-000 – São Paulo, SP
Tel. (11) 3012-2403
www.alamedaeditorial.com.br

A todos os capoeiristas com os quais tive a oportunidade de gingar nas rodas e aos que, mesmo sem tê-los conhecido pessoalmente, muito me ensinaram nestes últimos anos. São todos amigos que, com suor, sangue e alegria, constroem uma das mais belas expressões de liberdade humana, em movimentos, música e brincadeira.

A mi madre, quien me enseñó a amar el estudio como si fuera el pan de la vida y un camino para comprender la tristeza y la belleza humana. Aun que te desterraran de tu tierra y de tus sueños, supiste reconstruir y dar a mi hermana y a mí, cariño, apoyo y el estímulo necesario para superar las dificultades y alzar estudios en la institución que más admiraba en el país que escogiste para vivir. Este esfuerzo también es para ti. Cariños.

"...tengo una obligación terrible
y es saberlo,
saberlo todo,
día y noche saber cómo te llamas,
ése es mi oficio,
conocer una vida
no es bastante
ni conocer todas las vidas
es necesario,
verás,
hay que desentrañar
rascar a fondo..."
Pablo Neruda. *Oda al Hombre Sencillo*

# Sumário

Prefácio 11

Prólogo 21

Introdução 25

CAPÍTULO 1 – Imaginando a nação mestiça 35

Cultura e política: a década de 1930 38

A Revolução de 1930 na Bahia 60

CAPÍTULO 2 – Capoeiristas, intelectuais e Estado na Bahia: jogo de dentro e jogo de fora 79

Jogo de fora e jogo de dentro 82

Da última rasteira: a morte de Pastinha 88

A capoeira baiana na transição entre a República Velha e o Estado Novo 93

Pastinha e a capoeira: em busca da realização 110

Os anos de formação e alguns valores do Mestre 139

Fechando o capítulo: "Sempre quis viver de minha arte" 144

| | |
|---|---|
| **Capítulo 3 – Os intelectuais na roda: círculos da baianidade e a capoeira** | 147 |
| A Bahia e seus intelectuais | 149 |
| A Revolução de 1930 e o axé vermelho dos intelectuais rebeldes | 153 |
| A capoeira como representação de rebeldia e resistência na cidade do Salvador | 170 |
| O modernismo baiano e as rodas de capoeira: tudo misturado e com muito dendê | 177 |
| Capoeira em tintas, letras e políticas oficiais | 197 |
| **Capítulo 4 – Das histórias que cantam sobre a capoeira** | 209 |
| A capoeira sem veneno: identidade nacional ao ritmo do berimbau | 214 |
| O veneno da capoeira: os ritmos violentos do berimbau | 233 |
| Fechando o capítulo: música e canção na pacificação dos sentidos | 241 |
| **Considerações finais: canções para começar a luta** | 245 |
| **Bibliografia** | 259 |

# *Prefácio*
## *por Lilia Moritz Schwarcz*[1]

**Crônica de uma tese anunciada**

> "...Eh mundo dá volta camará
> Eh volta do mundo camará..."

Dizem que nesse mundo tudo volta: alterado, relido, refeito. E a história deste livro trata exatamente desse tipo de circulação. De circulação como metáfora, de circulação como realidade; de circulação transformada em realidade.

Conheci Maurício num curso de graduação, mas o (re)conheci num seminário em que ele, herculeamente, conduziu um grupo falhado, e com grande galhardia. Era como se ele precisasse provar, para mim e para si mesmo, que valia a pena tudo aquilo que ele andava fazendo, e que o esforço sempre compensava. Compensou: eu e ele jamais esquecemos, por essas e por outras, do livro *História Noturna*, de Carlo Ginzburg. Claro que a obra tem importância muito maior do que um mero jogo de acasos, mas, nesse exemplo singular, ela nos permitia discutir outras estruturas e circularidades: a crença na feitiçaria, que se apresenta na larga duração; a vontade de acreditar; e modalidades de conhecimento pouco visitadas por nossa lógica racional e ocidental. Por estranhas coincidências

---
[1] Professora Titular do Departamento de Antropologia da Faculdade de Filosofia, Letras e Ciências Humanas da Universidade de São Paulo.

– coisa de magia mesmo – as bruxas do sabá retornariam em nova e estranha conexão, com direito a bilhete de ida, de volta e a partir de um retorno inesperado.

Afinal, nos caminhos tortos da academia, perdi de vista o aluno, como quem desperdiça uma boa oportunidade. Foi por isso que, não sem certo espanto, fui surpreendida por Maurício, o qual, dono de uma simpatia realmente contagiante, propôs apresentar um projeto de mestrado sob minha orientação. Na verdade, borrando limites mais "naturais" e quase de protocolo acadêmico (desses que existem mais por consenso do que por oficialidade), depois de um intervalo de tempo até considerável, reencontrar o Maurício não me pareceu fato inusitado ou descabido. Como as bruxas do sabá, ele também sabia como inventar novas temporalidades e fazer o tempo mais alongado parecer breve. Duvidei, a princípio, que conseguiríamos levar a termo uma proposta de pesquisa. Se não fosse suficiente a distância do encontro, era preciso acrescentar que, àquelas alturas, só faltavam uns 10 dias para o início do processo de seleção. No entanto, e da maneira como a conversa engatava, não foi difícil recordar daquele aluno que tinha dado um jeito de transformar um verdadeiro desastre numa tábua de salvação.

A ideia para a investigação era boa; o tempo é que permanecia curto: escasseava. Maurício queria estudar o surgimento da capoeira baiana e vincular a prática com a discussão intelectual que então se estabeleceu naquele mesmo contexto. Mais ainda, pretendia mostrar como havia um certo discurso identitário, em meio a essa geleia geral, que misturava intérpretes com uma prática de fundo étnico. A bem dizer, não sei se já sabíamos disso tudo – logo quando começamos a discutir o projeto – ou se, naquele momento, estávamos imersos no cipoal que íamos tentando criar e desvencilhar.

Pior ainda, mesmo àquela altura, já sabíamos que tínhamos muitas pesquisas em uma só. Porém, antes excesso do que falta:

várias no lugar de nenhuma. Enfim, com a coragem e a perseverança de Maurício, que nunca morrem, o projeto foi aprovado. Mais ainda, foi aprovado pela Fapesp, que hoje também endossa a edição deste livro. Com tantos bons anúncios, faltava arregaçar as mangas e colocar mãos à obra. E hoje, depois desses anos todos, de convivência tão animada, fácil e identificada, reconheço que essa investigação comportava-se tal qual manto de Penélope, desses que a gente desembaraça e volta a embaraçar, que faz e refaz e faz de novo.

Logo notamos que, a despeito de Maurício saber muito a respeito de capoeira e ser ele próprio um capoeirista, que esse não seria um projeto de história social, muito menos de história cultural da prática. Por sinal, esse tipo de investigação já havia sido realizado e tínhamos pouco a avançar nesse sentido.

Caímos então na armadilha do brilho reluzente e hipnótico de um objeto. Por vezes, parece mais óbvio e adequado acreditar que uma tese se limita e se resolve em torno de um objeto. Entretanto, quanto mais o processo se desenvolve, mais fica evidente como para se ter um livro é preciso ter uma questão e não tanto um objeto de estudo. Muitos estudam a capoeira, o problema é entender como estudá-la e o que demandar a ela. Mas essa era, até então, e até segundo aviso, uma pesquisa em torno de seu objeto e em busca de um problema. Um bom problema.

Com o tempo, julgamos que esse bem poderia ser um trabalho sobre personagens que fizeram parte dessa história capoeira. Mestre Pastinha, por exemplo. Foi então que Maurício caiu na malha da "ilusão biográfica" – na boa provocação de Pierre Bourdieu –, e virou vítima de seu objeto; ou melhor, virou seu objeto. Recordo que, após discutirmos um relatório do Maurício, numa animada reunião do nosso grupo de estudos – o "glorioso" etnohistória –, todos se voltaram para ele, e brincando provocaram dizendo que a dissertação havia virado suco ou bolero. Na verdade, é fácil cair nas falácias da biografia e fazer dos personagens estudados amigos ou inimigos íntimos; heróis ou bandidos; parentes distantes ou amigos do peito. Mais ainda, é fácil fazer de uma vida um exercício de predestinação, uma avenida de coerência, uma rua sem travessas, obstáculos ou semáforos. Mais difícil é trabalhar no fio da navalha e entender como o agente dialoga com seu contexto, ao mesmo tempo em que o constitui. E nosso projeto, como tantos outros, padecia ainda nessa época, do mal do meio do caminho. Com o perdão do paralelo desautorizado: "no meio do caminho havia uma tese".

A questão é que alguns trabalhos e obras nascem prontos, outros precisam procurar por uma vocação: a sua vocação. E sobretudo, é a partir do recorte da investigação – do problema que ela persegue – que pode ser encontrada sua suprema originalidade. E faço aqui um parêntese: o assunto pode até parecer apenas afeito à arenosa seara da metodologia; no entanto, arrisco dizer, que ele aflige mais pesquisas do que se pode imaginar. Não poucas vezes "perdemos" nosso objeto, isso quando ele insiste em não dizer o que insistimos que ele diga ou se comportar de maneira pouco previsível. Objetos são "seres teimosos," e acabam insistindo em enveredar por saídas não imaginadas a priori, ou anotadas em nossos esquemas iniciais.

Estávamos nós, então, bem no meio do impasse teórico, e da esquina metodológica, quando, já na época da qualificação, nos demos conta de que todo trabalho carrega consigo "um processo de luto". É preciso abrir mão de alguns aspectos, para poder investir em outros. O problema é que continuávamos no aflitivo lugar do "meio do caminho": na terceira margem e ainda sem qualquer chance de alcançar as bordas do rio.

Hora de fazer um balanço geral. A dissertação poderia: 1. Fazer uma história da capoeira; 2. Fazer uma história das músicas da capoeira; 3. Fazer uma história dos documentos da capoeira; 4. Fazer um diálogo entre letras e músicas de capoeira. 5. Fiquemos mesmo com o angustiante, "nenhuma das anteriores": um NDA. O fato é que uma certa insatisfação ia tomando conta de nós, na mesma proporção em que o tempo – esse senhor impoluto e dado ao movimento contínuo e evolutivo – ia seguindo sua trajetória.

Foi quando pensamos que, na verdade, o NDA poderia se configurar como a melhor das saídas. Isto é, a novidade da pesquisa estaria justamente em não "essencializar" o tema – a capoeira. Ao invés de ter certeza da sua existência era melhor colocá-la em questão: ou ainda, perguntar sobre sua gênese, sua seleção num momento político e cultural específicos. Na verdade, a via mais promissora era também a mais difícil, uma vez que implicava tratar a capoeira como um objeto em disputa na história intelectual baiana. Como um objeto a partir do qual se jogavam dados, cujos resultados levavam a entender uma certa forma de fazer política cultural, criar uma interpretação do Brasil, anunciar um "jeito bahiano" de ser brasileiro.

Dávamos assim uma guinada de 360 graus e a dissertação, que poderia até então estar enquadrada na área de performance, ou de antropologia da música, ou da história da cultura virava para uma face totalmente distinta. Seria preciso alocar instrumentos e perspectivas teóricas de uma área recente – chamada Pensamento Social no Brasil -, para compreender a capoeira não como um fim em si mesma, mas como uma agência, uma forma negociada de inventar, criar e imaginar o país.

Não é o caso desenhar uma área em movimento – como é o caso do "Pensamento Social" – num gênero estável e com um longo percurso a justificá-la. Mas, se existem parâmetros comuns, eles têm levado a balancear, em boas doses, perspectivas mais contextualistas (historicistas até), com análises mais estruturalistas: a duração mais longa, com o tempo mais breve; os argumentos que analisam os sujeitos em ação com aqueles que mostram como eles só podem ser entendidos em relação e em situação.

No nosso caso, era preciso tomar o objeto em questão de maneira particular e singular, mas também entendê-lo em relação a seu contexto e seu momento. Pensar a capoeira como "trajetória" e menos como "biografia", como uma modalidade acionada e valorizada por uma "geração" que atuava e se pensava como tal: como geração.

É assim que Maurício, depois de tanto titubear, resolveu investir por essa estrada, cujo caminho era bastante claro (porque de certa maneira demarcado), mas igualmente sujeito a vários contornos, curvas inesperadas e vias de acesso de entrada dificultada. O fato é que o mesmo tipo de esforço teórico e metodológico poderia ser empreendido no sentido de privilegiar não sujeitos em ação, mas uma prática cultural (que virava social). De um lado, era necessário tomá-la em sua singularidade, mas, de outro, mostrar como ela atuava "em relação". Quer dizer: em relação a outros sinais diacríticos afro-brasileiros – como o Candomblé, por exemplo – que estavam sendo igualmente agenciados nesse momento imediatamente posterior ao começo Estado Novo e da Era Vargas. Nesse sentido, o contexto intelectual baiano tinha muito a acrescentar e desafiar, até porque introduzia uma perspectiva comparada e contrastada, ainda mais quando apresentado de maneira paralela ao modernismo paulistano, por exemplo.

Assim, ao invés da repressão, elementos outrora excluídos de nosso cardápio da nacionalidade passavam a integrá-lo, e não como coadjuvantes, mas tal qual personagem principal, com direito a tapete vermelho e tribuna especial. A capoeira surgia, assim, em mais um uso desavisado, com o modelo de Weber: menos como um modelo "em si", e mais como um modelo "para si". Para a ação, para um novo Estado, para uma nova elite, para um novo Brasil que ia sendo imaginado nesse contexto.

Dessa maneira, mais do que construir o objeto (e colocá-lo em pé) interessava quebrá-lo e mostrar como ele havia sido elemento de agência e de negociação por parte das elites intelectuais em disputa pela hegemonia do Estado e pelo domínio do discurso da nacionalidade.

Interessante entender como, ao invés de tomar os personagens dessa história de maneira *naïve*, eles passavam agora pelo escrutínio de novas perspectivas que atentavam para a maneira como é possível disputar objetos simbólicos e fazer deles algo a mais: eles se comportam como marcadores sociais de diferença, como sinais diacríticos, quase artefatos prontos para a ação cultural, mas também política.

Foi assim que Maurício vestiu sua capa de bruxo e passou a domar o material com rara maestria e sempre tendo ao lado (e bem afiada) sua vara de condão. Como por mágica, documentos que insistiam em ficar desalinhados "tomavam jeito", e os achados de pesquisa comportavam-se como se fizessem parte de uma sinfonia harmoniosa. Pois parece mágica: quando descobrimos a trilha correta, ela vai, ao mesmo tempo, sinalizando caminhos. Nesse redemoinho, Mestre Pastinha, Jorge Amado, Edson Carneiro, Roger Bastide, Pierre Verger, Carybé, antes de serem vistos apenas em carreira solo, desfilavam tal qual bloco carnavalesco, compondo um desfile que podia ser observado na sua singularidade, mas também na "harmonia" do conjunto: no atacado e no varejo, na sua diferença, mas também na sua continuidade.

Menos do que avaliar se determinados discursos eram verdadeiros ou não, importava compreender os andaimes do processo, as maneiras como se teceu a teia, como determinados modelos fazem sucesso e por que fazem. A capoeira "vingou", e mais do que elogiar a vitória, o que estava em pauta era acompanhar os passos dessa sua consagração, feita do entrelaçamento de discurso intelectual, discurso ativista, militância, discurso de Estado, discurso artístico e tudo misturado. Sim, pois nessa toada sincopada, os espaços tendem a se mestiçar e confundir. Ficam porosos, quando não para sempre híbridos de fontes, sentidos e origens.

Mas começamos esse texto (que tinha a firme intenção de ser uma introdução) mencionando o fenômeno da circularidade, e não pretendemos abrir mão dela. O que Maurício Acuña mostra nesse trabalho erudito, sensível, bonito perspicaz e profundamente original (nesses tempos tão carentes de originalidade) é como esse processo só resultou (no que resultou) por conta da circularidade cultural que acabou por acionar. A partir de determinado momento, o mundo intelectual era o da militância; o da cultura se misturava com o da política, e o vice versa era mesmo o contrário. Ou melhor, diante da circularidade cultural, tudo acaba gingando tal qual roda de capoeira, todos dançam ao som do atabaque, ou nos passos dos golpes desferidos pelos participantes do jogo.

Não que as hierarquias estejam, assim, abolidas. Muito pelo contrário. Também nesse caso, inclusão cultural se mistura, de forma muitas vezes perversa (como vemos na sina de Pastinha), com exclusão social. Mas, na construção de uma prática como "nacional", na criação de "comunidades de imaginação", como quer Benedict Anderson; ou na efetivação de "estruturas de "sentimento", na bela expressão de Raymond Williams, vinga uma certa circularidade de sentidos e de práticas.

Enfim, não quero resumir uma obra que não necessita de "bula de explicação", ou de "receita" de sentido ou confecção. Uma das grandes, dentre as inúmeras, qualidades desse livro, é ser claro e límpido no que precisa e pretende dizer e mostrar. O que busquei aqui fazer foi tão somente trazer para a "comissão de frente" – para o início do livro –, o que em geral insiste em permanecer no final da obra (no "pelotão de fundo"), quando não "bem em baixo do tapete". Penso que impasses como esses que relatei – mecanismos que relembram os andaimes da construção de uma tese –, mais do que casos excepcionais ou espécie de anomalias da profissão, já fazem parte de nosso dia a dia e são mais corriqueiros do que o ritual acadêmico permite mostrar ou deixar em evidência. Em geral, optamos por comentar pouco o processo em si;

raramente dividimos as angústias dos momentos de elaboração e de construção de argumentos e pesquisas. O resultado é que, na grande maioria dos casos, dissertações, trabalhos, teses ou livros como esse viram obras sempre amarradas no presente, como se tivessem surgido prontos: para presente, dádiva e deleite.

No caso do livro de Maurício Acuña, mais do que contar "intimidades" da pesquisa, pretendi iluminar impasses comuns e poucas vezes partilhados. Esse exemplo revela como, muitas vezes, o mais difícil tem ainda mais sabor, ainda mais quando a reta de chegada mostra-se tão nítida e próxima, e a linha final se apresenta sem recursos ou estratégias de recuo.

Neste livro, temos um panorama de uma geração, de uma região, de um grupo de intelectuais, de um grupo de ativistas, de uma trajetória que quer se cumprir como destino. Coloque tudo junto, mexa bem, unte a assadeira e leve ao forno brando. O bolo vai crescer e você com certeza vai reclamar o teu pedaço.

Terminando essa introdução, pensei no refrão de Chico Buarque: "quem te viu, quem te vê". Lembrei também de *Parabolicamará* de Gilberto Gil, que lembra para nós que "o mundo dá volta camará". Enfim, na falta de um bordão só, arrisco vários. Quem sabe o melhor seja mesmo: "eh bumbayeye boi, ano que vem, mês que foi". O tempo é senhor de muitos encantos e destinos. Nesse caso, me premiou com a convivência inspiradora – essa, sim, é uma dádiva – com o Maurício e com esses personagens que insistiam em não obedecer a tudo que imaginávamos ou pedíamos que fizessem. Pesquisa é salto no escuro. Quando dá certo (como nesse caso) é como se flutuássemos em céu de brigadeiro. Nas nuvens.

# *Prólogo*

Toda sexta-feira é dia de roda na capoeira do Mestre[1] Maurício, mais conhecido como Pelé. Isto quer dizer que, enquanto outros dois dias da semana são de treino, com prática de golpes e exercícios de repetição, neste é formada a roda para o jogo livre entre os que já praticam durante a semana, com a presença de outros capoeiristas, convidados ou não, mas amigos dos membros daquela roda. É um dia bastante apreciado, entre outros motivos, pela maior liberdade de poder jogar ou apenas assistir, pela possibilidade de praticar o que se aprendeu em exercícios durante a semana, por poder escolher com quem se quer jogar capoeira e pela execução musical dos instrumentos e canções entoadas pelo grupo.

Antes de iniciar a roda, são trazidos os instrumentos: três berimbaus (diferenciados pelos nomes de berra-boi, gunga e viola), dois pandeiros, um atabaque, um agogô e um reco-reco. Boa parte do tempo é gasta com a montagem dos berimbaus e sua afinação.

---

1 Por razões pessoais e de experiência no aprendizado da capoeira, opto por chamar Maurício de Mestre, embora oficialmente ele seja, por enquanto, contra-mestre. De acordo com o sistema oficial de graduação da Confederação Brasileira de Capoeira, a função de contra-mestre é o último estágio antes de se atingir a categoria de Mestre, tendo, entre seus requisitos, a idade mínima de 30 anos e pelo menos 17 de prática da capoeira (extraído do site da instituição em junho de 2010: http://www.capoeiradobrasil.com.br/confederacao.htm).

Um excesso de força pode quebrar o arco de madeira e a falta dela pode deixar a corda frouxa, fora do timbre apropriado ou, como dizem alguns colegas, com som "quebrado". Na roda do Mestre, embora não haja uma ordem estrita de como os tocadores devem se organizar, os três tocadores dos berimbaus ficam sempre lado a lado, assim como os dois responsáveis pelos pandeiros.

O Mestre começa com o berimbau principal e de tom mais grave – o berra-boi –, enquanto os outros instrumentos são divididos entre os demais praticantes. À frente dos três berimbaus, a primeira dupla aguarda agachada, silenciosamente, pela ordem para o início da luta. A música começa lenta e com o berra-boi apenas. Após um tempo, segue com uma canção entoada pelo seu tocador, em tom de lamento ou ironia e contando uma história:

> "Riachão tava cantando/ Na cidade de Açu/ Quando apareceu um nêgo/Como a espécie de urubu/ Tinha casaca de sola/ Tinha calça de couro cru/ Beiços grossos redrobrado/Da grossura de um chinelo/ Tinha o ôlho incravado/ Outro ôlho era amarelo/ Convidô Riachão/ Pra cantá o martelo/ Riachão arrespondeu/ Não canto cum nêgo desconhecido/ Ele pode sê um escravo/ Ande por aqui fugido/ Eu sô livre como um vento/ Tenho minha linguagem nobre/ Naci dentro da pobreza/ Não naci na raça pobre..."[2]

Logo em seguida, os demais instrumentos começam a participar do enredo, sem cessar a canção entoada pelo Mestre. Mais alguns minutos, e após um verso de tom conclusivo – "Viva meu Deus..." –, segue-se uma resposta em coro dos outros participantes, ao mesmo tempo em que os demais presentes à roda acompanham: "Iê, viva meu Deus camará". Pelé prossegue com mais intensidade: "Iê, viva meu Mestre". E a resposta vem crescente: "Iê, viva meu

---

2   Optamos por manter a grafia original em todas as citações, respeitando as variadas formas com que a capoeira, as canções e os relatos dos mestres foram registrados.

Mestre camará...". Alguns olham para o céu e abrem os braços durante a resposta, ou apontam para o Mestre se ele estiver na roda. "Iê volta ao mundo..." continua o solista, "Iê, volta do mundo camará..." ecoa e, em seguida, o berimbau se abaixa levemente, num movimento que repercute sobre os dois capoeiristas que vão entrar, seja com estes tocando o chão com a mão, ou levantando as mãos para o alto. Os olhos e as mãos dos dois se cumprimentam e ambos, sem deixar de observar-se, vão para o centro da roda com um aú.[3]

Os movimentos começam e vão se acelerando à medida que os berimbaus estabelecem novo ritmo, assim como a troca de parceiro na roda, sempre saindo pela "boca", local onde estão os tocadores de instrumentos. Se o jogo começou mais embaixo e com golpes encaixados, a mudança do ritmo leva os jogadores para o alto, mas não tarda e eles descem novamente, rentes ao chão. Um aplica uma meia-lua,[4] na defesa uma negativa,[5] seguida de um aú e um rabo de arraia.[6] No meio dos golpes, risos e fingimentos. Se um levou uma pancada de raspão, finge dor, põe a mão no lugar, pede atenção do outro que, antes de olhar, já gingou de novo para não levar um tapa na cara.

Depois de muito jogo e suor, a maioria está cansada, sentada na beira da roda. A música não para. O Mestre provoca

3   Aú: salto lateral com as pernas para o ar, fazendo o apoio com as mãos no solo, voltando em seguida à posição normal. Esta descrição de golpe, assim como as seguintes, foi extraída do "Glossário dos movimentos corporais da capoeira", elaborado por Reis, 1997 (251).

4   O capoeirista dá um pontapé, girando a perna de dentro para fora para atingir o adversário com a face lateral interna do pé.

5   Movimento defensivo que consiste numa queda rápida do corpo com uma perna estirada e a outra encolhida, sendo que as mãos se apoiam no chão do lado da perna estirada.

6   O capoeirista gira o corpo na direção do adversário com uma perna flexionada e, apoiando a mão no solo entre as duas pernas, lança a outra perna estirada, procurando atingir seu rosto com o calcanhar.

a cantoria até cansar os pulmões, cantando alto, assim todos ficam em pé. Na despedida, "Adeus, adeus, boa viagem", cada um que está na roda canta, repete ou improvisa e os berimbaus tocam mais alto, ressoando intensamente durante mais alguns minutos após a voz cessar, terminando apenas com o som dos instrumentos, intensamente percutidos, e com provocantes acordes que se desafiam e brincam antes de, com a voz, Pelé encerrar a roda dessa sexta-feira: "Iê!".

A roda acabou, mas as palavras e expressões ainda saboreadas me deixam um rastro de curiosidade, de querer saber como foram parar na roda, como nascem no jogo; inventam-se novas canções ou apenas repetem-se sempre as mesmas, atribuídas a antigos mestres? O mesmo com os toques de berimbau, as técnicas atribuídas a um e outro Mestre e, em cada versão contada, um passado é convocado para confirmar as histórias. Quem já jogou e cantou numa roda de capoeira se sentiu um pouco narrador, brincando ou levando muito a sério o que dizia e ouvia. Mas não apenas capoeiristas elaboraram histórias sobre prática, pois ela também teve outros bons contadores, como artistas, folcloristas e intelectuais. Meu jogo foi tentar levar a sério este potencial narrativo da capoeira, enquanto em cada fonte encontrada ou documento visitado, o riso e a surpresa se escondiam:

*"Iê viva Pelé/ Iê viva meu mestre camará*
*Iê viva Lili/ Iê viva minha mestra camará"*

# Introdução

Roda de capoeira com participação de Carybé, fotografada por Pierre Verger. Década de 1950

Os discos com canções de capoeira de Mestre Bimba e Mestre Pastinha, gravados na década de 1960, embalam ainda hoje a ginga de capoeiristas em muitas rodas pelo mundo afora e levam a que muitos queiram especializar-se no assunto em visitas à capital mundial da capoeira, Salvador. No caso de Bimba, o disco do Mestre associado ao estilo *Regional* de capoeira foi elaborado segundo uma moderna concepção de classificação, em que canção e música são mostradas em momentos diferentes, no tom de uma aula, tal como sugere o título "Curso de Capoeira Regional". No segundo caso, o do Mestre Pastinha, que já nos anos 60 é apresentado como o "guardião da tradição" do estilo *angola*, o que ouvimos se parece mais com uma conversa ao pé da roda de capoeira, sugerindo a ideia de uma tradição oral transatlântica, a unir África e Brasil, sendo transmitida pelo empenho da palavra e da narrativa. Mas ambas as construções podem também ser vistas de outra forma. Mestre Bimba, por exemplo, parece reiterar nesse disco o mesmo tipo de apresentação que fez na década de 1940 para o linguista norte-americano Lorenzo Turner. Estaria Bimba apropriando-se do modelo de classificação do linguista para fins de uma exposição mais científica de sua capoeira? Com o Mestre Pastinha, ícone da *Capoeira Angola*, a imaginação aparece de modo diferente. Enquanto Bimba reproduz, no disco de 1964, as mesmas canções registradas entre 1937 e 1941 por Lorenzo Turner, Edison Carneiro e Camargo Guarnieri, Pastinha parece cantar canções que só se tornam conhecidas a partir dos anos 60. E o que dizer das canções de Pastinha louvarem tanto o berimbau e a figura do Mestre de capoeira – especialmente ele mesmo –, ao passo que nas canções de 30 esses temas não apareciam ou eram irrelevantes? Seriam as canções de Pastinha, guardião da tradição, uma moda criada pelo Mestre na década de 1960?

Outras pessoas ajudaram a imaginar a capoeira baiana como, por exemplo, o fotógrafo Pierre Verger e o pintor Carybé. Uma das fotografias tomada por Verger na década de 1950 é boa para se pensar como os intelectuais participaram dessa construção da capoeira. Na imagem, vemos a composição de uma roda de capoeira na beira de um cais da cidade de Salvador. A cidade está sugerida pela moldura de casas que se ergue morro acima, em oposição à baixada onde se encontram paradas muitas embarcações. Além da moldura das casas e do morro a cercar os capoeiristas, as embarcações com suas altas velas também parecem imprimir outra fronteira, dentro da qual os homens esperam o início da luta. Ninguém sorri, e todos estão atentos aos dois capoeiristas no centro da roda, agachados diante dos instrumentos. A tensão da cena enfatiza a capoeira como um ritual, quase religioso, como mostram os homens pedindo proteção antes de entrar na roda. A fotografia expressa, assim, o lugar das manifestações populares na cidade do Salvador, segundo a perspectiva desse intelectual que veio à Bahia pela curiosidade despertada pelos livros de Jorge Amado, especialmente *Jubiabá*. Mas a foto também revela o lugar dos intelectuais junto a tais manifestações. A presença de Carybé contrasta pela camisa escura e pelo cigarro pendurado na boca de maneira displicente. Não apenas observando, mas compartilhando as experiências, era assim que se mostravam essas personalidades que se destacaram em variados campos das artes e da cultura. É assim que vamos encontrá-las entre as décadas de 1930 e 1960: imaginando a capoeira em suas fotografias, em suas pinturas, em seus livros, em suas músicas, mas sempre próximas, sobre os ombros ou perto dos ouvidos de capoeiristas, pais de santo etc. O convívio com os praticantes fortalecia ainda a hipótese de uma integração cultural entre estratos sociais tão diferentes. Vê-se pela foto de Verger como a presença de Carybé não parece provocar grandes alterações entre os capoeiristas. Era o pintor da capoeira, mas era também o capoeira pintor, perfeitamente capaz de "baianizar-se", de mestiçar-se com a cidade e seus habitantes.

Pensar sobre as disputas de significado da capoeira no Brasil entre as décadas de 1930 e 1960, nos levou a uma indagação inicial sobre o lugar da música e da canção na economia simbólica da capoeira. Isso nos direcionou a um recorte temporal, orientado pelo crescente estreitamento de relações entre uma geração de intelectuais, capoeiristas e representantes do Estado, ao qual sobrepõe-se um limite geográfico, que se desenvolve a partir da Bahia, mas que ganha consequências nacionais.

Muitos são os elementos em jogo nesse período e que irão determinar as formas pelas quais compreendemos o fenômeno da capoeira, tanto no que se refere à sua origem, quanto como parte do que acreditamos ser um projeto bastante vencedor de construção de uma identidade nacional, naquele contexto. Com a intenção de explorar as diversas fontes disponíveis – ensaios, livros de ficção, biografias, periódicos, fotografias, cartas, discos e vídeos –, três perguntas centrais orientaram a pesquisa:
1. Como a capoeira baiana passou a ser imaginada como símbolo de identidade brasileira por intelectuais e capoeiristas entre as décadas de 1930 e 1960?
2. Quais foram os aspectos que levaram alguns intelectuais do período a se debruçarem sobre a capoeira baiana, na

busca de interpretá-la como um símbolo de identidade regional e depois nacional?
3. Como alguns dos principais capoeiristas baianos exploraram as relações e interpretações desses intelectuais e representantes do poder, confirmando ou contrariando suas ideias?

Alguns pressupostos teóricos balizaram estas formulações e são descritos ao longo do texto. Destaco, entre eles, a perspectiva desenvolvida por Beatriz Dantas sobre as relações entre intelectuais e religiosos na construção e utilização de símbolos de pureza no candomblé. Como tentei demonstrar, os registros sobre a capoeira podem ser enfocados de forma semelhante, buscando "os usos e abusos" da África e da mestiçagem, no momento em que cresce sua voga no país. Outro importante diálogo é estabelecido com alguns conceitos retirados da obra de Manuela Carneiro da Cunha que, analisando o trânsito entre as categorias elaboradas pelos antropólogos e sua utilização pelos próprios grupos sociais, propõe distinguir entre cultura e "cultura" – com e sem aspas. A dimensão abarcada pela primeira, sem aspas, estaria restrita ao uso analítico por parte de estudiosos, para aproximações de cunho teórico; já a segunda, com aspas, estaria mais próxima do uso pragmático ou político que alguns grupos sociais realizariam.

Este tipo de agenciamento de categorias do outro para falar de si e de suas práticas, deslocando sentidos e criando novas estratégias de disputa política, também pode ser percebido no uso de noções como "folclore", durante o período que aqui se estudou. Assim, analogamente ao uso do termo "cultura" por certos grupos, a concepção de "folclore", talhada por intelectuais nas primeiras décadas do século XX, será mobilizada com sentido pragmático por capoeiristas, frente às disputas pelo apoio do poder público em Salvador.

Grosso modo, a estratégia central deste trabalho, que visa acompanhar os discursos e disputas de capoeiristas e intelectuais sobre este "patrimônio brasileiro", se apoia nos estudos de Norbert Elias sobre a trajetória de Mozart, e Carl Schorske, sobre a gênese de uma das vanguardas modernistas em Viena, mesmo sabendo que os paralelos são distantes. Assim como Elias procurou compreender o desenvolvimento do gênio musical de Mozart na transição entre uma sociedade cortesã para a sociedade burguesa, acreditamos ser possível esboçar um tipo de transição análoga com relação à capoeira. Esta seria a trajetória que vai do *capoeira* ao *capoeirista*, o capoeira, mais associado à imagem do criminoso ou do "amador" que se reunia em rodas de capoeira animando as festas populares de Salvador; o capoeirista, que passaria a ser visto como profissional, construindo seu projeto em torno do esporte e do folclore. Tentar compreender não apenas o contexto mais amplo dessa transição, mas também os sentidos que Mestre Pastinha e Bimba conseguiram consolidar e em quais acreditaram ter fracassado são os objetivos dessa parte do estudo.

Já ao lidar com as relações que alguns intelectuais baianos travaram com a capoeira e seus mestres, a noção de *geração*, desenvolvida por Carl Schorske, foi fundamental. Entendida como um grupo de pessoas com experiência marcante e que leva adiante importantes transformações, tal ideia permitiu apreender os feitos da geração intelectual pós-Revolução de 30 na Bahia, da qual destacamos Edison Carneiro e Jorge Amado, em sua cruzada em favor de várias manifestações como a capoeira, o candomblé e o samba. Para eles, era tarefa premente, e de sua geração, descobrir o povo, em especial o negro e o mestiço, refundar a literatura escrita, na língua que acreditavam ser falada pelos brasileiros, contar a história a partir dos personagens pobres da Bahia, apoiando a sua organização em associações ou conscientizando-os da sua condição proletária, enfim, imaginar a nação, (pensando nos termos de Benedict Anderson), afirmando a especificidade local em notas populares. Parceiros na militância comunista, Amado e Carneiro também se apropriaram da literatura e das ciências sociais da época para defender suas teses. No caso da capoeira, Samuel Querido de Deus foi o preferido de ambos, circulando como personagem de ficção para o escritor e informante para o etnólogo. Outro triângulo amistoso interessante para a compreensão dessa "gestação da capoeira" é o de Jorge Amado com o pintor Carybé e Mestre Pastinha, que ocorre em momento posterior – já nas décadas de 50 e 60 – quando intelectuais e artistas intensificam padrões de sociabilidade com determinados representantes selecionados nas manifestações populares, aprofundando e diversificando a imaginação de uma Bahia popular-negro-mestiça, ao mesmo tempo em que contribuem para sua gradual incorporação nas políticas oficiais.

Dessa forma, acabamos notando como membros da elite local, junto com capoeiristas, tiveram um tipo de convívio que permitiu construir uma produção intensa de sentidos sobre a capoeira, como um fluxo circular. Samuel Querido de Deus passou pelos livros de Carneiro e Amado, mas também jogou capoeira para os intelectuais do 2° Congresso Afro-Brasileiro (1937). Carybé, amigo de Amado, se dedicava às amizades com capoeiristas e praticava nas rodas junto com eles. Também era retratado nas fotos de Pierre Verger, e pintava os movimentos dos capoeiristas em telas e painéis. Pastinha, amigo de Carybé, abriria sua Escola de Capoeira no Largo do Pelourinho, a mesma onde podemos ver os personagens de Jorge Amado, "vadiando" no começo da noite, na Universidade Popular do Tabão, retratada em *Tenda dos Milagres* (1969). Bimba é alvo das críticas mais duras, tanto de Carneiro como de Amado, e contudo será o responsável por uma apresentação diante de Getúlio Vargas, em encontro organizado por folcloristas; e Canjiquinha fará o mesmo frente a Juscelino Kubitschek, além de participar do filme *O pagador de promessas* (1962).

Bem antes do fenômeno que Jocélio Telles descreve com relação ao Candomblé na década de 1970, e chama de "poder da cultura", a capoeira passava a ser sistematicamente incluída em eventos oficiais públicos, datando como um dos primeiros casos, o convite que Bimba recebeu para participar do evento oficial mais importante da Bahia, o desfile de Dois de Julho, em 1936. A precoce participação da capoeira em eventos oficiais põe em evidência a ação de um Estado que já procurava incorporar à sua simbologia as manifestações populares, ritualizando o ideal de uma nação mestiça. Mas para que ocorresse a nacionalização da capoeira baiana em detrimento da carioca, o papel de alguns mestres foi tão importante quanto a divulgação feita pelos órgãos de turismo do Estado baiano. Aliás as afinidades que se estabeleceram entre tais fatores foi quase que explosiva para a projeção que teve a capoeira, ressaltando-se a musicalidade como aspecto peculiar.

Na última parte da dissertação, a atenção se volta justamente para a utilização dos aspectos musicais da capoeira baiana por intelectuais e capoeiristas, simbolizada por seu principal instrumento: o berimbau. Em artigo publicado já há alguns anos, a pesquisadora Letícia Vidor Reis se perguntava por que é a capoeira baiana, e não a carioca, que se nacionaliza, uma vez que esta havia sido tão popular e ameaçadora no século XIX? Embora a autora afirme que a causa estaria no não reconhecimento do governo de Getúlio Vargas de uma capoeira tão associada ao passado das maltas, há boas evidências de que a presença da música na capoeira baiana reforçou um certo controle da violência entre capoeiras e também a difusão da prática como folclore, com canções publicadas em diversos jornais e livros, o que abriu espaço para que pudesse inspirar músicas da tropicália e da bossa nova, anos mais tarde. São os acordes do berimbau que marcam a passagem de uma capoeira venenosa para outra sem veneno, mas com a malícia necessária para garantir a ambiguidade entre luta, jogo e dança que a capoeira repercute e reitera entre 1930 e 1960.

Há que se atentar para o uso pragmático de categorias como *folclore*, efetuadas por capoeiristas. O que se evidencia não é uma "invenção" e, menos ainda, uma "falsificação" das manifestações. O que se explicita são imaginações de capoeiristas, intelectuais e representantes do Estado, buscando conciliar "expectativas diferentes sem sentir que há contradições" (Cunha, 2009: 355). As expectativas de pessoas que ocupam distintas posições de poder na hierarquia social e do Estado fortaleceram críticas empobrecedoras da complexa realidade que experimentaram os atores enfocados nesta pesquisa. Em linhas gerais, estas críticas apontam para um processo de simples "cooptação da cultura popular"– dos capoeiristas por intelectuais e representantes do Estado –, vencedores da batalha pela hegemonia cultural. Ao contrário dessas análises, esperamos ter seguido a inspiração da leitura de Stuart Hall, para quem a "hegemonia cultural nunca é uma questão de vitória ou dominação pura (...) nunca é um jogo cultural de perde-ganha (...)" (Hall, 2006: 321). Nesse sentido, todos os agentes manipulam e são manipulados num jogo tenso e de muitos lados.

Seguindo uma reflexão de Ruth Landes, para quem as canções da capoeira "faziam começar a luta", podemos dizer que esta não se esgotava dentro da roda, estendendo-se por uma ampla cadeia de relações, responsável por fazer a capoeira baiana existir. Nas inúmeras batalhas em que estiveram envolvidos, os capoeiristas, intelectuais e outros atores sociais procuraram garantir posições ou deslocar disposições, sem deixar de tentar conciliar a imaginação que tinham da capoeira com as outras expectativas envolvidas. Lutas ou artes de encontro e desencontro.

# Capítulo 1
# Imaginando a nação mestiça

"Quais eram as popas a partir das quais era possível imaginar?"

Anderson, Benedict.
*Comunidades Imaginadas.*

Convido o leitor, neste primeiro capítulo, a retomar um período de intensas transformações na sociedade brasileira e fonte de inesgotáveis controvérsias acadêmicas e extra-acadêmicas: a década de 1930, com foco especial na imaginação e ritualização da identidade brasileira como uma nação mestiça. Nutrindo esta descrição a partir da reflexão de Benedict Anderson sobre a construção dos nacionalismos, apresentam-se sucintamente algumas das principais alterações nos quadros de interpretação dos anos de 1930, a partir de condicionantes sociais e culturais, ilustrada por obras, pensadores e instituições. A passagem dos anos 20 e 30 do século passado, como alguns autores já argumentaram (Schwarcz, 1995; Ortiz, 1985; Bastos, 2006), é crucial para o estabelecimento de uma nova compreensão a respeito do Brasil enquanto povo, conhecimento do qual derivavam as suas possibilidades como nação. Nesse período, passava-se a imaginar de outra forma a nação, esta comunidade vista como agremiação horizontal e profunda nos termos de Anderson (2005: 27). A redefinição da concepção e percepção do que seria a identidade brasileira, porém, ocorre em estreita relação com outros níveis de transformação. Como a epígrafe extraída de Anderson sugere, é preciso indagar sobre o lugar de onde se imaginam as nações. Em especial, no caso do Brasil dos anos 30, a partir de quais popas passava-se a imaginar o lugar do "povo" e do negro como diferença positiva para a identidade nacional?

## Cultura e política: a década de 1930

Para Antonio Candido, a Revolução de 1930 teve papel fundamental na redefinição da dimensão cultural do país, atuando como "um eixo e um catalisador: um eixo em torno do qual girou de certo modo a cultura brasileira, catalisando elementos dispersos para dispô-los numa configuração nova" (1984: 27). Portanto, como eixo, a Revolução exerceu um caráter normalizador de experiências que vinham ocorrendo como transgressão e conflito durante a década anterior, em setores tão variados como a instrução pública, a vida artística e literária, os estudos históricos e sociais e os meios de difusão como o livro, o rádio e o cinema. Como catalisador, o autor nos remete ao processo de ampla generalização produzido por certa unificação cultural, "projetando na escala da nação fatos que antes ocorriam no âmbito das regiões" (*ibidem*). Atento à penetração das transformações culturais entre as diferentes camadas da população, o crítico alerta que o raio de ação desse movimento abarcou, principalmente, as elites, em menor grau, as camadas médias, e em quase nada a população mais pobre. A seguir, apresentaremos um pouco do contexto político e cultural do período.

*Ensino primário e superior*

O setor da instrução pública foi logo instituído pelo Governo Provisório de Getúlio Vargas, com a criação do Ministério da Educação e Saúde, entregue ao comando do reformador da educação pública em Minas Gerais, Francisco Campos. Este, na esteira do que fez em seu Estado e em convergência com a proposta dos reformadores da instrução pública em São Paulo, Ceará e

Distrito Federal (conhecida como "Escola Nova"),[1] tratou de diminuir o peso da Igreja, introduzindo os princípios de uma educação leiga, capaz de:

> formar mais o 'cidadão' do que o 'fiel', com base num aprendizado pela experiência e observação que descartava o dogmatismo. Isso pareceu aos católicos o próprio mal, porque segundo eles favorecia perigosamente o individualismo racionalista ou uma concepção materialista e iconoclasta (ibidem: 28).

Tratou-se, de fato, de aumentar o número de cidadãos votantes, bem como a suposta qualidade de seu voto para, dessa forma, expandir a base de representação das elites votadas. Assim, mais uma ampla reforma do que uma revolução efetiva, a generalização dos princípios da "Escola Nova" se estendeu por todo país, embora nem toda população fosse beneficiada por eles, uma vez que alguns objetivos, como o acesso à educação primária para todos ainda carecia de maior desenvolvimento em 1940.[2]

O Ensino Superior também foi alvo das políticas governamentais no período, quando se procurou "criar condições para o surgimento de verdadeiras universidades, dedicadas ao ensino e à pesquisa" (Fausto, 2004: 337), uma vez que, até então, as instituições que se denominavam

---

1   A perspectiva destes reformadores foi expressa no "Manifesto da Escola Nova", lançado em 1933. De acordo com Fausto, o "manifesto constatava a inexistência no Brasil de uma 'cultura própria' ou mesmo de uma 'cultura geral' Marcava a distância entre os métodos atrasados de educação no país e as transformações profundas realizadas no aparelho educacional de outros países latino-americanos... propunha a adoção do princípio de 'escola única', concretizado, em uma primeira fase, em uma escola pública e gratuita, aberta a meninos e meninas de sete a quinze anos, onde todos teriam uma educação igual e comum" (Fausto, 2004: 340).

2   Candido (1984: 28) menciona que as taxas mais altas eram de 42% em Santa Catarina e 40% em São Paulo.

como tal eram apenas uma junção das antigas escolas superiores. No Rio de Janeiro, por exemplo, a universidade criada em 1920, que levava o nome da cidade, era a agregação das Faculdades de Direito, Medicina e da Escola Politécnica. Com o Estatuto das Universidades Brasileiras, de 1931, o sistema foi reorganizado e, em 1935, foi inaugurada a Universidade do Distrito Federal, que contou com os esforços do Secretário de Educação Anísio Teixeira para sua efetivação.

Fora do âmbito federal, outra importante iniciativa foi a criação da Universidade de São Paulo, implantada com maior solidez pela elite paulista, com o educador e sociólogo Fernando Azevedo à frente, e guiada por uma preocupação

> com a formação de professores de nível secundário e superiores com a formação de uma faculdade de filosofia, ciências e letras não-utilitária, voltada essencialmente para a pesquisa e especulação teórica (*ibidem*: 338).

Como reiterou Candido, a partir da ideia orgânica que se pressupunha, a qual dependia das novas faculdades de filosofia e atenuava as hierarquias entre as "grandes escolas" e as "menores" (como por exemplo, medicina e veterinária, respectivamente), esboçou-se um padrão inédito de sistema, onde as partes deveriam funcionar em função do todo (1984: 29).

### Artes e Literatura

Nas artes e na literatura, a normalização e generalização foram mais intensas do que em outras áreas, como revelariam os exemplos na música, na arquitetura,[3] no cinema,[4] nas artes

---

3 Houve na arquitetura "uma espécie de sanção oficial do modernismo, que correspondia à aceitação progressiva pelo gosto médio, a partir das primeiras residências traçadas por Warchavchik e Rino Levi..." (Candido, 1984: 29).

4 Sevcenko destaca, entre os poetas que dedicaram escritos à sétima arte, Carlos Drummond de Andrade e Vinicius de Moraes. Menciona ainda

plásticas, na prosa, na poesia e na crescente importância das literaturas regionais. Durante a "era de Vargas", Villa-Lobos foi o músico de vanguarda, símbolo do regime, compondo não apenas o Hino da Revolução como trabalhando oficialmente na direção do movimento de canto coral (*ibidem*). Seguindo, de certa forma, um programa nacionalista, já apontado por Mário de Andrade em seu *Ensaio sobre a música brasileira* (1928), Villa-Lobos acreditava que a

> nova música brasileira, produzida pela determinação do artista decidido a "se basear quer como documentação quer como inspiração no folclore", daria relevo ao "caráter nacional" nele delineado(...) (Wisnik, 1982: 143).

Para tanto, prossegue o autor, o esforço será

> fazer a composição erudita beber nas fontes populares, estilizando seus temas, imitando suas formas... A preocupação nacionalista, voltada para o "folclore", será tomada como norma, com acentuada intransigência (*ibidem*).

Enquanto este esforço se volta para o folclore, entendido como mais próximo de sua caracterização rural,[5] vale lembrar que, com a crescente hegemonia do rádio na década de 1930, as músicas urbanas vão "se tornar um fato social cada vez mais relevante" (Sandroni, 2004: 27). Sevcenko acrescenta a essa importância o fato de que a indústria fonográfica local, no período, já tinha estabelecido uma nova relação:

---

> que: "Ir ao cinema pelo menos uma vez por semana, vestido com a melhor roupa, tornou-se uma obrigação para garantir a condição de moderno e manter o reconhecimento social" (2004: 599).

5  Sobre os usos que Mario de Andrade faz dos termos "folclore" e "música popular", Sandroni (2004: 27) afirma não haver dúvidas sobre o predomínio do mundo rural em sua caracterização.

> havia descoberto e prosperava com a música popular, com destaque até então para os maxixes e sambas cariocas, as marchinhas de Carnaval... Mas foi quando as gravadoras se cruzaram com o potencial do rádio na difusão da música popular que a grande mágica se deu (2004: 593).

Nesse sentido, podemos exemplificar que, para um estilo antes proibido como o samba, o decênio de 1930 é importante, pois este se consolida como elemento da identidade brasileira que então se constituía. Elementos responsáveis por tal consolidação são o rádio e a institucionalização do Carnaval como a mais importante festa popular do país (Schwarcz e Starling, 2006: 215). Na mesma chave de interpretação sugerida por Candido, a consolidação do samba normaliza e generaliza as propostas das primeiras fases do samba urbano carioca, gestadas nas casas das baianas Ciata, Amélia, Perciliana, entre outras, e nos sucessos iniciais de Donga, João da Baiana, Pixinguinha, Sinhô, passando pela consolidação do "compromisso possível entre as polirritmias afro-brasileiras e a linguagem musical da rádio e do disco" (Sandroni, 2004: 222).

No que se refere à literatura, a guinada cultural em torno do eixo da Revolução de 1930 teria atualizado várias das inovações surgidas no decênio anterior. Até então, o que predominava era um estilo marcado pelo purismo acadêmico, visto pelos seus críticos como cultura de fachada, encenada para ser vista pelos estrangeiros, tal como seria, em parte, a República Velha (Candido, 1984: 29). Um exemplo de Sevcenko a respeito das reformas urbanas na mais importante cidade do país de então, o Rio de Janeiro, ilustra significativamente este fato a partir de hábitos cotidianos:

> às vésperas da Primeira Guerra Mundial, as pessoas ao se cruzarem no grande bulevar [da Avenida Central] não se cumprimentavam mais à brasileira, mas repetiam uns aos outros: "Vive La France!" (2004: 26).

No caso dos escritores, a instituição hegemônica que simbolizaria essa época seria a Academia Brasileira de Letras, muito combatida pela crítica modernista. Grosso modo, a normalização se deu em torno do "enfraquecimento progressivo da literatura acadêmica; da aceitação consciente ou inconsciente das inovações formais e temáticas; do alargamento das 'literaturas regionais' à escala nacional; da polarização ideológica" (Candido, 1984: 29). Assim, as formas literárias teriam se distribuído em dois níveis: um no qual elas foram adotadas modificando a fisionomia da obra; outro, mais genérico, em que se atuava como uma maneira de estimular a recusa dos velhos padrões. Na poesia, a crescente utilização dos versos livres ou livre utilização dos metros foi indicador de que acontecia uma libertação mais geral e de que o inconformismo e o anticonvencionalismo haviam se tornado um direito e não transgressão (*ibidem*). A generalização dessa postura e de seus representantes já era visível em poucos anos, com a inclusão de autores considerados modernistas em antologias da língua portuguesa, publicadas a partir de 1933, colocando-os à disposição de professores e alunos secundaristas (*ibidem*).

Como parte do mesmo fermento cultural da época, data o reconhecimento expressivo das literaturas regionais, entendidas então como aquelas localizadas fora da região sul do país, como por exemplo o "Romance do Nordeste", representado por escritores como Graciliano Ramos, José Lins do Rego e Jorge Amado. Para o crítico Antonio Candido, a importância desta literatura provém de dois fatores: um primeiro, mais específico, parte "do fato de radicar na linha da ficção regional (embora não 'regionalista' no sentido de pitoresco), feita agora com uma liberdade de narração e linguagem antes desconhecida" (*ibidem*: 30); por outro lado, sua relevância "deriva também do fato de todo o país ter tomado consciência de uma parte vital, o Nordeste, representado na sua realidade viva pela literatura" (ibidem). Vale lembrar também o quanto a centralidade do Rio de Janeiro, neste caso cultural, proporcionava uma concentração dos escritores regionais, que iam em busca não apenas de melhores condições para produzir, mas também do convívio com a efervescência dos círculos intelectuais da época. Esta convivência, por exemplo, ilustrada por Gilberto Freyre (Recife), Sérgio Buarque de Holanda (São Paulo), Villa-Lobos (Rio de Janeiro), entre outros importantes personagens, é o mote que Hermano Vianna utiliza para analisar as relações entre intelectuais de diferentes paragens com a cultura popular carioca (1995: 20).

## Intelectuais e correntes políticas

A polarização ideológica que se consolida, após a Revolução de 1930, no campo da política, bem como o envolvimento de boa parte dos intelectuais com suas principais correntes, também expressa mudanças significativas, que passavam não apenas por posicionamentos públicos e atividades de militância, mas também pelo diálogo com as próprias concepções estéticas envolvidas nas produções artísticas. É o que Candido chama de "convívio íntimo" entre literatura e ideologias políticas e religiosas (1984: 31). Se realmente "Deus estava na moda", como enunciou André Gide na França, era como uma fé renovada que o todo poderoso abordava alguns intelectuais brasileiros, pois além do engajamento espiritual e social, "houve na literatura algo mais difuso e insinuante: a busca de uma tonalidade espiritualista, de tensão e mistério, que sugerisse, de um lado, o inefável, de outro, o fervor" (ibidem). Para Candido, foi em proximidade com esta busca do inefável que teria crescido, entre escritores da época, a busca de uma saída política por meio de organizações de direita e de cunho fascista, como o Integralismo, fundado por Plínio Salgado e outros intelectuais em São Paulo. Fausto converge com esta compreensão, ao afirmar que:

O integralismo se definiu como uma doutrina nacionalista cujo conteúdo era mais cultural que econômico. Sem dúvida, combatia o capitalismo financeiro e pretendia estabelecer o controle do Estado sobre a economia. Mas sua ênfase maior se encontrava na tomada de consciência do valor espiritual da nação, assentado em princípios unificadores: "Deus, Pátria e Família" era o lema do movimento (2004: 353).

Por outro lado, uma gama ampla e diversificada de intelectuais enveredou pelas ideologias políticas de esquerda, capitaneadas pelo Partido Comunista do Brasil, fundado em 1922 e impulsionado pela forte impressão causada pela Revolução Russa de 1917. Caio Prado, Jorge Amado, Graciliano Ramos e Rachel de Queiróz, foram alguns dos que defenderam abertamente suas propostas, impregnando-se de ideias que traduziam uma insatisfação com o sistema dominante, tais como "luta de classes", "espoliação", "mais-valia", "moral burguesa" e "proletariado" (Candido, 1984: 31).

*Estudos Sociais e históricos*

A posição de Caio Prado pode ser melhor definida no âmbito dos estudos históricos e sociais, um dos campos em que o radicalismo da época encontrou suas melhores formulações em torno do que se convencionou denominar como "realidade brasileira". Estas obras estariam encarnadas "nos 'estudos brasileiros' de história, política, sociologia, antropologia, que tiveram incremento notável, refletido nas coleções dedicadas a eles" (*ibidem*: 32). Em meio às coleções produzidas, destacam-se a Biblioteca de Divulgação Científica da Editora Civilização Brasileira, dirigida por Arthur Ramos; a Brasiliana da Companhia Editora Nacional, coordenada por Fernando Azevedo; e a Documentos Brasileiros da José Olympio, conduzida inicialmente por

Gilberto Freyre. Como parte das características elementares destas coleções, estaria uma espécie de "consciência social", que se caracterizaria pela "ânsia de reinterpretar o passado nacional, o interesse pelos estudos sobre o negro e o empenho em explicar os fatos políticos do momento" (*ibidem*). Candido, em outro texto, sintetizou como sendo três as obras que marcaram este momento e sua geração:

> *Casa Grande & Senzala*, de Gilberto Freyre, publicado quando estávamos no ginásio; *Raízes do Brasil*, publicado quando estávamos no curso complementar; *Formação do Brasil Contemporâneo*, de Caio Prado Júnior, publicado quando estávamos na escola superior. São estes os livros que podemos considerar chaves, os que parecem exprimir a mentalidade ligada ao sopro de radicalismo intelectual e análise social que eclodiu depois da Revolução de 1930 e não foi, apesar de tudo, abafado pelo Estado Novo (1978: xi).

Assim, as reflexões que interessavam em tais obras eram, principalmente, "a denúncia do preconceito de raça, a valorização do elemento de cor, a crítica dos fundamentos 'patriarcais' e agrários, o discernimento das condições econômicas, a desmistificação da retórica liberal" (*ibidem*). Estas últimas reflexões foram o tema central discutido pelo historiador paulista Caio Prado Júnior, o qual, para Candido, ao trazer como linha de análise o materialismo histórico, "dava o primeiro grande exemplo de interpretação do passado em função das realidades básicas da produção, da distribuição e do consumo" (*ibidem*: xii). Como informa Caio Prado em trecho que se tornou clássico no início da obra citada:

> Se vamos à essência da nossa formação, veremos que na realidade nos constituímos para fornecer açúcar, tabaco, alguns outros gêneros; mais tarde ouro e diamantes;

depois algodão, em seguida café, para o comércio europeu. Nada mais que isto...Tudo se disporá naquele sentido: a estrutura, bem como as atividades do país... (Prado Júnior, 2000: 20).

De outro lado, a crítica dos fundamentos patriarcais e agrários, presentes na conformação dos costumes e instituições e vistos como entraves à inauguração de uma ordem democrática, foram a matéria predileta de outro historiador: Sérgio Buarque de Holanda. Entre outros tipos sociais delineados por sua abordagem que articulava a história à sociologia, Sérgio Buarque legou uma definição que chamou de "homem cordial". Esta significação acabou por ganhar grande projeção para descrever o tipo de cidadão emergente da antiga sociedade escravocrata:

> A lhaneza no trato, a hospitalidade, a generosidade, virtudes tão gabadas por estrangeiros que nos visitam, representam, com efeito, um traço definidor do caráter brasileiro, na medida, ao menos, em que permanece ativa e fecunda a influência ancestral dos padrões de convívio humano, informados no meio rural e patriarcal (Holanda, 1978: 106-7).

Antes de ver como positivos estes traços, o historiador afirma ser "engano supor que essas virtudes possam significar 'boas maneiras', civilidade" (*ibidem*), pois, por estarem assentadas num fundo emotivo transbordante, se opõem à civilidade, sendo esta marcada pela coerção e expressa, por exemplo, em mandamentos e sentenças.

Por fim, será na crítica ao preconceito de raça e na valorização do elemento de cor, que Candido situará Gilberto Freyre e sua obra principal: *Casa Grande & Senzala* (1933). Para ele, da mesma maneira que os dois ensaios apresentados anteriormente, este também inovava teoricamente, ao introduzir, no debate sobre o papel do negro na formação nacional, a abordagem culturalista da antropologia norte-americana, lançando suas observações para dimensões variadas da sociedade colonial, demonstrando *"franqueza no tratamento da vida sexual do patriarcalismo e a importância decisiva atribuída ao escravo na formação do nosso modo de ser mais íntimo"* (Candido, 1978: xi). Mais do que as outras duas, porém, esta obra de ampla recepção no período contou com críticas favoráveis e contrárias, penetrando não somente nas reflexões de jovens intelectuais e militantes comunistas e socialistas, como também nas dos "jovens de direita", a exemplo dos integralistas, que para Candido, procuravam ajustá-lo *"aos seus desígnios"* (*ibidem*: xiii). Um dos objetivos do grupo seria o de buscar uma justificativa para uma visão hierárquica e autoritária da sociedade brasileira, pautada nas teorias do racismo científico ainda vigente, motivo pelo qual um autor como Oliveira Viana, anterior a todos estes apresentados, teve acolhida mais favorável entre os integralistas.

## *Caminhos para a imaginação nacional I: questão racial e identidade*

A questão racial estava no centro dos debates, tanto entre intelectuais de esquerda, quanto nos que seguiam correntes de direita. Segundo Elide Rugai Bastos, essa importância toda ocorreu porque ela era "componente fundamental da definição do povo e das instituições que lhe são convenientes" (2006: 74). Como lembra a mesma autora, Viana foi o expoente máximo do ensaísmo da década de 1920, que construiu uma visão da formação nacional a partir "da aceitação das análises sobre a inferioridade física, psicológica e moral das raças 'não-brancas', e sobre as consequências disso sobre a mestiçagem" (2006: 73). Esse tipo de reflexão, em parte analítica, em parte explicitamente programática, via no branqueamento da população, na sua "arianização", a superação dos males do presente e ganhou caráter oficial quando, por exemplo, o censo de 1920 usou suas interpretações para afirmar um suposto crescimento do coeficiente da raça branca na população (*ibidem*: 74). Sem perder de vista a importância das instituições onde se produzem os conhecimentos, para Renato Ortiz a periodização feita por Antonio Candido deve ser ajustada para dar conta da explicação histórica do período,[6] uma vez que Sérgio Buarque e Caio Prado, por exemplo, estariam na origem de uma instituição mais recente da sociedade brasileira, a Universidade. Entretanto, posto que Candido, a meu ver, esboça na seleção das três obras, diferentes tipos de associação entre os estudos sociais e as ideologias políticas com solo na experiência da Revolução de 1930, posso concordar apenas parcialmente com a afirmação de Ortiz. Por outro lado, o destaque dado à obra de Gilberto Freyre, entre os três, é bastante relevante, tanto pela passagem conceitual que opera, quanto pelo lugar institucional em que vai produzir. Para Ortiz, na obra de Gilberto Freyre:

> A passagem do conceito de raça para o de cultura elimina uma série de dificuldades colocadas anteriormente a respeito da herança atávica do mestiço. Ela permite ainda um maior distanciamento entre o biológico e o social, o que possibilita uma análise mais rica da sociedade. (...) Mas, a operação que *Casa Grande & Senzala* realiza vai mais além (...) a ideologia da mestiçagem, que estava aprisionada nas ambiguidades racistas, ao ser reelaborada pode difundir-se socialmente e se tornar senso comum, ritualmente celebrado nas relações do cotidiano, ou nos grandes eventos como o carnaval e o futebol. O que era mestiço torna-se nacional (Ortiz, 1985: 41).

---

6 Para Ortiz, ela estaria mais próxima do testemunho, e sua crítica – a forma como foi tomada – se dirige especialmente para a análise de Carlos Guilherme Mota em *Ideologia da Cultura Brasileira*. São Paulo: Ática, 1977.

É justamente na etapa de elaboração e consolidação de novas análises, visando superar as "ambiguidades racistas", provenientes em grande parte dos estudos dos "homens de sciencia"[7] do século XIX, que encontramos Gilberto Freyre e também outros estudiosos importantes, como Arthur Ramos. Ambos produziram suas análises no momento em que o pensamento racialista ainda tinha importantes defensores, embora já sofresse severas críticas.[8] Estas reiteram a maior importância da dimensão econômica, social e cultural, em detrimento das supostas diferenças biológicas e somáticas (Schwarcz, 1995: 54). Em um dos casos reveladores da dificuldade para superação do paradigma racialista, Lilia Schwarcz lembra o esforço de Arthur Ramos, para atualizar a análise de um dos grandes teóricos racialistas do século XIX: Nina Rodrigues. Ao reeditar as obras do médico maranhense, a quem creditava a criação de um verdadeiro programa para a antropologia brasileira, Ramos sugeria sua completa atualidade ao substituir-se o uso que este fazia do termo *raça* por *cultura*. Assim, como "num passe de mágica, com uma pequena mudança de termos, tudo resultava bem e não passava de um grande mal-entendido" (1995: 54).

Transitando da área médica para a antropologia, e com elevado interesse pela psicologia, Arthur Ramos, ao lado de

---

7   A expressão é utilizada por Schwarcz (1993: 18-9) para delimitar os intelectuais que, no final do século XIX, eram mistos "de cientistas e políticos, pesquisadores e literatos, acadêmicos e missionários", esforçando-se para "se mover nos incômodos limites que os modelos lhes deixavam: entre a aceitação das teorias estrangeiras – que condenavam o cruzamento racial – e a sua adaptação a um povo a esta altura já muito miscigenado".

8   Campos (2003: 64) demonstra, em palestra proferida em 1933, como Ramos já criticava as análises sobre a questão racial de Oliveira Vianna: "Contra Vianna, Arthur Ramos lançaria, no decorrer de sua obra, uma série de objeções às teses da inferioridade da raça negra no Brasil".

Gilberto Freyre, foi um dos principais personagens do pensamento social do pós-trinta a desenvolver uma nova abordagem nos estudos sobre o negro e seu papel na formação nacional. Formado na Faculdade de Medicina da Bahia, a mesma em que Rodrigues lecionou nas décadas anteriores, Arthur Ramos invoca uma continuidade entre a abordagem do médico maranhense e a sua, mas procurando ajustar a interpretação francamente naturalista e baseada em pressupostos sobre a natureza biológica do negro e do mestiço, para uma concepção mais próxima do relativismo cultural. O médico alagoano ocupará posições institucionais importantes, como a primeira cátedra de Antropologia e Etnografia da Faculdade Nacional de Filosofia da Universidade do Brasil, em 1939. Após o retorno de uma breve estadia em universidades norte-americanas, Arthur Ramos fundará ainda a Sociedade Brasileira de Antropologia e Etnologia (1941). No fim dos anos 40, sua projeção internacional foi confirmada pelo convite recebido para dirigir o departamento de Ciências Sociais da Unesco, onde se tornou um dos principais responsáveis pelo apoio a pesquisas sobre relações raciais no Brasil. Deve-se notar que este convite se deu algum tempo após o fim da Segunda Guerra Mundial, que teve como uma de suas justificativas um elevado racismo contra certas populações, e que o Brasil era, àquela altura, visto como um exemplar modelo de convivência racial harmoniosa. Ramos foi, sem dúvida, um dos mais otimistas defensores do modelo brasileiro de convivência racial, reelaborando termos que seriam, posteriormente, bastante difundidos para a caracterização do Brasil, tais como "sobrevivência", "aculturação"[9] e "sincretismo". Este

---

9 Campos informa que com o uso do termo *aculturação*, Ramos procurava colocar a cultura no centro do debate, em contraposição ao conceito sociológico de *assimilação* (2003: 146).

último, ampliado em seu uso no campo das religiões para a cultura em geral:

> Será preferível chamarmos ao resultado harmonioso, ao mosaico cultural sem conflito, com a participação igual de duas ou mais culturas em contato, de sincretismo. Ampliamos assim o significado de um termo que já havíamos empregado com referência à cultura espiritual, especialmente religiosa (Ramos *apud* Campos, 2003: 147).

Muito se discutiu sobre as diferenças entre Arthur Ramos e Gilberto Freyre. Na configuração de suas identidades autorais, Freyre, por exemplo, costumava classificar o colega, com base em sua formação na Medicina, no campo da Antropologia Física, ao passo que ele estaria vinculado à Antropologia Cultural, uma vez que teria sido aluno de Franz Boas. A classificação também foi feita a partir da primazia das regiões para realização dos primeiros estudos. Assim, enquanto Freyre destacava Recife e os trabalhos do médico Ulisses Pernambucano, Arthur Ramos, defendia como precursor da Antropologia Brasileira, o médico Nina Rodrigues da Faculdade de Medicina da Bahia e seus estudos locais. Por fim, autores como Bastide entendiam que ambos davam ênfases diferentes ao papel da escravidão na conformação de novas culturas. Se Ramos, preocupado com as sobrevivências, acreditava na variabilidade dos estados de preservação das culturas negras fora da África, Freyre partiria da situação social do negro escravizado em seu novo país (Bastide *apud* Campos, 2003: 32).

Considerando o estudo de Ricardo Benzaquen de Araújo sobre a obra de Gilberto Freyre na década de 1930, parece ter sido mais complexa a operação realizada por este, pois o sociólogo, sem deixar de operar completamente com a lógica do conceito de *raça*, consegue articular tal nome à noção de *cultura* e também à de *clima*,¹⁰ para criar uma concepção de mestiçagem como um equilíbrio de antagonismos, uma justaposição dos contrários, sem totalizar ou indicar seu futuro desdobramento, ou ainda, um processo no qual:

> as propriedades singulares de cada um desses povos [negros, índios, europeus, por exemplo] não se dissolveriam para dar lugar a uma nova figura, dotada e perfil próprio, síntese das diversas características que teriam se fundido na sua composição. Desta maneira, ao contrário do que sucederia em uma percepção essencialmente cromática da miscigenação (...) temos a afirmação do mestiço como alguém que guarda a indelével lembrança das diferenças presentes em sua gestação (Araújo, 1994: 41).

Embora Gilberto Freyre não seja o único autor a positivar a imagem do mestiço, sua obra será absolutamente lembrada como a interpretação revolucionária que desloca a compreensão negativa da presença negra na fábula das três raças formadoras do Brasil. Alguns dos principais intelectuais do modernismo comemoraram sua reflexão dedicando-lhe elogios ou poesias.¹¹ No campo intelectual, o pernambucano ainda seria responsável pela realização do Congresso Regionalista em 1926 e do 1º Congresso Afro-Brasileiro, em Recife, no ano de 1934, sendo esta uma importante iniciativa para congregar pesquisadores e marcar publicamente o reconhecimento e importância dos elementos africanos.

---

10   Sobre esse conceito, afirma: "(...) esta noção deve ser compreendida como uma espécie intermediária entre os conceitos de raça e de cultura, relativizando-os, modificando o seu sentido mais frequente e tornando-os relativamente compatíveis entre si..." (Araújo, 1994: 37).

11   Manuel Bandeira, Carlos Drummond de Andrade e Jorge Amado estão entre eles.

## Caminhos para imaginação nacional II: folclore e identidade

Tal como essas reflexões eram novas, o mesmo ocorria com as instituições que ancoravam a mencionada produção. Elas foram parte importante para generalização de um novo padrão de estudos sociais, desencadeados pela Revolução de 1930. Ortiz explica esta passagem ao indicar que Freyre trabalha em uma organização que segue "os moldes dos antigos Institutos Históricos e Geográficos" (1985: 40-1), diferentemente, por exemplo, de Sérgio Buarque de Holanda e Caio Prado Júnior, que escrevem a partir das novas instituições universitárias. Esta mesma diferença pode ser percebida na passagem que Antonio Candido estabelece ao ver Freyre e sua obra como "uma ponte entre o naturalismo dos velhos intérpretes da nossa sociedade, como Silvio Romero, Euclides da Cunha e mesmo Oliveira Vianna, e os pontos de vista mais especificamente sociológicos que se imporiam a partir de 1940" (1978: xii). Tais pontos de vista estão estreitamente ligados à criação das cátedras de Sociologia e Antropologia em instituições como a Universidade de São Paulo, lugares que pressupõem uma especialização, e onde "se ensinam técnicas e regras específicas ao universo acadêmico" (Ortiz, 1985: 40).

Outras importantes instituições culturais surgem em paralelo às universidades, embora bem mais próximas do Estado, tais como o Serviço do Patrimônio Histórico e Artístico Nacional (SPHAN), criado em 1937, na gestão de Gustavo Capanema no Ministério da Educação e Saúde, e a Comissão Nacional de Folclore, fundada em 1947,[12] no âmbito do Ministério das Relações Exteriores e dirigida por Renato Almeida. Como

---

12 Segundo Vilhena, em 1946, com a convenção internacional que criou a Unesco, todos os países se comprometeram a criar comissões nacionais ou organismos de cooperação. Atendendo à exigência, o Brasil criou no mesmo ano, junto ao MRE, o Instituto Brasileiro de Educação, Ciência e Cultura (IBECC) (Vilhena, 1997: 94).

pondera Schwarcz (1995: 56), é "só com o Estado Novo que intelectuais ligados ao poder público implementam projetos oficiais", momento preciso pois, ao inventar-se a nacionalidade, "a identidade e as singularidades nacionais se transformavam rapidamente em 'questões de Estado'". Junto ao papel do mestiço e à ressignificação de uma série de manifestações a ele associadas, como a feijoada, a capoeira e o samba, outro componente importante para identidade da nação imaginada será o folclore, excluído do âmbito universitário das Ciências Sociais pela dificuldade de uma definição científica,[13] mas institucionalizado como política cultural pelo Estado Novo.

Na sua vertente europeia, o folclore vincula-se ao romantismo com uma valorização da diferença e da particularidade, em oposição a uma razão universal, atribuindo a ele as seguintes noções: de uma totalidade integrada da vida, rompida no mundo moderno; de um povo ingênuo e simples, idealizado como um passado utópico; do comunitário, que implica na homogeneidade e anonimato; do rural como o conjunto das expressões preferencialmente distantes da corrupção moral das cidades; da oralidade; e, por fim, do autêntico, compreendido como uma alteridade idealizada (Cavalcanti, 2001: 67).

No Brasil, parte desta compreensão será mantida. Com pesquisas desenvolvidas pelo menos desde Silvio Romero no século XIX, o folclore ganhou novo impulso no início do século XX, principalmente pela redefinição conceitual operada por Mário de

---

13  Rodolfo Vilhena e Maria Laura Viveiros de Castro Cavalcanti analisam com muita propriedade o esforço dos folcloristas em institucionalizar o folclore como disciplina nas Ciências Sociais, apresentando os debates que opunham, por exemplo, Florestan Fernandes e Edison Carneiro. Cf. "Traçando Fronteiras: Florestan Fernandes e a Marginalização do Folclore". Estudos Históricos, Rio de Janeiro, vol. 3, n. 5, 1990, p. 75-92.

Andrade, e posta em prática na experiência pioneira da Sociedade de Etnografia e Folclore (SEF), em São Paulo, no ano de 1936[14] (Vilhena, 1997: 90). O deslocamento conceitual operado por Andrade foi defender a singularidade do folclore nacional, não na literatura e contos de tradição oral, como tentou fazê-lo Romero, mas na música popular (Andrade, 1965: 31). A mesma afirmação seria um dos lemas dos folcloristas da década de 1940 em diante, no trabalho de identificar, catalogar, preservar e construir um mapa das manifestações folclóricas do país.

Assim como a questão racial, o desenvolvimento do folclore foi outra trilha aberta no processo de "descoberta do povo" experimentado pela intelectualidade, na esteira dos modernismos.[15] O principal comandante da popa em que os integrantes do *Movimento Folclórico* imaginavam a nação era Renato Almeida, vinculado ao segmento carioca do modernismo e grande amigo de Mário de Andrade, como informam as centenas de cartas

---

14 Desta experiência, desenvolvida enquanto Mário de Andrade ocupava a Direção do recém-criado Departamento de Cultura do Município de São Paulo, Marta Amoroso oferece a seguinte descrição: "Foram pouco mais de quatro anos de trabalho, nos quais a Sociedade de Etnografia e Folclore manteve intensa divulgação de suas atividades nos jornais da cidade e também por meio de um Boletim e da "Seção Etnográfica" na Revista do Arquivo Municipal, veículos oficiais do programa de investigação do Departamento de Cultura, onde Mário de Andrade e demais sócios e colaboradores publicaram os resultados das suas pesquisas. A SEF participou ainda de três congressos... Mas foram sem dúvida as viagens de pesquisa etnográfica que deram a SEF estatuto de modernidade que faz seu acervo permanecer ainda hoje no horizonte dos nossos interesses" (2004: 65-6).

15 Uso o termo no plural considerando as ponderações de Ricardo Benzaquen Araújo. Este menciona o caso de Gilberto Freyre como uma variação regional do modernismo, distinta "daquela postura a um só tempo nacionalista e modernizadora que se tornava gradualmente hegemônica entre nós" (2005: 19).

trocadas entre ambos pelo menos desde 1924.[16] Ao longo de sua atuação, a Comissão Nacional de Folclore conseguiu constituir uma ampla rede de colaboradores alocados em Comissões Estaduais, além de realizar inúmeros encontros e a publicação de trabalhos por meio da *Revista Brasileira de Folclore*. A qualidade dos trabalhos realizados ultrapassou poucas vezes o diletantismo, ainda que a profissionalização da prática fosse um dos objetivos dos integrantes do movimento.[17] Mesmo assim, é interessante notar como os folcloristas, com seu interesse pelo detalhe e pelo pitoresco das manifestações populares, encontraram ressonância e deram sentido à ação de um grande número de "intelectuais de província",[18] antes preocupados apenas em escrever sobre a história das elites.

Rodolfo Vilhena define o *ethos* dos folcloristas a partir de quatro aspectos principais: o sentido de missão, a atuação coletiva, o aspecto ritualístico e uma dimensão espetacular comemorativa. O sentido de missão está estreitamente vinculado ao

---

16  Pude consultar a correspondência enviada por Almeida para Mário de Andrade e são constantes os elogios e os pedidos de informação ao escritor paulista. Em 2003 foi concluída uma pesquisa de mestrado com base em 188 documentos trocados por ambos entre 1924 e 1944. Ver Nogueira, Maria Guadalupe Pessoa. *Edição anotada da correspondência Mário de Andrade e Renato Almeida*. Dissertação de mestrado, FFLCH-USP, 2003.

17  Tal como sugerem o livro *Pesquisa de Folclore* (1955), elaborado por Edison Carneiro, e o *Manual de Coleta Folclórica* (1965), desenvolvido por Renato Almeida.

18  A afirmação é de Vilhena (1997: 250), e ele exemplifica com o conselho de Mário de Andrade ao amigo Luís da Câmara Cascudo. Aquele, cansado de receber escritos prolixos, como, por exemplo, um livro sobre a história do Conde D'Eu, manda que Câmara Cascudo pare de escrever sobre um conde sem importância, desça da rede e vá para a rua registrar as manifestações folclóricas que estão à sua porta, em Natal. A história está bem descrita no livro *Cartas de Mário de Andrade a Luis da Câmara Cascudo*. Belo Horizonte; Rio de Janeiro: Villa Rica, 1991.

sentimento de construção da nação por meio da recuperação das manifestações espalhadas pelo país e do reencontro do país com sua alma, mas pela mão de alguns dos seus intelectuais. A atuação coletiva diz respeito à recusa da atuação individualista e vaidosa por parte dos integrantes das Comissões Estaduais de Folclore. Já os aspectos ritualísticos, espetaculares e comemorativos se realizavam principalmente nos grandes encontros e exposições folclóricas. Esta dimensão foi muito importante entre os folcloristas, como bem analisa Vilhena (1997: 226), concluindo que o "ethos folclorístico", baseado na celebração coletiva e cordial de seu objeto (pelos festivais folclóricos), vê a cultura tradicional como o lugar de encontro de raças, classes e culturas diferentes.

Não podemos deixar de notar que este tipo de mobilização, repetida várias vezes em diferentes cidades (Rio de Janeiro, Curitiba, Maceió, Salvador etc.), ia ao encontro das intenções do Estado Novo de promover grandes rituais de celebração da nacionalidade. Numa estratégia talvez um pouco distinta, por exemplo, dos grandes corais criados e desenvolvidos por Villa-Lobos, os folcloristas provocavam rumor entre as autoridades públicas, a população e a imprensa ao promoverem uma narrativa em que as regiões do país eram apresentadas por meio de algumas manifestações que se sobrepunham às coordenadas geográficas de norte, sul etc. Foram criadas assim as referências de um Brasil cujo mapa passava a ser o norte do boi-bumbá, o sul do gaúcho, a Bahia do candomblé e da capoeira. Era desta popa que os folcloristas imaginavam a nação, nas palavras de Renato Almeida, "como uma série de quadros regionais que [dariam], com o aspecto ecológico, a nossa realidade folclórica" (Vilhena, 1997: 219).

A estratégia de ritualização também fez parte da conduta dos que se dedicaram a debater a questão racial nos dois Congressos Afro-Brasileiros. O antropólogo Waldir Freitas de Oliveira lembra que pesou sobre Gilberto Freyre, organizador do 1º Congresso em 1934, a acusação de "exploração política do negro brasileiro" (Oliveira, 1987: 24) e que os organizadores do 2º Congresso também foram alvo de críticas, por darem muito destaque às visitas aos terreiros e apresentações de capoeira, samba e batuque (Carneiro, 1964: 98).

Entre a questão racial e o folclore se desenharam algumas das principais discussões sobre a identidade nacional entre as décadas de 1920 e 1940. Esses elementos estiveram presentes nas primeiras tentativas dos intelectuais em criar instituições e formular projetos culturais com o poder público (como a Sociedade de Etnografia e Folclore de São Paulo, a Comissão Nacional de Folclore e a consolidação das Ciências Sociais no moderno ambiente universitário). Nesse âmbito, imaginar a nação era necessariamente debater a importância do negro, do indígena e do mestiço na transformação ou na manutenção das tradições. Era também fundamental perceber as manifestações populares como parte integrante e importante do caráter nacional, catalogando, preservando e difundindo o que se acreditava ser o tipo ideal de cada manifestação, numa tentativa difícil de ajustar um conceito rígido à realidade dinâmica das expressões culturais. Os estudiosos da questão racial, mais próximos das primeiras iniciativas de estudo do folclore do que possa parecer à primeira vista, iriam instituir suas atividades nas novas cátedras universitárias surgidas na década de 30. Mas o grande impulso aos estudos desta década pode ser identificado nos dois Congressos Afro-Brasileiros, um dos quais realizados na Bahia. Com a participação de um grande número de intelectuais locais, nacionais e internacionais, é o 2º Congresso Afro-Brasileiro que seguirá catalisando a grande importância que a Bahia já ocupava na imaginação da nação mestiça, e também realizará uma das primeiras ritualizações para um grande público de pesquisadores, interessados e curiosos, devidamente repercutido pelos meios de comunicação.

## A Revolução de 1930 na Bahia

Uma aproximação apropriada do contexto da Bahia na década de 1930 pode se guiar por trilhas semelhantes às indicadas por Candido para a situação nacional. Com a ascensão do Governo Provisório de Getúlio Vargas, uma das primeiras medidas em relação aos Estados foi nomear interventores, o que no caso baiano implicou num conflito aberto contra as principais famílias que dominavam a política local. Com a ascensão do ciclo do café na região Sul, a Bahia tinha perdido muito da importância econômica experimentada em séculos anteriores e experimentava reformas urbanas para uma modernização, seguindo o modelo das cidades mais dinâmicas e ricas, em especial, o do Rio de Janeiro:

> Bradava-se por todos os cantos que, enfim chegara o tempo da capital baiana se tornar uma urbe moderna e civilizada. É que devido à eleição do novo governador J.J. Seabra, ex-secretário e ministro da Viação e Obras Públicas do Governo Federal, recém chegado do Rio de Janeiro, as expectativas de certos grupos sociais com relação à modernização do estado haviam aumentado bastante (Dias, 2006: 25-6).

Na área da educação primária, a Bahia também foi palco de importantes experiências que contribuíram para o ideário do movimento da "Escola Nova". Entre elas, destaca-se a reforma do ensino baiano, ocorrida em 1925, com o apoio de Anísio Teixeira, então Diretor-Geral da Instrução. Esta reforma, que atingiu todos os níveis do ensino, propalava a gratuidade e obrigatoriedade do ensino e criava instituições como Bibliotecas e Museus. No que se refere ao ensino superior, além de possuir algumas das mais antigas instituições acadêmicas do país, como a Faculdade de Medicina, criada por decreto em 1832, havia outras como a de Direito de 1891 e a Escola Politécnica de 1896. Mas todas funcionavam de maneira autônoma, e a articulação em Universidades, num projeto orgânico, tal como estabelecido pelo Estatuto da Universidade Brasileira, só viria a ser realizada em 1946, com a fundação da Universidade da Bahia, federalizada em 1950, com a integração completa das escolas e instituição de novos cursos.[19]

## Modernismo e modernistas na Bahia

Nas Artes e na Literatura, as transformações também se deram mais lentamente do que as catalisadas a partir das experiências de São Paulo e Rio de Janeiro. Segundo Tavares, as orientações estéticas do modernismo:

> começaram na cidade do Salvador com o grupo de jovens candidatos a escritor e poeta coordenado pelo jornalista Pinheiro Viegas. Eles formaram a Academia dos Rebeldes (1927), da qual participaram Jorge Amado (tinha 15 anos e trabalhava no jornal Diário de Notícias), Dias da Costa, Edison Carneiro,[20] Sosígenes Costa, João Cordeiro, Aidano do Couto Ferraz e Alves Ribeiro (2001: 353).

Este círculo intelectual, assim como outros, editou algumas revistas para propagar suas ideias, o que acabou servindo como identificação de outros grupos, tais como *Arco e Flexa*[21] (1928)

---

19 Informações extraídas do site da Universidade Federal da Bahia: http://www.ufba.br/historico (acesso em novembro de 2010).

20 O autor será apresentado adiante.

21 Foi um dos primeiros agrupamentos literários de orientação modernista, e publicou uma revista com o mesmo nome. Segundo Angela Soares: "O grupo Arco & Flexa, liderado por Carlos Chiacchio, tinha como componentes Pinto de Aguiar, Eurico Alves, Carvalho Filho, Hélio Simões,

e *Samba*[22] (1928). Em 1931, surge *O Momento*, uma das mais expressivas revistas da Bahia inspiradas no movimento modernista, considerada órgão de expressão da Academia dos Rebeldes. Seu principal articulador foi o poeta baiano Pinheiro Viegas que, de acordo com Angela Soares, participou de gerações intelectuais em três momentos: no período da campanha republicana, no início da república e no modernismo baiano. Residiu algum tempo no Rio de Janeiro, onde conviveu com Agripino Grieco, Lima Barreto e João do Rio, entre outros. Como boa parte dos intelectuais da época, trabalhou como jornalista e ocupou cargos no poder público (2005: 84-6). Para o historiador Silva, o poeta era:

> epigramista, panfletário, irreverente, excêntrico (posava de homossexual, segundo se acredita, para contrariar a moral ambiente e andava sempre de bengala e terno escuro,

---

Ramayana de Chevalier, Jonathas Milhomens, Cavalcanti Freitas, José de Queiroz Júnior e Damasceno Filho, cujas idades variavam entre 16 e 22 anos. O grupo surge a partir de reuniões literárias realizadas no Café das Meninas, localizado ao lado do antigo Cinema Guarani, próximo à Rua Chile". O grupo publicou apenas cinco números, constituindo a primeira, o lançamento do manifesto intitulado "Tradicionismo dinâmico" (Soares, 2005: 65).

22  Constituído na década de 1920, por jovens poetas e literários que se reuniam no centro histórico de Salvador. Era formado por Antônio Brandão Donatti, Elpídio Bastos, Zaluar de Carvalho, Bráulio de Abreu, Clodoaldo Milton, Nonato Marques, Leite Filho Aníbal Rocha, Alves Ribeiro, dentre outros nomes. Seu mecenas foi Raymundo Pena Forte, descrito como pessoa sem talento intelectual, portador de necessidade especial, que se mobilizava apenas para assistir às chamadas tertúlias, sessões em que promoviam discussões acadêmicas. Durante um período teve Pinheiro Viegas (que depois integraria a Academia dos Rebeldes) entre seus integrantes. O grupo publicou quatro números entre 1928 e 1929. Embora o nome tivesse a intenção de remeter a uma prática popular alegre e festiva, Soares indica que o grupo permaneceu conservador, "passadista e formal" (Soares, 2005: 68).

na calorenta Salvador) (...) Epigramas contra notáveis da política local e polêmicas abertas com representantes das letras incompatibilizaram Pinheiro Viegas com esferas das classes dirigentes de então, o que lhe imputou certa marca de maldito e, portanto, de marginal (2000: 94).

Os jovens literatos da Academia dos Rebeldes "consideravam o grupo de Arco & Flexa seu grande adversário nas lides literárias, provavelmente em razão do posicionamento político que unia seus principais componentes" (Lima e Oliveira, 1987: 88). A recusa do purismo gramatical e a procura por uma escrita mais próxima da linguagem falada pela grande massa da população eram objetivos explícitos do grupo, tal como enunciado pelas palavras de Jorge Amado:

> A Academia dos Rebeldes foi fundada na Bahia em 1928 com o objetivo de varrer com toda literatura do passado (...) sem dúvida concorremos de forma decisiva – nós os Rebeldes, e mais os moços do Arco e Flexa e os do Samba – para afastar as letras baianas da retórica, da oratória balofa, da literalice, para lhe dar conteúdo nacional e social na reescrita da língua falada pelos brasileiros (Amado, 1992: 85).

Indo ao encontro da afirmação de Candido sobre o Brasil, na Bahia desse período encontramos também atitude de transgressão e crítica frente à "ideologia da permanência" (1984: 29), representada por instituições como a Academia Brasileira de Letras. Não por acaso, a própria denominação do grupo, Academia dos Rebeldes, identifica a Academia de Letras da Bahia como alvo da crítica, ao mesmo tempo em que define a postura assumida pelo grupo frente aos representantes da "oratória balofa".

Não há dúvidas, porém, de que de todos os aspirantes a literatos, Jorge Amado foi o que obteve maior sucesso, construindo uma obra que projetou a imagem da Bahia para os quatro cantos do mundo.

Como esclarece Ilana Goldstein (2000), o autor baiano é até hoje um dos escritores brasileiros mais lidos e conhecidos. Famoso também por sua militância junto ao Partido Comunista, para o qual chegou a exercer o cargo de Deputado Federal por São Paulo, e pelas várias prisões a que foi submetido, Jorge Amado foi um dos que mais desenvolveu o convívio íntimo entre literatura e ideologias políticas. Um de seus livros de maior sucesso, *Capitães da Areia* (1937), que trata da vida dos meninos de rua em Salvador, foi censurado e chegou a ser queimado em praça pública pela repressão do Estado Novo.

Este escritor teve, porém, um papel decisivo na configuração do modernismo baiano, exercendo localmente, as funções de eixo e catalisador da Revolução de 1930. Sua função de eixo se expressaria na consolidação de obras que se tornaram importantes fontes de reflexão e conhecimento sobre o Nordeste, abrindo uma via para a realidade da população baiana que não aparecia nos estudos históricos e sociais. Não por acaso, um pesquisador de sua obra notou o elevado interesse de Amado por disciplinas como a antropologia e a sociologia[23] (Rossi, 2004). O escritor deu grandes estímulos para que o amigo Edison Carneiro[24] enveredasse pelos caminhos da etnologia e experimentou como uma revolução a leitura da obra de Gilberto Freyre, *Casa Grande & Senzala*.[25] Como catalisador, Amado contribuiu com uma inten-

---

23 "O romance, entendido pelas qualidades de depoimento e fotografia do mundo social, encontrou na linguagem sociológica repertório temático e expressivo, separando literatura e ciências sociais uma linha bastante tênue e porosa" (2004: 44).

24 Em uma das primeiras cartas trocadas com Arthur Ramos, Carneiro afirma: "O meu amigo Jorge Amado ganhou. Afinal, sempre me decidi escrever o livro sobre negros que ele reclama insistentemente há coisa de três anos...". Carta de 4 de janeiro de 1936 (Lima e Oliveira, 1987: 79).

25 Em *Navegação de Cabotagem*, Amado confirma que, "em suas páginas aprendemos porque e como somos brasileiros, mais que um livro foi uma revolução..." (Amado, 1992: 45).

A ginga da nação 65

sa mediação entre os intelectuais radicados no Rio de Janeiro e os que surgiam na Bahia, cujos exemplos são a frutífera relação entre Arthur Ramos e Edison Carneiro,[26] ou ainda o apoio à organização do 2° Congresso Afro-Brasileiro na Bahia, em 1937. Posteriormente, na década de 1940, ele seria considerado como um dos principais responsáveis pela conformação de um intenso circuito de artes plásticas que fixou na cidade do Salvador artistas como Rubem Valentim,[27] Genaro de Carvalho,[28] Carlos Bastos,[29]

26 Além de apresentar Carneiro a Ramos, o que veio a facilitar a publicação do primeiro livro do etnólogo, Amado também o apresentaria a Mário de Andrade, conforme testemunha carta enviada ao modernista, datada de 19 de fevereiro de 1935. Nela, Amado descreve Carneiro como um "negro fabuloso e macumbeiro" (Ma-C-Cpl, 420. Coleção Mário de Andrade, IEB/USP).

27 Rubem Valentim nasceu na Bahia, em 1922. Foi escultor, pintor, gravador, professor. Iniciou-se nas artes visuais na década de 1940, como pintor autodidata. Entre 1946 e 1947, participou do movimento de renovação das artes plásticas na Bahia, com Mario Cravo Júnior (1923), Carlos Bastos (1925) e outros artistas. Em 1953 formou-se em jornalismo pela Universidade da Bahia e publicou artigos sobre arte. Em 1966, participou do Festival Mundial de Artes Negras em Dakar, Senegal. Em 1998, o Museu de Arte da Moderna da Bahia – MAM/BA inaugurou a Sala Especial Rubem Valentim no Parque de Esculturas. (Enciclopédia Itaú de Artes visuais. In: http://www.itaucultural.org.br/aplicExternas/enciclopedia_IC).

28 Genaro Antônio Dantas de Carvalho nasceu na Bahia, em 1926. Foi tapeceiro, pintor, desenhista. Iniciou seus estudos de pintura com o pai. Em 1944, foi para o Rio de Janeiro, e estudou desenho com Henrique Cavalleiro na Sociedade Brasileira de Belas Artes. Foi considerado um dos principais ativistas pela renovação da arte na Bahia, ao lado de Carlos Bastos, Caribé e Mario Cravo Jr. Após um período de estudos fora do país, retornou no ano de 1955, quando criou o primeiro ateliê de tapeçaria no Brasil, na cidade de Salvador. Seu trabalho de maior destaque foi o mural realizado para o salão interno do Hotel da Bahia, obra com 200 metros quadrados, intitulada *Festejos Regionais Bahianos* (ibidem).

29 Carlos Bastos foi pintor, ilustrador, cenógrafo. Iniciou sua formação artística na Escola de Belas-Artes da Universidade da Bahia, onde ingressou em 1944 e assistiu às aulas de João Mendonça Filho, Raymundo

Jenner Augusto[30] e Carybé.[31] Considerando, por fim, os motivos que levaram pessoas como Carybé e o fotógrafo Pierre Verger[32] à Bahia, não se pode esquecer o efeito de obras como *Jubiabá* (1935), que despertaram o vivo interesse e curiosidade de muitos pelos mistérios da Salvador de todos os Santos. No "Guia dos mistérios e ruas" da cidade, Amado dizia à sua interlocutora na introdução: "Onde estará mesmo a verdade quando ela se refere a esta cidade da Bahia? Nunca se sabe bem o que é verdade e o que é mentira nesta cidade. No seu mistério lírico e na sua trágica pobreza, a verdade e a lenda se confundem..." (1945: 22).

Se as obras literárias de Jorge Amado foram importantes para projetar a Bahia como uma terra de mistérios e de cordialidade, a dimensão musical da cidade foi repercutida pela atuação de outro representante de peso: Dorival Caymmi. Radicado no Rio de Janeiro desde a década de 1930, o sucesso de suas canções, impregnadas de mar, vento e pescadores, demonstram muito bem o quanto a "música folclórica baiana" – da qual era considerado embaixador,[33] recebia boa acolhida nos programas de rádio. Amigo

---

Aguiar e Alberto Valença. Nesse ano, participou, ao lado de Mario Cravo Júnior e de Genaro, da 1ª Mostra de Arte Moderna da Bahia (*ibidem*).

30  Jenner Augusto foi pintor, cartazista, ilustrador, desenhista e gravador. Residiu em diversas cidades de Sergipe. Em 1949, mudou-se para Salvador, e trabalhou como assistente no ateliê de Mario Cravo Júnior. Nessa época, participou com Lygia Sampaio e Rubem Valentim da mostra Novos Artistas Baianos, realizada no Instituto Histórico e Geográfico da Bahia (*ibidem*).

31  A biografia de Carybé está detalhada adiante.

32  O fotógrafo francês Pierre Verger fixou residência na Bahia em 1946, onde trabalhou com Odorico Tavares em reportagens para a Revista *O Cruzeiro*. Até 1951, dedicou-se às atividades na revista, produzindo um grande conjunto de imagens sobre a cidade de Salvador e seu entorno, publicada em obras como *Retratos da Bahia*, 4ª ed. Salvador: Corrupio, 2005.

33  Este título foi-lhe atribuído pelo jornal *Estado da Bahia*, durante uma de suas apresentações em Salvador, no ano de 1952 (Caymmi, 2001: 293).

de Jorge Amado, Caymmi criou a música da canção entoada em *Mar Morto* (1936), cuja letra foi, posteriormente, bem desenvolvida pelo escritor, numa plena circularidade entre texto e música, entre o escritor e o músico.

A projeção de Caymmi na era de ouro do rádio foi tamanha que, no ano de 1944, os Estúdios de Walt Disney incluíram uma de suas composições num longa-metragem de animação ambientado no Brasil,[34] onde Zé Carioca leva Pato Donald para conhecer a Bahia. As músicas de Ary Barroso e Dorival Caymmi dão o tom e o ritmo do passeio, com destaque para a figura da baiana com seus balangandãs e para o samba. Stella Caymmi, na biografia que produziu sobre o avô, conta que sua transformação em artista de rádio se deu após a popularidade nacional e internacional da canção "O que é que a Baiana tem?", interpretada por Carmen Miranda. Pouco tempo depois, o cantor receberia duas propostas, uma para apresentações na Rádio Nacional e outra, na mesma emissora, para colaborar com o programa "Curiosidades musicais", no qual relataria histórias sobre os costumes e folclore da Bahia (Caymmi, 2001: 131).

A Rádio Nacional era então uma das mais importantes emissoras do país e o apresentador do programa em questão, seu principal radialista, era Almirante. O sucesso de Caymmi desde a década de 1930 ampara-se em seu talento pessoal e em uma acolhedora e crescente recepção a tudo o que fosse identificado como sendo de origem "pitoresca", ou melhor, que fosse folclórico no sentido de totalidade integrada da vida, em que aspectos como a simplicidade, a ingenuidade, o oral e, por fim, o autêntico sobressaíam frente ao ambiente moderno e fragmentado da grande cidade (Cavalcanti, 2001: 67).

---

34  Este foi o segundo filme de animação de um conjunto de produções de Walt Disney que faziam parte da nova orientação da política externa norte-americana para a América Latina, também conhecida como "política da boa vizinhança".

## História e Antropologia na Bahia

Em relação aos estudos sociais e históricos, a Bahia teve papel destacado tanto pelos seus círculos intelectuais locais, como por servir de campo de estudos e exemplo para ensaístas que se dedicaram ao tema da identidade nacional e cientistas sociais estrangeiros ávidos por conhecer seu modelo de convivência racial.

A questão racial para identidade baiana ocupa um lugar destacado entre as preocupações dos intelectuais locais desde meados do século XIX, estando presente nas suas principais instituições como a Faculdade de Medicina e o Instituto Geográfico e Histórico da Bahia (IGHB): "Nesses espaços (e particularmente no Instituto), as questões sobre o caráter racial do povo baiano foram amplamente discutidas, servindo como elementos de interesse comum e, consequentemente, de pontos de diálogo com o Estado" (Silva, 2006).

Essas instituições foram, em grande parte, responsáveis por elaborar teorias segundo o paradigma científico da época, alimentando um ideal de civilidade baseado na condição étnica da população, que seria mais bem alcançado pela ausência ou minimização das raças consideradas inferiores, como negros e mestiços. Tal perspectiva tinha impacto direto na ação do Estado, como comprova o esforço das políticas de imigração na virada do século, estimulando o branqueamento da população, o que se chocava frontalmente com a realidade étnica da sociedade baiana (*ibidem*).

Sobre a atuação do Instituto Geográfico e Histórico da Bahia (IGBH), Paulo Silva apresenta uma análise que enfatiza o alinhamento de seus intelectuais com o *Movimento Autonomista* surgido com a Revolução de 1930, produzindo um discurso historiográfico com sentido laudatório em relação às elites locais. O *Movimento Autonomista* foi a reação à intervenção de Vargas na correlação de forças políticas baianas, nomeando Juraci Magalhães para o comando do Estado. A notícia teria sido recebida com grande mal-estar pelas elites políticas locais (Silva, 2000: 25), embora um de seus mais tradicionais integrantes, J.J. Seabra, houvesse apoiado a campanha da Aliança Liberal, pela qual concorreu Vargas no ano anterior.

Além de desequilibrar o jogo de forças entre as facções políticas baianas ao chegar como interventor, Juraci Magalhães não era da Bahia (nasceu no Ceará) e tinha patente militar, o que quebrava uma longa hegemonia dos bacharéis na direção política do Estado. Esta oposição dos políticos baianos não teria se desenrolado apenas na arena política, mas também teria tomado parte em instituições como IGHB. Como nota Silva, ao analisar alguns de seus mais destacados pesquisadores fica evidente que: "No caso da Bahia dos anos 1930 e 1940, o discurso historiográfico comportou pronunciado comprometimento com uma determinada estratégia política: a de retomada da autonomia do Estado para conforto e bem estar de suas elites dirigentes" (*ibidem*: 19). Entre os envolvidos nas disputas das facções políticas baianas, estava Nelson Carneiro, considerado braço direito de J.J. Seabra nas disputas com Juraci Magalhães, e que publicou, em 1933, um texto-denúncia contra este.[35] Apesar do pai de Nelson, o professor Souza Carneiro, defender com certa convicção o *seabrismo*, não conseguiu impedir que um de seus outros filhos, Edison, se aproximasse das correntes de esquerda que ganhavam terreno na Bahia.

A família Carneiro não possuía uma situação financeira confortável, em contraste com as outras do estrato ao qual pertencia, porém, seu pai ocupava o posto de Professor da Escola Politécnica, o que habilitava sua passagem pelos círculos da elite mais letrada da Bahia. Jorge Amado, filho de um coronel

---

35 Carneiro, Nelson. *Humilhação e e devastação da Bahia (análise documentada da administração do Sr. Juraci Magalhães reunida e anotada por Nelson de Souza Carneiro)* s. ed., 1933.

enriquecido pelo ciclo do cacau, comentou a situação de pobreza característica da família do amigo: "O mais pobre de todos nós seria Edison Carneiro, membro de família numerosa. O pai, professor Souza Carneiro, catedrático da Escola Politécnica, mal ganhava para as despesas inadiáveis da prole (...)" (Amado, 1992: 426). Antes mesmo de formar-se bacharel pela Faculdade de Direito da Bahia (1935), Edison já exercia a atividade jornalística e compartilhava com Jorge Amado um grande interesse pelo papel do negro na sociedade.

Começando sua carreira no momento em que o modelo racialista sofria fortes críticas e o papel do negro e do mestiço passava a ser visto como positivo, Carneiro acompanhou de perto a forte repressão que estas populações sofriam em Salvador, cujas elites almejavam uma "desafricanização das ruas"[36] Jorge Amado testemunha a convivência com uma das práticas comuns da população negra da capital baiana, alvo da ira de algumas elites: "Edison, Aydano do Couto Ferraz, eu, nós todos éramos um pequeno grupo de jovens que frequentava candomblés. Na época, representávamos uma exceção... Era perigoso, a repressão era violenta..." (Raillard, 1990 : 84). Em outro texto ele complementa, afirmando o sentimento do grupo: "...sentíamo-nos brasileiros e baianos, vivíamos com o povo em intimidade, com ele construímos, jovens e libérrimos nas ruas pobres da Bahia" (Amado, 1992: 85). A conclamada proximidade é evocada como uma das razões que os levaram a defender as religiões afro-brasileiras e seus representantes frente aos poderes repressivos da polícia e às críticas da imprensa. Por outro lado, a aproximação entre intelectuais com orientação de esquerda e os candomblés fez com que estes fossem também reprimidos, como se fossem

---

36 Dias comenta que nas primeiras décadas do século XX, na "Bahia, procurou-se não só modificar a paisagem arquitetônica da capital, mas também e, sobretudo se buscou 'desafricanizar as ruas'" (Dias, 2006: 26).

esconderijos de subversivos: "durante a ditadura, a do Estado Novo sob o regime de Vargas, Edison Carneiro foi perseguido como comunista – naqueles tempos ele era comunista. Foi escondido no candomblé de Aninha..." (Raillard, 1990: 84). Os primeiros estudos de Carneiro[37] e, principalmente a realização do 2° Congresso Afro-Brasileiro em Salvador no ano de 1937, guardam parte importante de seus sentidos como uma reação a este contexto.

## Um certame científico e popular: o 2° Congresso Afro-Brasileiro

Respondendo à crítica de Gilberto Freyre a respeito do suposto exagero do lado pitoresco sobre a dimensão científica do encontro, Carneiro deixou claro que a vantagem de tal característica foi a seguinte:

> acabou com o espantalho que ainda eram, para as classes chamadas superiores da Bahia, os candomblés... A publicidade do Congresso, nos jornais e pelo rádio, contribuiu para criar um ambiente de tolerância em torno dessas caluniadas religiões do homem de cor (Carneiro, 1964: 100).

A grande importância do 2° Congresso Afro-Brasileiro se inscreve no âmbito de uma retomada dos estudos sobre o negro, iniciada por Arthur Ramos, pois pouco "ou quase nada, durante os anos 20, fora acrescentado aos estudos realizados por Nina Rodrigues e Manuel Querino, para compreensão da importância e da participação do elemento negro na sociedade brasileira" (Oliveira, 1987: 23). Ramos, como se sabe, defendia a

---

37 Carneiro, Edison. *Religiões negras – notas de ethnographia religiosa, de 1936 e Negros Bantus – notas de ethnographia religiosa e de folk-lore, de 1937,* ambos pela Editora Civilização Brasileira, por intermédio de Arthur Ramos.

originalidade dos temas desenvolvidos por Nina Rodrigues, colocando-se como um continuador de seu legado. Embora tanto Ramos como Carneiro houvessem participado do 1º Congresso realizado em Recife, o antropólogo Waldir Freitas Oliveira sugere que apenas depois deste encontro a amizade entre os dois começaria (*ibidem*: 25). Esta se alargou como mútua colaboração, pois enquanto Carneiro facilitava o acesso do médico alagoano a novas informações, obtidas através da pesquisa de campo que fazia em Salvador, Ramos, já residindo no Rio de Janeiro e dirigindo a Biblioteca de Divulgação Científica da Editora Civilização Brasileira, publicava algumas das obras de Carneiro.[38]

De acordo com Oliveira, o 2º Congresso foi um "autêntico sucesso". Dele participaram "não só intelectuais da Bahia[39] como de outros Estados,[40] e mesmo internacionais;[41] e também [contou-se com] a presença de pais e mães-de-santo[42] dos principais candomblés de Salvador..." (*ibidem*: 28). As discussões ocorreram sobre os mais diversificados temas e somaram-se a

38 Sansone identifica nessa amizade um exemplo das "fortes e tensas relações de poder, que interligam os intelectuais-chave no contexto local, com padrinhos nacionais e 'brookers' acadêmicos internacionais. Edison Carneiro dependia de Arthur Ramos, que, por sua parte, dependia de Melville Herskovits" (2002: 7).

39 Da Bahia, além de Edison, participaram Jorge Amado, Áydano do Couto Ferraz, Clóvis Amorim, Reginaldo Guimarães e o prof. Martiniano Eliseu do Bonfim (Oliveira, W., 1987: 29).

40 Foram recebidos trabalhos de Manoel Diégues Júnior e Alfredo Brandão (Alagoas); Renato Mendonça, Jacques Raymundo e Robalinho Cavalcanti (Rio de Janeiro); e Dante Laytano e Dário Bittencourt (Rio Grande do Sul) (*ibidem*).

41 Enviaram colaborações Melville Herskovits (EUA) e Salvador Aguero (Cuba). Donald Pierson (EUA) presidiu sessões e apresentou trabalhos (*ibidem*).

42 Martiniano do Bonfim, Eugênia Ana dos Santos, Manoel Bernardino da Paixão e Manuel Vitorino dos Santos.

festividades programadas pelos organizadores, como visitas aos mais importantes terreiros, "por iniciativas das suas próprias comunidades, além de exibições e capoeira, batuque e samba, realizadas na sede do Clube de Regatas Itapagipe" (ibidem). Animado com o resultado do Congresso, Carneiro reiterou a dupla fisionomia que guiou sua realização, caracterizada, ao mesmo tempo, por um certame popular e "um certame científico. Homens de ciência e homens do povo se encontraram ombro a ombro, discutindo as mesmas questões, que se interessavam a uns pelo lado teórico, a outros interessava pelo lado prático..." (Carneiro, 1964: 102).

## A encruzilhada de Edison Carneiro: entre a antropologia e o folclore

A esta altura, Carneiro era alçado à categoria de líder dos estudos africanistas na Bahia, tornando-se uma referência para muitos outros estudiosos que aportavam em Salvador naqueles anos. Destaca-se, nesse meio, a antropóloga Ruth Landes,[43] que produziu toda sua pesquisa de campo em Salvador na companhia do etnólogo baiano, o que teve como consequência um cer-

---

43 A antropóloga Ruth Landes, que chegou à Bahia em 1938 para pesquisar as religiões de matriz africana, foi uma das primeiras pesquisadoras enviadas pela Universidade de Columbia, inaugurando seu programa de cooperação internacional junto ao Museu Nacional. Seu principal interlocutor em Salvador foi Edison Carneiro, reconhecido àquela altura (um ano depois do 2° Congresso Afro-Brasileiro) como a principal autoridade no campo de pesquisa sobre o candomblé na Bahia. Carneiro a acompanhou na maior parte do tempo, o que é evidenciado no livro A cidade das mulheres, publicado pela antropóloga em 1947. Sobre o encontro com Carneiro, Landes conta a seguinte versão: "Cartas de apresentação de eruditos da Universidade de Fisk e do Rio de Janeiro levaram-me em particular a um jovem etnólogo baiano, chamado Edison Carneiro (...) o número e a originalidade dos seus estudos faziam-me esperar um homem muito mais idoso (...)" (2002: 49).

to afastamento entre Carneiro e Arthur Ramos.[44] Embora reconhecido como autoridade nos estudos sobre o negro, Carneiro muda-se para o Rio de Janeiro em 1939, desiludido com as condições de exercício de suas atividades intelectuais em Salvador. Na capital federal, seguirá colaborando com periódicos e, em 1948, publicará sua principal obra sobre as religiões afro-brasileiras: *Candomblés da Bahia*.

No fim da década de 1940, Carneiro se aproxima do *Movimento Folclórico*, que ganha força com a criação da Comissão Nacional de Folclore (1947) e passa a articular a questão racial no interior da discussão sobre folclore. A aproximação de Carneiro com esse tema não é fortuita: já em suas primeiras obras, ele se referia ao tema, a exemplo de outros autores, como Arthur Ramos. Seu segundo livro, intitulado *Negros Bantus – notas de ethnographia religiosa e de folk-lore* (1937), trata a questão do folclore nos termos de "sobrevivências culturais", de maneira semelhante à análise empreendida por Ramos dois anos antes em *O folk-lore negro do Brasil – Demopsychologia e Psychanalise*. Em um caso como no outro, o folclore emerge como dimensão de transição ou diluição (nas palavras de Ramos) das criações mitológicas cristalizadas e veiculadas pelas religiões, adormecidas num inconsciente coletivo.

Embora pouco discutida, a articulação entre os estudos sobre o negro e o folclore reflete também um impasse que os estudiosos dos anos trinta viviam com relação à definição do caráter nacional e das melhores teorias e métodos para alcançar sua adequada compreensão. Como notou Mariza Corrêa, os intelectuais que se dedicaram ao estudo das relações raciais no período efetuaram duas alterações importantes no debate sobre identidade nacional: a primeira, ao

---

44 Mariza Corrêa explora o conflito aberto com a presença de Ruth Landes detalhadamente no artigo "Diário de Campo: Arthur Ramos, antropólogos e a antropologia". In: *Anais da Biblioteca Nacional*, Rio de Janeiro, v. 119, 1999 – Rio de Janeiro, Edições Biblioteca Nacional, 2004.

definir o termo "relações raciais" como sinônimo quase exclusivo de relações entre brancos e negros; e a segunda, ao redefinir as relações raciais como contexto privilegiado de surgimento de uma cultura brasileira (2001: 223).

Ora, não podemos esquecer que tais definições ocorrem no exato momento em que a antropologia se consolida enquanto disciplina na moderna instituição universitária. Como se sabe, na disputa pela normalização do campo das Ciências Sociais, o folclore não atingiu o estatuto científico que para ele almejavam intelectuais como Mário de Andrade, Arthur Ramos (durante algum tempo) e Edison Carneiro. Portanto, quando Corrêa aponta tal redefinição no debate, não estamos olhando para "todos os intelectuais que se dedicaram ao estudo das relações raciais", nem necessariamente para "os mais importantes"; mas sim para aqueles que, no horizonte de consolidação da antropologia como disciplina acadêmica, compreendiam a questão racial no centro do debate.

Edison Carneiro foi um dos intelectuais que, acreditando na interdependência entre antropologia e folclore, ficou fora da academia, embora seja um expoente daqueles que se dedicaram ao estudo das relações raciais. Esta ponderação ajuda a localizar melhor como Edison Carneiro transitou da etnologia ao folclore, articulando, no interior do *Movimento Folclórico*, posições bem mais ortodoxas sobre o caráter nacional do que outros folcloristas. A principal delas refere-se ao papel do Candomblé, pois Carneiro não considerava tal manifestação como folclore, assumindo assim, uma posição contrária à de outros colegas. Como etnólogo, ele entendia que as religiões do negro são a parte mais resistente à nacionalização, coexistindo com outras formas religiosas na sociedade brasileira. Já como folclorista, identificava que era nas manifestações populares praticadas pelos negros – qualificadas por ele como "folguedos" – que a grande contribuição para o folclore nacional poderia ser observada, uma vez que, nelas, "encontraremos o negro comportando-se como brasileiro" (1957: 70). Era assim que assentava em sua reflexão as diretrizes para pensar uma nação brasileira, ambíguas, mas expressando sua preocupação com a transição do negro, de estrangeiro para brasileiro.

## Bahia, estação Brasil

Antonio Candido, ao observar o resultado das consequências culturais da Revolução de 1930 para o Brasil, entende que seus ganhos se distribuíram de maneira diferente de acordo com os setores da população. Entre os mais pobres, a principal promessa de melhorar a instrução pública no nível primário foi apenas parcialmente atingida. Entre as camadas intermediárias, "(...) a melhora foi sensível graças à difusão do ensino médio e técnico, que aumentou suas possibilidades de afirmação e realização, de acordo com as necessidades novas do desenvolvimento econômico" (1984: 34). Para o crítico, os melhores frutos ficaram entre as elites, pois houve "grande incremento de oportunidades para ampliar e aprofundar a experiência cultural, inclusive com aquisição de um corte progressista por alguns de seus setores" (*ibidem*). Entre as elites portanto, e com consequências para todos os outros setores, Candido identifica mudanças positivas a partir de 1930:

> (...) se esboçou uma mentalidade mais democrática a respeito da cultura, que começou a ser vista, pelo menos em tese, como direito de todos, contrastando com a visão de tipo aristocrático que sempre havia predominado no Brasil...(...) Por extensão, houve maior consciência a respeito das contradições da própria sociedade, podendo-se dizer que sob este aspecto os anos 30 abrem a fase moderna nas concepções de cultura no Brasil (*ibidem*).

Na composição de novas popas para imaginar a nação, diversos fatores concorreram, concentrando e catalisando as dimensões da educação primária, superior, das comunicações, da arte e da literatura, do cinema e da música. A capital do país foi ponto fundamental para o encontro dessas muitas vertentes e de seus experimentadores regionais. No que se refere aos estudos sociais e históricos, novos constructos teóricos e instituições se consolidaram, dando vazão aos muitos ensaios produzidos na época, todos tentando responder a uma definição de quem é o povo dessa nação. A Bahia foi um campo de observação especial para muitos intelectuais interessados na questão racial. Vista como a cidade com a maior concentração da população negra e como um local de tradições mais preservadas, uma vez que era tida como menos urbanizada do que outras cidades com o Rio de Janeiro e São Paulo, Salvador serviu como exemplo para muitas interpretações sobre os benefícios do modelo de convivência racial baseado na mestiçagem. Tanto para análises teóricas de cunho mais científico, como para as mais próximas da literatura, ou mesmo as que se definem como literárias, a Bahia encarnará, para o Brasil e fora dele, um dos melhores exemplos do país que imagina e ritualiza sua identidade como popular e mestiça.

# Capítulo 2

## Capoeiristas, intelectuais e Estado na Bahia: jogo de dentro e jogo de fora

"Para se compreender alguém, é preciso conhecer os anseios primordiais que este deseja satisfazer. A vida faz sentido ou não para as pessoas, dependendo da medida em que elas conseguem realizar tais aspirações".

Norbert Elias. Mozart, *Sociologia de um gênio*.

O esforço deste capítulo é o de explorar a compreensão que os praticantes de capoeira davam à sua ação, e a maneira como mobilizavam interpretações sobre a capoeira junto a certos intelectuais e representantes do Estado. Norbert Elias, em seu estudo sobre a vida do compositor Wolfgang Amadeus Mozart, contribuiu de maneira fecunda com a perspectiva analítica que aqui procuramos desenvolver. Como se depreende da epígrafe do capítulo, uma das questões para o sociólogo é compreender o sentido dado pelas pessoas à sua vida, como critério que justifique suas escolhas e o seu sentimento de sucesso ou fracasso. Mas os valores expressos nas escolhas das pessoas não existem fora de um modelo de estrutura social que oriente seus sentidos. Para Elias:

> Só então, em suma, é possível entender as coerções inevitáveis que agiam sobre Mozart e como ele se comportou em relação a elas – se cedeu à sua pressão e foi assim influenciado em sua produção musical, ou se tentou escapar ou mesmo se opor a elas (1995: 19).

A trajetória do gênio Mozart oferece boas sendas para nossa análise. Um dos pontos mais importantes é a questão da transição da arte, da passagem de artesão para artista. Tal passagem ocorre em função da mudança na situação social do artista, com a menor subordinação da imaginação individual ao gosto cortesão; uma maior especialização da função do artista; a ascensão de novas classes sociais e a mediação de agências negociantes. Guardados os limites comparativos, também pode ser observada na Bahia, entre 1930 e 1960, uma modalidade de transição da figura do capoeira para o capoeirista. Conforme explicado anteriormente, o primeiro seria mais associado à imagem do criminoso ou do "amador" que se reunia em rodas de capoeira, animando as festas populares de Salvador; já o segundo, corresponderia ao profissional que construirá seu projeto em torno das linguagens crescentes do esporte e do folclore. Inspirado pelas perspectivas abordadas, creio ser possível entrever elementos importantes dessa transição, tanto expressos, quanto criados, na trajetória exemplar de Mestre Pastinha, considerado o "guardião" da capoeira tradicional e também, paradoxalmente, seu "criador".

## Jogo de fora e jogo de dentro

Na aproximação dos interesses e sentidos que a capoeira protagoniza, nota-se certa "ebulição de significados" em torno da prática. Enfatizamos como tal "ebulição" foi interpretada e também mobilizada por algumas pessoas, que ficaram conhecidas como mestres de capoeira, tanto para impor e estabilizar o que entendiam ser a capoeira, como para construir e ocupar as melhores posições sociais que dela derivaram.

Em se tratando de acompanhar o agenciamento dos capoeiristas nesse período, a noção de "jogo de dentro" e "jogo de fora", utilizada por Mestre Pastinha e outros praticantes, constitui uma boa metáfora. Diz o Mestre que o jogo de dentro "é realizado no chão, jogo rasteiro, apoiando-se os capoeiristas apenas, com os pés e as mãos (...) O corpo não pode tocar o chão. Nesta modalidade, a malícia dos lutadores, procurando um enganar o outro, tem sua grande aplicação (...)" (1964: 42). Inversamente, como explica Mestre Bola Sete, no livro *Capoeira Angola na Bahia*, depois "do jogo de dentro, damos início ao 'jogo de fora', que é praticado na posição de pé. Neste jogo podemos aplicar todos os golpes da capoeira e em qualquer parte do corpo do adversário" (2005: 70). Além de uma metáfora sobre a inversão da ordem social, representada pelo predomínio do baixo corporal,[1] o que estas afirmações sugerem é um trânsito entre o alto e o baixo, o dentro e o fora como momentos específicos da luta que se trava. Com isso, pretende-se afirmar que, no trânsito constante entre estas duas dimensões, um conjunto de estratégias de luta expressa o tipo de conduta[2] dos capoeiristas em suas relações com os intelectuais e representantes do Estado na Bahia.

A referência à "ebulição de significados" é assumida aqui como um momento especial pelo qual a capoeira baiana passa da década de 1930 até meados da década de 1960. Nesse período, ocorrem importantes transformações que somente se estabilizam posteriormente. As condições de realização da capoeira na cidade de Salvador estão em franca mudança. Tanto os locais onde se realizam as rodas de capoeira, como a imagem daqueles que a realizam, passando pelas relações que se estabelecem entre os capoeiristas, modificam-se intensamente no período. São variadas as fontes que permitem identificar este fenômeno.

Para melhor compreender a visão de Mestre Pastinha, nos apoiaremos nos livros *Capoeira Angola*, publicado no auge de seu reconhecimento, em 1964, e *A Herança de Pastinha*, de 1997, também conhecido como os *Manuscritos de Mestre Pastinha*, editados a partir de documentos redigidos pelo autor durante sua vida e

---

1   Para a Letícia Vidor Reis, "o mundo da capoeira é um mundo às avessas. Nesse mundo invertido, o baixo corporal (pés e quadris) torna-se mais importante do que o alto corporal (cabeça, mãos e tronco)" (1997: 212).

2   Reis é uma das autoras que sugere a possibilidade de se interpretar a roda de capoeira como um microcosmo do universo social (*ibidem*).

deixados com dois importantes amigos antes de sua morte: o pintor Carybé[3] e o escritor e ex-deputado Wilson Lins.[4] Certamente, ao deixar tais documentos com duas figuras de renome, Pastinha imaginava poder perpetuar, de alguma maneira, o prestígio alcançado pela capoeira que defendia e também a sua imagem de criador. Além desses documentos, Pastinha deixou suas opiniões expressas em vários depoimentos à imprensa escrita, rádio e televisão, sendo que alguns foram compilados no disco *Mestre Pastinha Eternamente* (1969) e no documentário *Pastinha! Uma vida pela*

3   Hector Julio Páride Bernabó nasceu em Lanús, Argentina, no ano de 1911. Foi pintor, gravador, desenhista, ilustrador, mosaicista, ceramista, entalhador, muralista. Frequentou o ateliê de cerâmica de seu irmão mais velho, Arnaldo Bernabó, no Rio de Janeiro, por volta de 1925. Entre 1941 e 1942, viajou por países da América do Sul. Em 1944, foi a Salvador, onde passou a interessar-se pela religiosidade e cultura locais. No Rio de Janeiro, auxiliou na montagem do jornal *Diário Carioca*, em 1946, e colaborou com a *Tribuna da Imprensa*, entre 1949 e 1950. Em 1950, mudou-se para Salvador para realizar painéis para o Centro Educacional Carneiro Ribeiro. Na Bahia, participou ativamente do movimento de renovação das artes plásticas. Em 1957, naturalizou-se brasileiro. Publicou, em 1981, *Iconografia dos Deuses Africanos no Candomblé da Bahia*. Ilustrou livros de Gabriel García Márquez, Jorge Amado e Pierre Verger, entre outros.

4   Wilson Lins nasceu em 1919, em Pilão Arcado, Bahia. Era filho de um poderoso coronel da Bahia, Franklin Lins de Albuquerque. Atuou como redator-chefe e diretor do jornal da família *O Imparcial*; trabalhou no *Diário de Notícias*, *Diário da Bahia*, *A Tarde* e *Jornal da Bahia*. Romancista, novelista, cronista e ensaísta, tinha como tema constante em suas obras o regionalismo, principalmente a região do São Francisco. Em 1967, foi eleito para a Academia de Letras da Bahia. Ocupou ainda os cargos de Secretário de Educação e Cultura do Estado da Bahia (1959-1962); presidente do Conselho Estadual de Cultura (1983); Deputado estadual pelo Partido Republicano – PR (1951-1963), reeleito pela União Democrática Nacional – UDN (1963-1967) e pela Aliança Renovadora Nacional – ARENA (1967-1971). Informação extraída do site da Assembleia Legislativa da Bahia: http://www.al.ba.gov.br/deputados/DeputadosInterna.php?id=370 (acesso em novembro de 2010).

*capoeira* (1998), ambos usados como fontes, além da pesquisa em periódicos feita junto ao acervo digital da Biblioteca Amadeu Amaral, do Museu do Folclore.

Também a imprensa do período permite uma aproximação com a perspectiva dos intelectuais e representantes do Estado, complementada por publicações relevantes de personalidades de destaque como Edison Carneiro, Ruth Landes, Jorge Amado, Waldeloir Rego e Carybé, entre outras.

Uma das primeiras características a destacar é o ambiente onde acontecia o jogo da capoeira nas décadas de 1930 e 1940. Em geral, as rodas de capoeira congregavam grupos de pessoas conhecida, e com ampliada presença, sobretudo, nos momentos e locais mais públicos, como as festas e feiras populares de Salvador, como as de Nossa Senhora da Conceição da Praia[5] e as de Santa Bárbara.[6] Outro traço relevante do período é a imagem do capoeira veiculada nas manchetes de jornais, conforme pode ser visto no interessante estudo de Josivaldo Pires de Oliveira (2004). Analisando os praticantes entre 1912 e 1937 – momento em que a capoeira está fortemente associada à criminalidade – o historiador afirma que, na imprensa, o capoeira "aparece frequentemente nas colunas policiais, às vezes como vítima outras tantas como agressor, mas sempre nas manchetes que tratam da criminalidade das ruas" (Oliveira, 2004: 120). Apesar disso, não encontramos nessas páginas evidências diretas da repressão

---

5   Esta feira, para Amado (1945: 150), seria "a preferida dos capoeiristas que fazem aqui suas melhores demonstrações (...) Os grandes capoeiristas exercitam-se na vista da multidão, acompanhados pelo berimbau e pelo chocalho. É uma das festas populares mais interessantes da cidade".

6   Sobre esta feira, sabemos também por Amado (1945: 149) que: "A festa de Santa Bárbara, Iansã dos negros, é realizada no Mercado da Baixa dos Sapateiros. Muita cachaça, um grande torneio de capoeira. Inicia-se com uma missa em honra da Santa, voltando-se depois todos os assistentes e mais os que aderem para o mercado em ruidosa procissão".

policial. Dessa forma, no período subsequente, são as próprias relações estabelecidas entre praticantes que passam por mudanças, com a consolidação de hierarquias entre mestres e aprendizes, as tentativas e sucessos na metodização da capoeira e a transformação do ensino e da exibição da capoeira em fonte de renda contínua. Em poucas palavras, a capoeira passar a ser vista como uma profissão, uma carreira, de inserção ambígua, entre o esporte e a arte. Como indica Oliveira (2004: 120) nas páginas de jornais em meados da década de 1930, os capoeiristas "passaram a ocupar, também, outros espaços nos periódicos locais, como as manchetes desportivas e culturais".

As décadas de 1930 a 1960, pelos traços de transição mencionados, ampliam as formas de atuação dos capoeiristas frente a possíveis interpretações de sua prática e nos oferecem bons argumentos para notar que limites e possibilidades de ação social se colocam diante deles. Como os capoeiristas percebem e agem no âmbito desse processo de mudança? Negam o passado recente que criminalizava a capoeira? Como entendem o que deve ser então a capoeira? Valorizam ou negam os significados da capoeira como folclore e como esporte? Como a valorização de determinados aspectos é agenciada pelos capoeiristas nas relações com outras pessoas, como intelectuais e representantes do Estado?

A conduta de oficialização que o poder público imprime a manifestações como o Candomblé, o samba e a capoeira no Brasil e, em especial na Bahia, foi alvo das preocupações de Jocélio Telles dos Santos. Destacando a incorporação de tais manifestações pelas políticas oficiais como símbolos de autenticidade da nossa brasilidade, Santos (2005: 65) enfatiza que, se o patrimônio da "cultura" brasileira passa a ser apresentado como negro na sua origem, seus contornos passam pela Bahia. Uma análise das notícias publicadas pela imprensa baiana na década de 1960, por exemplo, o leva a concluir que: "O candomblé (...) passava a se constituir em um símbolo, por excelência, de baianidade. Junto com a capoeira e a culinária, ele foi incorporado pela mídia, por órgãos públicos, empresas privadas, como uma das marcas registradas da Bahia". Sobre a capoeira, Santos (*ibidem*: 121) argumenta que, além das instâncias públicas a valorizarem como "esporte nacional", as mesmas irão reforçar "a visão da capoeira como manifestação folclórica".

De outra parte, os capoeiristas também se apropriam do debate e estabelecem suas demandas em relação à capoeira, explicitando para o autor uma nova forma de cultura política que se instala a partir dos anos 1970.[7] Com isto em mente, nosso foco aqui é lançado sobre a forma como os capoeiristas vão agir no contexto imediatamente anterior e quais estratégias colocam em ação nos anos entre a repressão e a aceitação da prática pelo poder público, pela imprensa e pelas elites.

Mestre Pastinha (1889-1981) é considerado por muitos, como um dos maiores capoeiristas baianos, expoente do estilo de jogo que se consolidou como *Capoeira de Angola* ou *Capoeira Angola*. Sabe-se que a referência ao estilo traz uma série de significados sobre a origem e as características da capoeira, frequentemente contraposta ao estilo denominado *Capoeira Regional*, capitaneado pela figura de Mestre Bimba. Mas, antes de tentar resumir quais seriam tais diferenças, é preferível acompanhar como elas são acionadas em determinados contextos, tendo em vista a trajetória de Mestre Pastinha.

---

7   Nas palavras de Santos (2005: 122-3): "Os capoeiristas, ao exigirem do governo baiano o apoio não só ao Mestre Pastinha como também ao Mestre Bimba...expressavam uma nova forma de cultura política que se instala no país a partir dos anos setenta. É aquilo para o qual Oliveira (...) já chamava atenção, como 'inscrição no campo dos direitos' que os diversos movimentos sociais estavam a expressar".

## Da última rasteira: a morte de Pastinha

> "triste Bahia, ó quão dessemelhante..."
> Gregório de Matos, citado por
> Caetano Veloso. Transa.

Quando faleceu, a 13 de novembro de 1981, Vicente Ferreira Pastinha foi notícia em periódicos de Belém, São Paulo e Rio de Janeiro, além de Salvador. Todos destacavam a importância do "Rei da Capoeira" (*O Globo*, 14 de novembro de 1981), aquele que foi o "criador da Capoeira Angola" (*O liberal*, 14 de novembro de 1981) e, principalmente, "um símbolo da cultura baiana" (*Correio da Bahia*, 14 de novembro de 1981). Alguns jornais, como *A Tribuna da Bahia*, mais indignados, destacaram, ao invés dos aspectos positivos, a situação de abandono do capoerista, "Mestre Pastinha morre aos 92, como indigente" (14 de novembro de 1981).

Num documentário sobre a vida do Mestre baiano, produzido no final da década de 1990,[8] outros depoimentos também ressaltam uma indignação com a miséria a que foi submetido Pastinha mesmo após morrer. Um dos depoimentos foi o da viúva do Mestre, Maria Romélia Costa Oliveira, que conta como recusou o caixão de indigente enviado pela prefeitura para o enterro do marido, comprando outro, pago à prestação com a venda de acarajés na rua. A importância de Romélia foi destacada por Jorge Amado no mesmo documentário, louvando seu papel ao cuidar de Pastinha, nos anos finais: "ela foi uma mulher admirável, que o acompanhou, susteve durante a fase triste e cruel da vida dele, quando ele sofreu, não tinha dinheiro, não tinha como viver, passava as maiores necessidades".[9]

---

8   *Pastinha! Uma vida pela capoeira*. Muricy, Antonio Carlos. Rio de Janeiro: Raccord Produções, 1998. DVD.
9   *Pastinha! Uma vida pela capoeira*...

Dois anos antes, no mês de maio de 1979, houve a última tentativa de alguns intelectuais e alunos de Pastinha, de restituir ao capoeirista seu antigo *Centro Esportivo de Capoeira Angola*, desativado havia oito anos. A reabertura do *Centro* contou com apoio do então professor da Universidade Federal da Bahia, o antropólogo Vivaldo Costa Lima e de um discípulo de Pastinha, Mestre Curió (Jaime Martins dos Santos), num momento em que o Mestre vinha sofrendo há muito com a perda da visão (diagnosticada como catarata). Entretanto, a iniciativa fracassou, seja porque o espaço era mal localizado,[10] seja porque os alunos não queriam pagar as mensalidades.[11] No fim de 1979, a situação da saúde de Pastinha também se agravou, pois, fumante de longa data e morando num pequeno quarto alugado numa das ladeiras do Pelourinho, ele ficara suscetível a doenças respiratórias. Conseguiu, durante pouco tempo, internação no Hospital do Servidor Público, por iniciativa do jornalista Reynivaldo Brito,[12] que intercedeu a seu favor junto ao secretário de Comunicação da Prefeitura, Osvaldo Gomes (Barreto & Freitas, 2009: 161).

A opinião de Pastinha tinha lugar de destaque nas páginas dos jornais. A *Tribuna da Bahia* dizia que o Mestre não esperava mais nada da vida: "agora eu quero morrer", declarava. Embora com a saúde melhor no mês seguinte da internação, a perspectiva de

---

10  Para Mestre Curió, o local escolhido (rua Gregório Matos) seria péssimo, como dá a entender o apelido de *ladeira do mijo* (Documentário *Pastinha...*).

11  Esta seria a opinião de Romélia, esposa do Mestre (Barreto & Freitas, 2009: 157).

12  Segundo a pesquisadora Cleidiana Ramos, o jornalista "teve o que podemos chamar de carreira completa em *A Tarde*. Começou como repórter, tornou-se chefe de reportagem e editor de primeira página. Quando saiu da empresa, em 3 de fevereiro de 2003 era o editor responsável por uma equipe de três repórteres, da qual eu fiz parte por três anos, que produzia as matérias especiais para a edição de domingo do jornal" (2009: 86).

retorno ao quarto da rua Alfredo Brito, no Pelourinho, era vista como uma condenação à morte. Em reportagem, possivelmente redigida pelo mesmo Reynivaldo Brito, que então trabalhava para o jornal *A Tarde*, é possível ler: "Pastinha deixa hospital e volta para seu quarto insalubre no Pelourinho".[13] Outros periódicos locais informaram como, no decorrer de 1980, foram feitos shows em homenagem ao Mestre, com objetivo de arrecadar dinheiro para apoiá-lo. As notícias se sucediam nos principais jornais: "Capoeiristas jogam para Mestre Pastinha";[14] "Mestres de capoeira na campanha comunitária para Mestre Pastinha";[15] "Show para comprar casa de Pastinha".[16] Não foi possível saber o que se arrecadou com tal campanha de mobilização, mas certamente a casa não foi comprada, voltando Pastinha a residir no mesmo quarto no Pelourinho. As constantes crises de urgência, segundo relato de Romélia, levaram-na a interná-lo no abrigo público Dom Pedro II, onde teria assistência continuada, algo que ela não poderia mais proporcionar.

No fim do mesmo ano, Pastinha morreu de parada cardíaca, aos 92 anos. Dois destaques, dentre as várias notícias veiculadas sobre o fato, devem ser mencionados. O primeiro é o contraste entre o depoimento da esposa de Pastinha sobre a compra do caixão e a presença de figuras ilustres, como o Secretário de Saúde Nilton Barbosa, bem como o depoimento de um representante do prefeito, Nilton Morais – o que demonstra, em alguma medida, a deferência do poder público para com o capoeirista[17] que, acrescida da campanha de mobilização de 1980, coloca sob suspeita a

---

13 *A Tarde*, Salvador, 25 de fevereiro de 1980: 3.
14 *Jornal da Bahia*, Salvador, 10 de janeiro de 1980. cad 1: 8.
15 *A Tarde,* Salvador, 10 de janeiro de 1980: 6.
16 *A Tribuna da Bahia*, Salvador, 10 de janeiro de 1980: 4.
17 *O Globo*, 14 novembro de 1981. Como informa o mesmo jornal, o escritor Jorge Amado, só soube da morte do amigo, depois do enterro.

ideia de total abandono. Outro elemento merece atenção: como sabemos por outra notícia do enterro, "a última homenagem da capoeira, que foi praticamente a vida do Mestre, foi prestada quando se interrompeu o cortejo, já dentro do cemitério e foram tocados acordes num berimbau por alguns minutos (...)".[18] Se algumas das pessoas presentes ao cortejo, bem como as homenagens ao Mestre, são índices importantes para se tentar compreender as relações construídas por Pastinha ao longo da sua história, a execução do berimbau enuncia e encerra para todos os presentes, em breves acordes, um dos principais sentidos da vida para o Mestre, ou a maneira pela qual ele gostaria de ser perpetuado. Basta afirmar que, no jogo da capoeira baiana, o berimbau sempre apareceu como elemento central a conduzir o jogo, abrindo as atividades da roda e encerrando-as: "Não se pode esquecer do berimbau. Berimbau é o primitivo Mestre. Ensina pelo som" (Abreu e Castro, 2009: 28). Em declaração dada oito anos antes de sua morte, quando ainda gozava de boa saúde e tinha plenas esperanças de recuperar seu *Centro de Capoeira*, era o próprio Pastinha quem descrevia como gostaria que fosse o seu enterro:

> Pastinha deseja ser enterrado ao som do berimbau de barriga, com caxixi, sua moeda de vintém e o pandeiro, o reco-reco, o chocalho, o atabaque e o agogô e o canto "Aruandê, ê aruandê camarado/ galo cantou/ o galo cantou camarado/ cocoroco".
> E pra encerrar a cerimônia um "santamaria" (toque de berimbau), que determina o jogo de baixo, os lutadores quase deitados, movimentos lentos, apoiados pela mão.[19]

Infelizmente, não temos informação se aqueles que tocaram o berimbau na tarde de Salvador sabiam da vontade de Mestre Pastinha, nem se os toques seguiram a ordenação desejada, com

---

18  *A Tribuna da Bahia*, Salvador, 14 de novembro de 1981 (*apud* Reis, 1997: 147).
19  *O Globo*, 03 de julho de 1973.

a ginga cerimonial em tom de santamaria. Coincidência ou não, o sentido que o Mestre atribuía à capoeira e às relações estabelecidas por ela nos indicam os caminhos a seguir, tentando compreender um pouco melhor o que Pastinha fez pela capoeira e também aonde chegou a partir dela. Uma aura mística soma-se, muitas vezes, à de genialidade quando se fala de Pastinha, e dessa forma amplia a distância que nos possibilitaria também percebê-lo como pessoa, como um ser humano que buscou alcançar certa realização. Norbert Elias recomenda, segundo sua própria experiência no estudo de Mozart, que: "Não devemos nos iludir julgando o significado ou a falta de significado da vida de alguém segundo o padrão que aplicamos a nossa própria vida. É preciso indagar o que esta pessoa considerava ser a realização ou o vazio de sua vida" (Elias, 1995: 10). É sob este prisma que devemos observar também a vida do Mestre baiano.

Os limites do que Mestre Pastinha poderia considerar a sua realização também podem ser observados, levando em consideração o lugar da capoeira na sociedade baiana, pois esta, na aceitação e positivação de uma prática até pouco tempo proibida, também vai delimitando seu lugar, ambíguo entre o esporte e o folclore, sempre com referência à identidade nacional. Muito da tristeza de Pastinha ao fim da vida se deu porque aquela capoeira que acreditava ter criado ia muito bem, havia capoeiristas de sucesso, e na projeção da manifestação como elemento turístico, a Bahia também ganhava: "Dediquei minha vida à capoeira, à Bahia. Por acaso nada mereço, na velhice em retribuição aos serviços prestados?".[20] Este apelo, que em meados da década de 1960 passa a ser repetido em várias reportagens, parte de uma situação construída a partir dos anos de 1930, para a qual lançamos agora nossa curiosidade.

---

20 Hana, Samir Abou. "A capoeira do passado que a Bahia mantém por tradição. Mestre Pastinha, cego e na miséria abandonará a capoeira já desiludido". *Diário de Pernambuco*. Recife, 3 de março de 1968.

## A capoeira baiana na transição entre a República Velha e o Estado Novo

"O único profissional baiano da capoeira é Mestre Bimba, um dos mais afamados da cidade. Todos os demais são amadores. O que não quer dizer que sejam inferiores, (...) que não possam derrubar com um golpe bem aplicado qualquer um de vós (...)" (Amado, 1945: 183). Com esta observação sobre os praticantes da capoeira baiana na década de 1940, Jorge Amado convidava o leitor a mais um passeio pelas páginas de seu *Bahia de todos os Santos*. A publicação do livro surgiu em meio à grande popularidade que o escritor já gozava nacionalmente,[21] como um guia turístico redigido de forma literária, em que apresenta a cidade do Salvador a uma visitante imaginária, revelando todos os mistérios e ruas da cidade, passando pelas feiras, terreiros, comida, ladeiras, personagens etc. No capítulo intitulado de "capoeiras e capoeiristas", prevalece a oposição entre um tipo de capoeira profissional, sob a figura de Mestre Bimba, e outra amadora, representada por Samuel Querido de Deus, marítimo de profissão, que "joga capoeira por diversão e no entanto sua fama é tão grande senão maior que a de Mestre Bimba" (*ibidem*: 183). A querela que compara praticantes de capoeira profissionais e amadores, não diferenciados pela técnica – pois por amadores "não quer dizer que sejam inferiores" (*ibidem*) – indica como era sensível e discutível a classificação da capoeira como profissão.

Mestre Bimba, que nasceu em 1900 com o nome de Manoel dos Reis Machado, além de ficar conhecido como o criador de um estilo de capoeira, foi o primeiro a conseguir uma licença oficial para o ensino de capoeira, nos idos de 1937, nove anos antes do guia de Jorge Amado vir a público. À época, Bimba trabalhava na estiva

---

[21] Das obras de maior sucesso até 1945, Jorge Amado já havia publicado *Jubiabá* (1935); *Mar Morto* (1936) e *Capitães da Areia* (1937).

e já acumulava fama de lutador de qualidades excepcionais, derrotando vários adversários com sua *Luta Regional Baiana*, posteriormente conhecida como *Capoeira Regional*. Esse foi um período que consolidou a imagem do Mestre como lutador, no âmbito da febre desportiva que vinha ganhando terreno na Bahia, seguindo as tendências já fortes em São Paulo e Rio de Janeiro.[22] Algumas notícias de jornais de 1936 constatam a popularidade por ele alcançada, como por exemplo: "Bimba desafia os capoeiristas bahianos" publicada no *Diário da Bahia*,[23] ou "Mestre Bimba. Campeão na capoeira desafia todos os luctadores baianos", publicada por *A Tarde*.[24] Em entrevista concedida na década de 1970, o Mestre contou que "de 1918 a 1936, eu, Mestre Bimba, desafiei todos os valentes e venci: a luta que mais demorou, durou um minuto e dois segundos".[25] O historiador Cid Teixeira, no documentário *Bimba! A capoeira iluminada* (2007), lembra que o capoeirista se apresentou várias vezes para lutar no antigo Parque Odeon, e assim procedia para ganhar dinheiro e angariar alunos. Por outro lado, o antropólogo Carlos Eugênio Líbano Soares, no mesmo documentário, expõe que Bimba levou sua capoeira para o ringue no intuito de transformá-la em esporte de massas.

A apresentação de pessoas para lutar em ringues erguidos em espaços público não era exclusivo dos capoeiras, de modo que se juntavam pessoas com diferentes tipos de técnicas (ou nenhuma) para lutar. O historiador Josivaldo Pires de Oliveira (2004: 120)

---

22  A historiadora Wlamyra Albuquerque, no texto "Algazarra nas ruas – Comemorações da independência na Bahia (1889-1923)", cita um jornal de 1923 que comentava a necessidade de dar vazão à febre esportiva por meio de competições (1999: 122).
23  *Diário da Bahia*, Salvador, 28 de janeiro de 1936.
24  *A Tarde*, Salvador, 16 de março de 1936.
25  Entrevista concedida ao *Diário de Goiânia*, em 1973 e publicada por Abreu & Barros, 2009: 33.

mencionaque: "Nas manchetes desportivas estavam as coberturas que os jornais locais faziam das lutas de ringue que ocorreram durante a década de 1930 na Cidade do Salvador e que delas participaram muitos capoeiras...". Podemos entender, portanto, que, ao aproveitar as possibilidades abertas pela utilização da capoeira enquanto luta transformada em espetáculo público, Bimba dava um primeiro e importante passo para a capoeira como profissão, sustentado tanto pela criação de um espaço que permitia e recompensava as lutas (como ocorreu no espaço do Parque Odeon), quanto pelas informações divulgadas pelos jornais. Assim, o capoeirista se aproveitava de um processo semelhante ao que Sevcenko (2004: 568) descreve, para o mesmo período, no Rio de Janeiro: "Para os jovens anônimos os esportes e a exuberância física do corpo atlético criaram novas oportunidades de visibilidade no espaço público e possibilidades inéditas de ascensão social".

Porém, antes da capoeira vingar no ringue, sua prática em espaços públicos já era comum na cidade de Salvador nas primeiras décadas do século XX. No ano de 1936, Bimba desafiava os capoeiristas baianos por meio dos jornais. Será que algum deles estaria disposto a responder ao desafio? No final do capítulo sobre os capoeiristas em *Bahia de todos os Santos*, Jorge Amado (1945: 186) imaginava "Bimba e Samuel Querido de Deus num desafio de capoeira. As vozes cantando fraternalmente: 'Camarada, eh! Camaradinho, Camarada...'". Embora já reconhecesse o quiproquó entre as capoeiras *Regional e Angola*, o escritor une ambos os personagens sob a cantoria fraterna, fundindo universos já em tensão no desafio de uma roda de capoeira. Mas temos bons motivos para crer que esse desafio nunca ocorreu e, no processo de profissionalização pelo qual a capoeira passava, não mais ocorreria. Bimba vinha, havia alguns anos, construindo sua capoeira no ringue,[26]

---

26  Um dos livros sobre Bimba, de Frederico Abreu, tem o sugestivo título de *Bimba é Bamba: a capoeira no ringue*. Salvador: Instituto Jair Moura, 1999.

longe dos locais onde ainda era possível encontrar Samuel Querido de Deus, como por exemplo, as festas e feiras populares da cidade. Vejamos como eram esses locais, seguindo algumas indicações de Jorge Amado, Edison Carneiro e Ruth Landes, que descreveram seu contato com eles:

> De muitas léguas ao redor vem gente para a feira; todos os chefes dos vários templos, ainda que se odeiem mutuamente; todos os melhores dançarinos e dançarinas; os melhores instrumentistas; as melhores cozinheiras! Lá é que você provará a verdadeira comida africana. Armam pequenas tendas para cozinhar e servir comida – e vendem outras coisas também (Landes, 2002: 138).

Essa pequena caracterização sobre a feira de Itapagipe, que ocorria antes da festa da Mãe D'água, foi feita por Edison Carneiro, num diálogo transcrito por Ruth Landes. Carneiro também mencionou a proibição da capoeira pela polícia, semelhante ao que ocorria com o Candomblé. Porém, curiosamente, a repressão à capoeira era apoiada pelas mães de santo, "porque dizem que os homens da capoeira não acreditam em Deus. Tomam muita cachaça, são useiros e vezeiros em brigas, às vezes são transgressores da lei; é um outro mundo" (Landes, 2002: 138). Esta observação nos leva a compreender como era negativa a caracterização dos capoeiristas, imagem esta veiculada também pela imprensa baiana.

No entanto, surgia outra caracterização dos praticantes de capoeira, representada por Samuel Querido de Deus, um pescador que começava a se destacar por meio das letras científicas de Carneiro e de seu amigo escritor, Jorge Amado. A confiar nas fontes, pelo menos desde 1937, Samuel Querido de Deus era bastante famoso na Bahia. Mas o destaque dado a sua figura deve ser observado no contexto da defesa de formas tradicionais da capoeira. Em 1936, o estilo considerado tradicional já assumia a denominação de *Capoeira Angola*, tanto para Carneiro, como para Jorge Amado. Este tipo de capoeira era corporificada pela figura do pescador, que se contrapunha à capoeira "deturpada" de Bimba. Assim, quando do 2° Congresso Afro-Brasileiro (1937), como vimos no capítulo anterior, um importante espaço de publicização da capoeira (e de outras expressões associadas ao negro), não houve, ao que parece, nenhum convite para Mestre Bimba. Apesar da fama, ele não parecia estar, do ponto de vista de parte dos organizadores do evento (dentre eles, justamente, Carneiro e Amado), incluído entre os melhores. Carneiro assim escreveu, alguns anos depois:

> E ali mesmo [no Clube de regatas do Itapagipe], durante toda uma manhã, o melhor grupo de capoeiras da Bahia – chefiado por Samuel Querido de Deus e integrado pelo campeão Aberrê e por Bugaia, Onça Preta, Barbosa, Zepelim, Juvenal, Polu e Ricardo, – exibiu todas as variedades da célebre luta dos negros de Angola (1980: 44).

No trecho, é evidente a simpatia e proximidade destes intelectuais para com a figura de Samuel Querido de Deus. Mas isto não impede que, por meio dessas fontes, nos aproximemos da passagem do capoeira "amador" para o "profissional". Carneiro (1937: 159), refere-se ao capoeira da seguinte maneira, em *Negros Bantus*: "O maior capoeirista da Bahia afirmaram-me os negros ser Samuel 'Querido de Deus', um pescador de notável ligeireza de corpo". Jorge Amado, por sua vez, no mesmo ano, publicará um de seus mais famosos livros, *Capitães da Areia*, incorporando o capoeirista como um dos personagens da trama, com mesmo apelido e profissão. Assim, no capítulo "Noite dos Capitães de Areia" o vemos aparecer pela primeira vez, quando um dos meninos, João Grande, encontra com o Querido de Deus:

> que chegou hoje dos mares do sul, de uma pescaria. O Querido-de-Deus é o mais célebre capoeirista da cidade.

> Quem não o respeita na Bahia? No jogo de capoeira de-Angola ninguém pode se medir com o Querido-de-Deus (Amado, 1937: 31).

Cerca de oito anos depois, Samuel Querido de Deus viria a ser citado também em seção especial do *Bahia de todos os Santos*, intitulada de "personagens": "Mais de sessenta anos. Com certeza. Porém, ainda assim, não há melhor jogador de capoeira, pelas festas de Nossa Senhora da Conceição da Praia, na primeira semana de dezembro, que o Querido de Deus (...) o rei da capoeira na Bahia de todos os Santos" (Amado, 1945: 211). Longe do ringue, era nas feiras e festas que o Querido de Deus e muitos outros capoeiras se exibiam ou "vadiavam". Este último termo, já identificado por Edison Carneiro em 1937, reforça o distanciamento com o caráter de capoeira-luta que Mestre Bimba queria enfatizar.

Carneiro oferece uma lista das feiras[27] e Mestre Noronha,[28] em seus manuscritos, também lega o atestado de sua importância para as rodas, listando doze, entre as quais: "A primeira festa do Cachibo. Eu Mestre Noronha sempre fui procurado para botar a capoeira nesta grande festa tradicional que antigamente era na feira do 7 lugar muito

---

27 "Os pontos preferidos pelos capoeiristas, na Bahia, para a vadiação, estão limitados pelos bairros proletários da Cidade. No dia do Anno Bom, Boa Viagem, na Segunda-Feira do Bonfim, na Ribeira, Durante o Carnaval, no Terreiro, e durante as festas de Santa Bárbara, no Mercado do mesmo nome, na Baixa dos Sapateiros, e da Senhora da Conceição da Praia, nas immediações do Mercado Modelo, – as 'rodas' de capoeira são infalíveis (...)" (Carneiro, 1937: 151).

28 Menos conhecido que Bimba e Pastinha, Daniel Coutinho – o Mestre Noronha – nasceu em 1909, em Salvador, Bahia. Contemporâneo dos outros dois mestres, é citado por Pastinha como um dos integrantes da roda de capoeira da Gengibirra, formada por grandes mestres, e que ocorria no início da década de 1940, sendo associado à *Capoeira Angola*. Em 1993, o pesquisador Frede Abreu publicou um conjunto de manuscritos escritos pelo Mestre ao longo de sua vida, revelando aspectos importantes do universo da capoeira da primeira metade do século XX (Coutinho, 1993).

perigoso (...)" (Coutinho, 1993: 19). Havia sempre um grupo ou um Mestre que, "com sua jinga de corpo atrahia todos pesoal da festa (...)" (*ibidem*: 20). Mas também havia aqueles que procuravam as rodas.

Retomemos o relato da antropóloga Ruth Landes, em sua passagem pela Bahia no fim da década de 1930, quando por intermédio de Edison Carneiro, seu guia pelos mistérios e ruas de Salvador, conheceu a capoeira na festa da Mãe D'água. "Dizem que Querido de Deus luta hoje. Vi um grupo levando berimbaus nessa direção" (Landes, 2002: 147), foi o que ouviram Landes e Carneiro ao interpelar um pai de santo no caminho da feira. Ao chegar ao local, ela notou que os "espectadores se apinhavam à volta de um círculo e não havia nem mulher, nem sacerdote entre eles" (*ibidem*: 149). No círculo formado, dois capoeiras (Samuel Querido de Deus e Onça Preta) aguardavam em silêncio, agachados diante dos músicos, assim como a assistência. Depois da orquestra dar início ao jogo, a antropóloga opina sobre os capoeiristas da contenda: "Querido era prodigiosamente ágil nos difíceis encontros formais com o adversário e sorria constantemente, enquanto as canções rituais rolavam (...)" (*ibidem*: 151). Após o capoeira se impor sobre Onça Preta, derrubando-o mais de uma vez em meio às diferentes variações que o berimbau executava, Landes conclui que a capoeira "era uma exibição incongruente e maravilhosa, para os outros era maravilhosa e inteiramente absorvente" (*ibidem*: 154). Assim, absorventes eram as rodas de capoeira, com o público em silêncio assistindo, quase como numa cena de suspense que ocorria nas festas e feiras populares. Para Noronha, era nesses espaços que apareciam os melhores "bambas (...) de todos os barrio que quere amostral o seu valor como conhecedor desta malandrage..." (Coutinho, 1993: 22). Ou, voltando a Amado e à nossa questão, eram encontros sem o profissionalismo de Bimba, mas com técnica semelhante, quiçá superior. A fotografia seguinte, feita por Edison Carneiro e publicada em *Negros Bantus* (1937), retrata Samuel Querido de Deus praticando capoeira com outro estivador, conhecido por Ularé.

Fig. 13 — Samuel "querido de Deus" defende-se, atacando com a cabeça, ao aú que lhe atira o estivador Ularé.
(Photo Edison Carneiro)

Figura 1 – Foto de Samuel Querido de Deus, atacando com a cabeça o estivador Ularé (Fotografia de Edison Carneiro publicada em *Negros Bantus* – 1937.)

Entre os muitos aspectos da fotografia que aqui valem observação, está o de uma possível organização prévia da posição em que se encontram os dois capoeiras, procurando ressaltar a destreza de Querido de Deus em relação a Ularé. Este, provavelmente, teria tentado golpear o oponente quando ele ainda estava em pé, mas Samuel teria se defendido do ataque com o agachamento e uma cabeçada. Em se tratando de uma prática em que os movimentos costumam ser contínuos, a boa definição da imagem também fortalece a hipótese de uma organização anterior,[29] que teria facilitado a captura da foto.

---

29 Uma possível falta de habilidade de Edison Carneiro com as fotografias também poderia ser aventada para reforçar tal hipótese. Oneyda Alvarenga deixou indicado que Edison Carneiro não seria um bom

Embora a capoeira fosse algo cotidiano na vida de quem a praticava, não era uma atividade da qual se extraíam proventos financeiros, como demonstra a profissão de pescador de Samuel. Muitos outros capoeiristas também eram lembrados pelas profissões que se tornavam apelidos nas rodas, como uma maneira de localizar aqueles que *vadiavam*: Juvenal Engraxate, Gerardo Chapeleiro, Bazílio Carregador, Ricardo do Cais do Porto, Lamite Carregador, Cabocinho Estivador, Balbino Carroceiro.[30] No encontro descrito por Ruth Landes, a única "premiação" que circulou ao final do jogo era uma vasilha com dinheiro:

> Acabava de correr o chapéu recolhendo contribuições para os lutadores; e a orquestra que manda no espetáculo, decidira que, em vez de repartir o dinheiro, devia deixá-lo no chão para que um novo par tentasse apanhá-lo com a boca, cada parceiro rechaçando o outro à moda da capoeira (Landes, 2002: 154).

Como a citação dá a entender, antes de ser uma recompensa individual, o dinheiro também poderia ser repartido entre os lutadores. Há ainda outro trecho que nos dá ideia de que o ganho monetário aparecia como secundário em relação à destreza como capoeira. Querido de Deus teria conseguido apanhar o dinheiro antes de seu adversário, mas em vez de ficar com ele "com um brio de um campeão, virou a vasilha no chão para começar a luta de novo"

---

fotógrafo, ao queixar-se das imagens trazidas por Camargo Guarnieri, após o 2° Congresso: "Muitas delas foram tiradas por Edison Carneiro. Infelizmente vieram sem os negativos, e as cópias, muito mal feitas, não permitiram clichês. Além disso, várias fotografias foram tomadas com erro grande de focalização (...)" (Alvarenga, 1946: s/p).

30 Extraído de Coutinho, Daniel (1993). Dias (2006), também informa o perfil de 27 capoeiristas, de 1908 a 1925, com ocupações de carregadores, marceneiros, policiais, pedreiro, pescador, carpinteiro e engraxate, entre outros.

(*ibidem*: 155). A frase "brio de campeão", usada pela antropóloga, denota como, pelo menos neste caso, a recompensa monetária é recusada como forma de ampliar o prestígio de Samuel Querido de Deus como capoerista. A propósito, é interessante apontar que Mestre Bimba, segundo relatos de ex-alunos, demonstrava insatisfação e até desprezo em relação a capoeiristas que ficavam "apanhando dinheiro no chão com a boca" (Sodré, 2002: 49). E não era o recurso monetário ganho com a capoeira que dividia amadores e profissionais, mas sim a forma de obtê-lo.

Em trecho de entrevista do ano de 1973, Bimba disse que chegou a ensinar *Capoeira Angola*, mas só depois, quando começou a lecionar a *Capoeira Regional*, passou a ganhar dinheiro.[31] Entendemos que esta seria uma segunda passagem importante para a construção da capoeira como profissão. O ensino da *Capoeira Regional* por Bimba ocorrerá entre 1932 e 1937, quando ele decide deixar as contendas no ringue para fundar sua escola.[32] Sai de cena o lutador para entrar o professor. Um de seus biógrafos, o jornalista Muniz Sodré, conta que pelo menos desde 1932, Bimba já ensinava a capoeira em sua academia fundada no Engenho Velho, bairro de Brotas, com as variações do jogo por ele criadas e que lhe renderam tanto críticas, como fama (Sodré, 2002: 64). O mesmo Sodré, que também foi aluno de Bimba, conta como a popularidade ocasionada pelas lutas foi importante, para garantir grupos de interessados em ter aulas com o virtuoso das rasteiras, muitos dos quais eram da classe média baiana. Um trecho do folheto do *Curso de Capoeira Regional*, publicado na década de 1960,

---

31 "Por dez anos eu ensinei *Capoeira de Angola*. Depois eu passei a ensinar *Regional*. E peguei a ganhar dinheiro" (Abreu & Castro, 2009: 34).

32 Esta passagem é claramente destacada por Bimba em entrevista referente ao momento em que passa a lecionar: "Daí pra cá, mudei muito de vida. Larguei a estiva, larguei tudo, tomei outro curso de vida" (Abreu & Castro, 2009: 33).

ilustra bem esse ponto: "Este regulamento foi elaborado por um dos muitos alunos do famoso 'Mestre', entre os quais se contam ilustres médicos, advogados, engenheiros, industriais, comerciantes etc." (*apud* Sodré, 2002: 68). A busca para aprender a capoeira por parte de pessoas com esse tipo de formação de origem elitista foi bastante louvado, tanto por Bimba, como por Pastinha, já que se tratava de um contexto em que a intensa hierarquia social e racial existente (Sansone, 2002: s/p) tenderia a mantê-los afastados. Tal constatação levaria autores como Reis (1997: 132) a interpretar esta maior participação das classes médias como uma espécie de "embranquecimento" da capoeira. Podemos com certeza afirmar que a procura desses jovens pela capoeira, encontrava grandes afinidades com a febre esportiva e com as concepções de um esporte nacional-popular difundidas na época. Em 1945, por exemplo, o Major João Barbosa Leite, na apresentação de uma monografia sobre a capoeira, vencedora do concurso de trabalhos sobre Educação Física, promovido pelo Ministério da Educação e Saúde, lamentava a perseguição e o posterior abandono dos destinos da capoeira:

> (...) essa forma de luta corporal tipicamente brasileira que, sem nenhum favor, poderia inscrever-se entre os sistemas de ataque e defesa pessoal de maior prestígio no mundo, tantas e tão importantes são as qualidades físicas e morais que sua aprendizagem e sua prática desenvolvem (Marinho, 1945: 9).

O esforço de profissionalização de Mestre Bimba se completa em 1937, quando ele obtém da Secretaria de Educação, Saúde e Assistência Pública, o registro de diretor do curso de Educação Física, oficializando assim o *Centro de Cultura Física e Regional*. Vale lembrar aqui um caso bastante conhecido à época, de que a autorização para o *Centro* saiu alguns meses após Bimba ter se apresentado no Palácio do Governo para Juracy Magalhães, interventor nomeado por Getúlio Vargas, sugerindo uma espécie de reconhecimento facilitador da autorização.[33] Ao mesmo tempo em que tal reconhecimento era alcançado, críticas de alguns intelectuais incidiam sobre o estilo de capoeira que Bimba propunha. As principais referiam-se a modificações nos golpes, vistas de maneira simplificada, como a mistura da capoeira com outras lutas "estrangeiras", como jiu-jitsu, o box e o catch (Amado, 1945: 183). Já não eram, pois, mais a "de Angola, mas um prolongamento dela" (Carneiro, 1937: 159). No livro que publicou sobre a capoeira, em 1951, o pintor Carybé, que conheceu e aprendeu capoeira com Bimba, qualificou a posição do Mestre como a de uma espécie de Lutero da capoeira, justamente "porque introduziu modificações na tradicional Angola" (1951: s.p.). Havia uma relativa simplificação em algumas destas observações,[34] que se opunham a golpes associados a outros esportes, como alheios à capoeira. Se por um lado, tais simplificações ganharam repercussão pelas críticas de alguns importantes intelectuais, que defendiam certos traços diacríticos associados à pureza africana e convergentes na capoeira, por outro, Bimba reiterou várias vezes sua ação criativa ao incluir novos golpes (Abreu e Barros, 2009: 33).

---

33 Waldeloir Rego (1968: 316) confirma a apresentação de Bimba e cita uma carta-resposta enviada por Juracy Magalhães: "Em verdade, quando governador da Bahia, convidei o capoeirista Manuel dos Reis Machado, vulgo Mestre Bimba, para uma exibição em palácio, quando tiveram ocasião de assistir aquele espetáculo inúmeros visitantes ilustres e meus hóspedes". Assunção (2005: 141) menciona que Juracy: "...invited Bimba into the governor's palace for a private demonstration of is Regional, somewhere around 1936". Reis (1997: 133) também cita o caso.

34 Rego (1968: 269) já denunciava esta simplificação de Carneiro como prova de "nunca ter assistido ou estudado a capoeira de Mestre Bimba" . Para uma apreciação mais detalhada do método proposto por Bimba, ver Sodré, Muniz (2002). *Mestre Bimba: corpo de mandinga*, especialmente páginas 68 a 71.

Bimba, em muitos momentos, parecia não se importar com as críticas que enfatizavam a fidelidade às tradições africanas. Tanto que sempre insistia na ideia de que a capoeira "foi criada no Brasil, nas senzalas, nos engenhos, onde os pretos trabalhavam" (*ibidem*: 36). Este dado é importante para entender que ele sempre se considerou "um criador e um civilizador da capoeira", retirando-a da situação de criminalidade em que se encontrava: "E quem tirou a capoeira do Brasil da unha da polícia, eu acho que abaixo de Deus fui eu (...)" (*ibidem*: 33). Por essa razão, quando questionado sobre como era vista a capoeira em 1918, período em que começou a aprender a prática, o Mestre não hesitava em responder que naquela "época, quando se falava em capoeira, falava-se baixo. Os que aprendiam capoeira só pensavam em ser bandidos" (*ibidem*: 33). E ele não era o único a ver na criminalidade o sentido da capoeira nas primeiras décadas do século XX. Essa, aliás, era uma ideia recorrente entre Bimba e outros mestres.

Enquanto nas décadas de 1930 e 1940 já era possível notar uma diferenciação entre capoeira profissional e amadora, antes desse período a capoeira inspirava medo, pois, nas palavras de Mestre Pastinha: "Malandros e gente infeliz descobriram nesses golpes um jeito de assaltar os outros, vingar-se de inimigos e enfrentar a polícia. Foi um tempo triste da capoeira. Eu conheci, eu vi..." (*ibidem*: 23). Mestre Pastinha, escrevendo em 1964, vê com resignação esta utilização da capoeira e se mostra satisfeito com a repressão realizada pela polícia, uma vez que ocorreria contra indivíduos que dela se valiam para fins escusos. Procura, então, separar a prática de seu uso, como fica claro em outro trecho da entrevista acima citada: "Eu sei que tudo isso é mancha suja na história da capoeira, mas um revólver tem culpa dos crimes que pratica? E a faca? E os canhões? E as bombas?" (*ibidem*: 23). Em seus manuscritos, Mestre Noronha narra, igualmente, vários conflitos entre capoeiras e policiais, desde rodas organizadas por um sargento da Polícia Militar que acabaram em tentativas de homicídio e intervenção da cavalaria,[35] até as desordens frequentemente ocorridas no "Morro do Pilão sem Tampa".[36] Nesses lugares, segundo Noronha, a polícia sempre tinha muito trabalho, assim como os hospitais, dadas as navalhadas, tiros e facadas originadas da concentração de "desordeiros". Para resolver tal situação, ele concordaria com Pastinha, afirmando que "só a polícia é quem podia acabar com este dizordeiro na violência (...)"[37] (Coutinho, 1993: 36). Era preciso "purificar a capoeira" dos maus elementos que a contaminavam e, tanto Pastinha, como Noronha, dão a entender que a polícia seria uma das instâncias que poderia promover tal "limpeza".

As canções da capoeira deixaram testemunho importante de um período em que a fronteira com a criminalidade era diluída. Num excelente caso reconstruído por Josivaldo Pires, sobre o capoeira apelidado de Pedro Mineiro, deparamos com o conflito entre ele e dois marinheiros do "Torpedeiro Piauí". O incidente levou à morte do capoeira, assassinado dentro da delegacia, e a uma crise precipitada pelo pedido de demissão do chefe de polícia, Álvaro Cova.[38] A história, reconstruída por meio das fontes de periódicos, alcançou outro nível de circulação ao ser identificada em canções de capoeira que fazem uma breve crônica do caso.[39]

> Torpedera Piauí/ Coraçado in Bahia/ Marinhero absoluto/
> Chegô pintando arrelia/ Quando vê cobra assanhada/ não

---

35  Coutinho, 1993: 30.

36  Coutinho, 1993: 31.

37  Optei por manter a grafia original com a qual os manuscritos de Mestre Noronha foram publicados.

38  De acordo com Mestre Noronha, este chefe de polícia teria sido um grande protetor de "estas allas de desordeiro na Bahia" (Coutinho, 1993: 24)

39  Carybé (1951: 7), já citava outra versão semelhante: "Torpedêra Piauy/ Couraçado na Bahia/ Mataro Pedro Mineiro/ Ay, Ay/ Dentro da secretaria...".

mete o pé na ródia/ Se a cobra assanhada morde/ Que fosse a cobra eu mordia/ Mataro Pedro Mineiro/ Dentro da Secretaria... (Rego, 1968: 122).

Não obstante tenha suas façanhas contadas em periódicos, Pedro Mineiro e outros personagens não eram identificados pelas notícias nos jornais pelo termo "capoeira" ou "capoeirista": "Todos eram chamados de 'desordeiros', 'capadócios', 'valentões' etc. Raramente era possível encontrar alguém que fosse qualificado literalmente de capoeira (...)" (Dias, 2006: 33). Em pesquisa semelhante a esta, sobre a capoeira na Bahia durante a Primeira República, Josivaldo Pires de Oliveira (2004: 86) identificou casos de envolvimento de capoeiras contratados para serviços de capangagem. Entre outros, cita o próprio Pedro Mineiro e também os irmãos Duquinha e Escalvino; Inocêncio Sete Mortes; Samuel da Calçada; e Beimol do Correio.

A preocupação com pessoas que cometiam diversos tipos de transgressão e crimes marca a capoeira baiana das primeiras décadas do século XX, ao lado das rodas de capoeira que ocorriam em festas e feiras populares. Do ponto de vista das elites baianas, e suas expectativas de modernização da cidade de Salvador, ambos os sentidos da capoeira pareciam incomodar, segundo nos contam as pesquisas de Dias (2006) e Oliveira (2004). Para Dias, a eleição de J.J.Seabra em 1920, ex-Secretário de Viação e Obras Públicas do Governo Federal, teria aumentado mais ainda as esperanças de certos grupos sociais:

> Isso porque Seabra, talvez inspirando-se no famoso prefeito-engenheiro Pereira Passos, retornara a Salvador repleto de propostas que tinham como objetivo principal dar fim às 'chagas' do passado colonial, reordenando e higienizando o espaço urbano e melhorando as condições de saúde de transporte da população (2006: 26).

Dias (2006), que pesquisou através dos jornais a trajetória de capoeiras, entre 1910 e 1925, demonstra que o tom das opiniões veiculadas na imprensa de Salvador era moralizante e civilizador, restringindo o uso de certas roupas, coagindo as pessoas mais pobres ao trabalho e expulsando a presença popular, juntamente com suas práticas sociais. Neste embate, os possíveis usos da rua representavam um ponto sensível, pois, se "para as elites burguesas a rua era apenas uma via de acesso, meio entre dois pontos definidos, para as camadas populares a rua era como uma grande casa, lugar de relações sociais, de contatos, de vínculos (...)" (*ibidem*: 26). Ao analisar as comemorações da independência na Bahia, na virada do século, Wlamyra Albuquerque (1999: 24) descreve a revolta da intelectualidade local com as práticas bárbaras que destoavam de noção de progresso e civilização almejados.[40] Assim, textos publicados nos jornais consideravam expressões de atraso as negras quituteiras e doceiras, que vendiam alimentos na rua, os grupos de pretos e mulatos desocupados, os carregadores de balaios, os batuques, as rodas de samba improvisadas na festas religiosas, na vizinhança da igreja, as exibições públicas de práticas religiosas afro-baianas; enfim, todo o universo presente nas feiras ao qual a capoeira e seus praticantes estavam, de alguma forma, vinculados. Nunca é demais destacar que as religiões afro-brasileiras eram uma das expressões mais incômodas, fazendo-se sensíveis aos ouvidos dos baianos ansiosos pelo progresso, principalmente pelo ritmo dos batuques.[41]

---

40 Adriana Albert Dias (2006: 27) confirma: "A partir da década de 10 do século XX, com o movimento de reforma da capital baiana, multiplicaram-se as reclamações moralistas da imprensa contra as festividades públicas, principalmente aquelas que lembravam os costumes africanos".

41 João José Reis (2001: 340), no artigo "Batuque Negro", aponta para o medo provocado pelo batuque negro na Bahia desde o século XIX, ora interpretado como sinal de rebelião, ora como diversão que minorava as tensões.

Durante a década de 1930, silenciam-se as páginas sobre os capadócios e valentões, o suficiente para Edison Carneiro relatar a Ruth Landes, em 1938, que da capoeira, na Bahia, "tiraram-lhe o veneno, proibindo os golpes mais difíceis e violentos. E lutam com música!" (Landes, 2002: 138). Podemos acrescentar, partindo da distinção que Jorge Amado estabelece entre capoeiras "amadores" e "profissionais", que a observação de Carneiro está referida, principalmente, ao campo dos capoeiras "amadores", os quais para o etnólogo seriam os mais autênticos. Mas com Bimba indo do ringue à escola, abrem-se novas possibilidades para a capoeira "profissional", caminho que vai se estender nas décadas seguintes até a plena institucionalização da prática como esporte, assunto este que não será aqui discutido.[42] Vale sublinhar que a capoeira que Carneiro acreditava estar em vias de extinção, em 1937, e que Amado confiava amadora em 1945, também vai assumir feições profissionais. Sem recusar a classificação como esporte, a *Capoeira Angola*, pelas pernas de Mestre Pastinha, vai alimentar a oposição que já desenhava nos anos de 1930 com a Regional. Na polarização contextual entre ambos os estilos, a fronteira entre esporte e folclore será, ora uma trincheira, ora uma rede ampla e confortável, ora uma rasteira, ora uma benção. O esforço de Pastinha é exemplar nessa empreitada.

---

Barbosa (2002: 140) também menciona a proibição oficial da realização de candomblés com atabaques em 1937.

42  Letícia Vidor Reis (1997: 159) desenvolve esta temática.

## Pastinha e a capoeira: em busca da realização

A busca de realização da capoeira por Vicente Ferreira Pastinha constitui-se como um projeto de vida para o Mestre, principalmente a partir da década de 1940, quando ele atinge a idade de cinquenta anos, e a polarização entre capoeira *Regional* e *Angola* já se impõe de maneira clara. A partir de então, tanto o destino pessoal do Mestre, como o da capoeira baiana, estão cada vez mais misturados, até a sua morte em 1981.

É a partir da terceira tentativa de organizar um centro de capoeira, em 1949, que Pastinha consegue alcançar certa estabilidade e se sustentar financeiramente com tal prática. A narrativa que ele conta diversas vezes sobre a origem do *Centro Esportivo de Capoeira Angola* estabelece uma continuidade com as rodas que ocorriam nas feiras e festas populares de Salvador. Pastinha teria sido convidado por seu ex-aluno Aberrê[43] para ir ao Gengibirra, no bairro da Liberdade. Este era local onde ocorria uma roda, todos os domingos, com importantes mestres da Bahia.[44] O motivo do convite seria simples: os mestres que lá jogavam queriam conhecê-lo. Segue o relato:

> Em 2 de fevereiro de 1941, fui a esse locar como prometera a Aberrêr, e com surpresa o snr. Armosinho, dono daquela capoeira, apertando-me a mão disse-me: Há muito que o esperava para entregar esta capoeira para o senhor mestrar. Eu ainda tentei me esquivar disculpando, porem tomando a palavra o snr. Antonio Maré: Disse-me; não há jeito, não Pastinha, é você mesmo que vai mestrar isto aqui. Como os camarada dero-me o seu apoio, aceito (Decanio, 1997: 14).

---

43 Aberrê foi um dos capoeiras que participaram da apresentação no 2°Congresso Afro-Brasileiro, em 1937.
44 Declaração do Mestre no documentário *Pastinha! uma vida pela capoeira*.

Por meio de uma declaração de Mestre Noronha, que também participou da roda do Gengibirra, nota-se igualmente a continuidade entre este espaço e o do centro de capoeira. Ele afirma que "itregamos o centro para Vicente Pastinha tomar conta cujo sentro tem o nome Cento Capoeira Angolla que espalhou a capoeira pelo mundo enteiro..." (Coutinho, 1993: 32). Dessa forma, emerge uma percepção de continuidade de um estilo de capoeira tradicional, o qual teria sido entregue como um patrimônio por grandes mestres da época, aos cuidados de Pastinha. Imbuído desse sentido missionário, mais de uma vez reiterado por seus relatos, o capoeirista também efetuara algumas modificações na organização e difusão da capoeira, com sentido de valorizar e "civilizar" sua prática.[45] Os objetivos não eram poucos: normatização da *Capoeira Angola* em termos jurídicos e burocráticos; definição e busca de reconhecimento da capoeira como esporte e folclore; inserção da capoeira nas iniciativas turísticas de Salvador com organização de apresentações para turistas e viagens de divulgação pelo país e exterior; publicação de livro, gravação de disco; e entrevistas para diversos periódicos. Sem jamais transformar o projeto em iniciativa puramente individual, o Mestre procurou e conseguiu apoios importantes junto a alguns representantes do poder público e de prestigiosos intelectuais que imaginavam a *Capoeira Angola* como um símbolo de pureza das tradições africanas e elemento central da contribuição identitária da Bahia para o Brasil.

Dois elementos que podem ser destacados no conjunto das modificações propostas por Pastinha são o registro jurídico como *Centro Esportivo de Capoeira Angola* e a criação de uniformes para os praticantes de capoeira. O registro do *Centro* implicou, para Pastinha, num reconhecimento público do qual ele parecia

---

45 Como ele mesmo afirmou ao Diário de Pernambuco de 03 de março de 1968: "Tirei a capoeira da lama. Valorizei-a, civilizei-a..."

orgulhar-se bastante, como indica o convite para a primeira apresentação após o registro:

> Centro Esportivo de Capoeira Angola tem o prazer de convidar a Sociedade Bahiana, Autoridades, Imprensa e povo em geral para assistirem a 1ª. Demonstração Pública Oficial da Capoeira Genuinamente Angola... (Decanio, 1997: 51)

Corria o ano de 1952 e o registro público do *Centro* apontava para a possibilidade de o Mestre "ter sócios, receber contribuições, cobrar mensalidades, promover eventos" (Barreto & Freitas, 2009: 85). Uma das principais possibilidades que o registro jurídico abria era a emissão de documentos para os praticantes de capoeira, outro elemento de orgulho para Pastinha, expresso em entrevista: "Meus meninos são diplomados" (2009: 26). Na sequência, podemos observar uma foto da carteira emitida pelo *Centro Esportivo de Capoeira Angola* e outra da diplomação de dois alunos:

Figura 2. Fotografia da carteira de Genésio Lemos Couto. Acervo Mestre Gildo Alfinete

A ginga da nação   113

Figura 3. Mestre Pastinha concede diplomas a Roberto Satanás e Gildo Alfinete. Acervo Mestre Gildo Alfinete

Na figura 3, onde vemos Mestre Pastinha diplomando dois de seus alunos, nota-se também a formalidade das roupas dos alunos, vestindo roupas claras e com a camiseta por dentro da calça. É provável que a cor da camisa de ambos os alunos fosse amarela, com a gola preta, uma vez que estas eram as cores utilizadas pelo *Centro de Capoeira Angola*. Da mesma forma é plausível acreditar que Pastinha destoasse dos dois, apresentando-se unicamente vestido com a cor branca, em referência ao que acreditava ser a cor "original" pela qual se apresentavam os capoeiras na época da escravidão. Tal compreensão é afirmada por Pastinha em fotografia que consta no seu livro *Capoeira Angola*, em que ele aparece vestindo um camisão e calça branca, descrito com a seguinte legenda: "Mestre Pastinha nos mostra como se apresentava o capoeira ao tempo da colonização" (1964: 12). Tanto no caso da vestimenta dos alunos, quanto do Mestre, reforça-se um tipo de formalidade que valoriza o registro oficial e burocrático de um aprendizado, sem deixar de articulá-lo com uma narrativa de origem não-oficial. A elaboração de registro formal dos capoeiristas e a referência ao diploma são aspectos relevantes para sublinhar como Pastinha dava importância a certo tipo de legitimidade pública. Mas em relação à prática do jogo por seus alunos, algo semelhante ocorria, como, por exemplo, nas aulas ou apresentações públicas, em que era rigoroso a ponto de proibir que os capoeiristas se apresentassem com a camisa fora da calça ou descalços (Castro Júnior, 2004: 104; Barreto e Freitas, 2009: 88). Outra norma que fazia parte do *Centro de Capoeira* de Pastinha era a proibição expressa do consumo de bebidas alcoólicas. Proibir a relação entre capoeiristas e álcool significava uma ruptura com o período dos "barulhos", em que as rodas eram movidas a cachaça, segundo demonstram os relatos de Ruth Landes[46] e Renato Almeida.[47] É nesse sentido que Barreto e Freitas afirmam que o Mestre reinventou a *Capoeira Angola*, ao estabelecer outras "regras, normas de conduta e comportamento, afastando-a do contexto de 'briga de rua'..." (2009: 87).

Tais modificações não devem ter ocorrido sem conflitos ou confrontos com outros integrantes das "antigas" rodas, que também participaram das tentativas iniciais de Pastinha. Seus biógrafos dão a entender que, dentre os motivos que levaram ao fracasso das duas primeiras tentativas de Pastinha na criação de uma escola de capoeira, um dos principais foi o conflito em torno da administração, o que poderia estar relacionado à introdução dos diferentes

---

46 Foi Edison Carneiro quem lhe disse que os capoeiras tomam muita cachaça (Landes, 2002: 138).

47 Assim observou em Santo Antonio de Jesus: "Quando a cantoria cessa, corre a pinga, para recomeçar de novo o 'brinquedo', mais esquentado ainda..." (Almeida, 1942: 158).

padrões normativos mencionados. Outra modificação de relevo foi a criação de uma espécie de uniforme para os praticantes, composto por camiseta nas cores amarelo e preto. Abaixo vemos uma fotografia de Mestre Pastinha,[48] tirada por Pierre Verger, em preto e branco, que exibe um modelo de camiseta adotado:

Figura 4. Mestre Pastinha fotografado por Pierre Verger (1946-1978). Acervo Fundação Pierre Verger.

---

48 Fundação Pierre Verger. Disponível em: <http://www.pierreverger.org/fpv/index.php?option=com_wrapper&Itemid=176>. Consultado em: maio de 2010.

Pierre Verger foi outra pessoa que fixou residência na Bahia, com o apoio de integrantes do "círculo da baianidade". A fotografia acima data, provavelmente, dos anos iniciais, quando trabalhou elaborando reportagens para a revista *O Cruzeiro*, ao lado de Odorico Tavares (diretor regional dos *Diários Associados*, de Assis Chateaubriand). A imagem remete também ao momento em que Pastinha ainda se estabelecia no universo da capoeira e imprime um caráter de ritual à capoeira e de sagrado ao Mestre, solenemente concentrado no toque do berimbau, de olhos fechados.

O uso das cores preto e amarelo, adotado por Pastinha, ganhou tal projeção como símbolo da *Capoeira Angola*, que outros grupos de capoeira identificados com tal estilo adotaram-nas posteriormente.[49] As modificações da *Capoeira Angola*, na organização do *Centro* e nas condutas dos praticantes, deveriam ser combinadas com a presença insistente e generosa de um tipo especial de instrutor. Vendo-se nesse lugar, Pastinha insistira no seu objetivo de dedicar-se à capoeira por "amor ao esporte", com muita luta para o "caminho [da] devina realização e recebeu o nome de Centro esportivo de capoeira Angola como patrimonio sagrado" (Decanio, 1997: 17). A ideia de uma "missão" se amplia ao ser revestida de um caráter sagrado, de patrimônio que deveria ser preservado, em consonância com sua defesa de um estado original da capoeira. O trecho abaixo deixa mais explícito o papel a que ele se auto atribuía na capoeira:

> Eu, tornei-me apto para cumprir a missão do que fui investido por Deus. Eu compreendi que deve-se ter convicção de combater o mal na capoeira, era, e é uma necessidade maior do que conservar a vida: tudo que aprendi está na minha alma (1997: 97).

---

49 Como exemplo, temos o *Grupo de Capoeira Angola Pelourinho* (GCAP) e o *Instituto N'zinga de capoeira Angola*.

Ao falar da capoeira como "patrimônio sagrado", Mestre Pastinha reforça as ideias de pureza e originalidade ("genuinamente Angola" como descrito no convite para a primeira apresentação oficial do *Centro Esportivo*) a ser conservada. Porém, ao contrário de uma posição estritamente conservadora, que não aceitaria a mestiçagem de sua prática com outras lutas, Mestre Pastinha, o "guardião da tradição", inscreve a *Capoeira Angola* no centro da identidade nacional brasileira, identidade esta que andava em disputa regional no Brasil. No caso da versão baiana, esta incluiria o reconhecimento da presença africana nas características nacionais, uma vez que, para o Mestre, a capoeira cresceu nas senzalas, como reação do negro à escravidão: "Não há dúvida que a Capoeira veio para o Brasil com os escravos africanos (...) O nome da Capoeira Angola é consequência de terem sido os escravos angolanos, na Bahia, os que mais se destacaram na sua prática" (1964: 20).

Mas, ainda que acreditasse firmemente na origem africana da capoeira, haveria uma espécie de aperfeiçoamento da prática no Brasil, que deixava seu sentimento nacional falar mais alto. Um bom exemplo está no grande sonho de Pastinha, relatado em 1966, de "levar uma turma brasileira a Angola, certo de que levaríamos a melhor. Diz ele: — O futebol veio da Inglaterra e nós somos muito melhores que os Ingleses" (*O Globo*, 12 de dezembro de 1966). A comparação com o futebol é clara: a capoeira veio de Angola, mas foi aperfeiçoada no Brasil. E a referência ao futebol não é fortuita: Pastinha gostava muito de futebol, tanto que, ao escolher as cores da camisa de seu *Centro Esportivo de Capoeira Angola*, optou pelas cores amarelo e preto, as mesmas de seu time de futebol predileto na Bahia (Castro Júnior, 2004: 104), significativamente chamado de *Esporte Clube Ypiranga*, fundado em sete de setembro de 1906.[50] O comentário de Pastinha

---

50 Extraído de <http://www.esporteclubeypiranga.com.br/clube.html>, maio de 2010. Na apresentação do histórico do clube, o nome e a data de fundação são explicitamente associados à independência nacional.

ocorreu pouco depois de sua visita ao continente africano, junto à delegação brasileira do I Festival Mundial de Artes Negras, em Dakar, Senegal. Ao invés de reforçar laços de continuidade com a África, Pastinha indica a superioridade brasileira em relação à capoeira. A própria recusa da mistura de outros golpes, crítica que dirigia à *Capoeira Regional*, pode ser pensada na chave do nacionalismo, uma vez que significava a recusa de golpes de lutas estrangeiras, como o boxe americano, a savate francesa, o judô japonês etc. Entretanto, talvez fosse melhor pensar que a relação entre a defesa da pureza africana e sua composição com as características nacionais fosse tão próxima à de Gilberto Freyre em seu equilíbrio de antagonismos, quanto à capoeira "mestiça" de Bimba.

Neste sentido é que vale a aproximação das posturas de Pastinha com a noção de "comunidade imaginada", de Benedict Anderson (2005), em que um profundo sentimento de camaradagem horizontal une distinções existentes nas dimensões de classe, gênero, geração e, principalmente raça. Esse tipo de comunidade política, que se imagina como limitada e soberana, apresenta como uma de suas consequências a imagem de uma comunhão de seus membros, ainda que estes jamais cheguem a ouvir falar da maioria dos outros. A ideia de uma comunidade parece ser um referencial para Pastinha, pois em 1961, ele afirma:

> Mas eu [Pastinha] queria dizer que todo brasileiro deve saber lutar capoeira, coisa que se aprende desde menino, ou mesmo com a idade avançada (...) Diferente do judô que é científico, por isso mesmo de movimentos disciplinados, o que não acontece com a capoeira, que é mais instinto.[51]

Mobilizando a nacionalidade, Pastinha entende que todo brasileiro deve saber lutar capoeira, pois esta é mais instinto, como se

---

51 Entrevista ao *Jornal do Brasil*, Rio de Janeiro, 05 de março de 1961, tablóide: 6, 7.

fosse algo latente (não um comportamento aprendido, por movimentos disciplinados), mas herdado pela conformação característica nacional. Tal compreensão homogeneizante contribuía igualmente para a noção de pureza e originalidade da *Capoeira Angola*, da qual Pastinha ficara conhecido como "guardião". Em outro momento, na comparação com o estilo de capoeira criado por Bimba, ele insistirá na relação com a nação para desqualificar o oponente, pois a "Regional foi ele [Bimba] que adaptou mas a de Angola tem séculos, o Brasil nasceu com ela".[52] Para concluir a vinculação entre capoeira e nacionalidade para Mestre Pastinha, destacamos um trecho de seus manuscritos, em que expõe seu "(...) ideal de uma capoeira perfeita escoimada de erros, duma raça forte e sadia que num futuro próximo daremos ao nosso amado Brasil" (1997: 24). Como enfatiza Pastinha, a *Capoeira Angola*, eximida de seus erros, principalmente a violência, teria importante aporte para conformar a raça forte e sadia dos brasileiros. A capoeira, aperfeiçoada, contribui para a saúde dos brasileiros e para a grandeza da nação.

Mencionamos alguns elementos que destacam como, no horizonte de Mestre Pastinha, havia a preocupação em colocar a capoeira a "serviço da pátria", por assim dizer. Não faltaram estímulos nas décadas de 1950 e 1960 para que tais afinidades se tornassem efetivas. Tanto no mercado que se abria para a capoeira no esporte, quanto no mercado do folclore e turismo, a autonomia da capoeira passava pelos desígnios da formação nacional.

Como mencionamos acima, ao discutir o papel de Bimba como lutador, havia uma "febre esportiva" que tomava conta da Bahia na década de 1930, compartilhada em grande medida com outras cidades como Rio de Janeiro e São Paulo. Encontramos em Manoel Querino um precedente interessante, que em seu *A Bahia de Outrora*, publicado no ano de 1916, já indicava que "a capoeira era

---

52  Reportagem do jornal *Tribuna da Bahia*, 14 de janeiro de 1973.

uma espécie jogo athletico..." (1922: 61) que também interessava às pessoas de representação social, isto é, às camadas superiores, "porém, como um meio de desenvolvimento e educação physica, como hoje é o foot-ball e outros gêneros de sport" (ibidem: 62). Manoel Querino exemplifica, na Bahia, o que também vinha ocorrendo com a capoeira no Rio de Janeiro, como bem demonstrado por Letícia Vidor Reis. Nesta cidade, intensificavam-se os esforços para metodizar a capoeira, afastando-a da pecha de "bárbara" e inserindo regras que a aproximassem de outras lutas marciais, como o boxe, o jiu-jitsu e a savate, não por acaso, todas alçadas à categoria de esportes nacionais, em seus respectivos países. Mas para assumir as feições nacionais na sociedade republicana do começo do século XX, "a 'capoeira bárbara' (...) deveria civilizar-se, isto é, renunciar às suas origens étnicas e negras e a seu aspecto combativo e tornar-se 'mestiça' e 'gymnastica nacional'" (Reis, 1997: 92). Esta renúncia promoveria, de certa maneira, o declínio do "sentido ritual, com conotações estamentais e confirmatória de papéis sociais e simbolizações sociais" (Sevcenko, 1994: 32) a que, de maneira geral, se refere Nicolau Sevcenko, quando fala da invenção dos esportes em fins do século XIX.[53] Como argumenta o historiador:

> O que caracteriza por excelência essa nova atividade é a pressão dos desempenhos contra o rigor do cronômetro, a circunscrição precisa do espaço da ação, a definição de regras fixas e padrões de arbitragem e sua institucionalização em ligas locais, nacionais e internacionais (ibidem: 32)

Vicente Ferreira Pastinha, ao defender a manutenção da capoeira em "estado natural", como descreveu um repórter em 1959,[54] teve

---

53  SEVCENKO, N. Futebol, metrópoles e desatinos. *Revista USP*, São Paulo, v. 22, p. 30-37, 1994.

54  "Baiana de saia comprida sabia capoeiragem; baiana de saia curta tem medo da capoeiragem". *Correio da manhã*, RJ, 3 de maio de 1959. 5. cad: 1.

que gingar muito para tentar convencer o quão esportiva podia ser a capoeira. Sempre comparada com a *Capoeira Regional*, será *em relação* a ela que, por vezes, se medirá o grau de esportividade da *Capoeira Angola*. Além disso, de maneira mais abrangente, ambos os estilos serão comparados a outros esportes nacionais, como o boxe, o judô e a savate, entre outros.[55] Muitas reportagens, nas décadas de 1950 e 1960, apontaram dificuldades de categorizar a capoeira, adjetivando-a de diferentes maneiras.[56] No livro que Pastinha publicou em 1964, temos uma ideia desse embate, que envolvia

> pessoas que se julgam autorizadas em assuntos de ordem esportiva e veem na Capoeira Angola uma simples dança ao toque do Berimbau. É evidente que nisto há um grande equívoco, e decorre certamente de não poder ser aplicada, 'de fato', em demonstrações esportivas (...) A Capoeira ou é 'jogada' pra valer, com suas sérias consequências, saindo dos limites esportivos, ou para demonstrações onde os golpes em movimento mais ou menos lento, passam perto, raspando ou são freiados perto do alvo escolhido (...) (1964: 20-1).

Ao mesmo tempo em que critica o julgamento dos especialistas do campo esportivo, Mestre Pastinha reconhece a dificuldade de aplicação da capoeira dentro dos limites esportivos, o que significa, para ele, não descambar para a violência ou descontrole entre os jogadores: "Infelizmente grande parte de nossos capoeiristas tem conhecimento muito incompleto das regras da capoeira, pois

---

55 Por exemplo: "Pugilismo (de Broughton), judô (de Mifune) e Angola (de Pastinha)". *O metropolitano*. Rio de Janeiro, 2 de janeiro de 1960, 1. cad.: 6, escrito por Bendito Peixoto, da Escola Nacional da Educação Física e Desportos.

56 Por exemplo: "Do vôo de morcego ao rabo de arraia: Capoeira é ginástica, luta e dança. *Pulso*, RJ, 2 (29): 1, 6, 2 de novembro de 1963; Freire, Roberto. "É luta! É dança! É capoeira!". *Realidade*, São Paulo, fevereiro de 1967, 76-82. Editora Abril, n° 11, ano I; "Capoeira é luta, balé, arte e folguedo". *O Globo*, 3 de julho de 1973.

é o controle do jogo que protege aqueles que o praticam para que não discambe exesso do vale tudo..." (1997: 28).

Neste sentido, a presença do berimbau, que soa como indicador da capoeira como dança para a crítica esportiva, é entendida por Pastinha como um controlador dos possíveis excessos, pois tem "a finalidade de determinar o ritmo do jogo que pode ser mais ou menos lento ou rápido". Em outro trecho, ao explicar como se inicia o jogo de capoeira, após o início dos compassos musicais marcados pelo berimbau, afirma que os "capoeiristas que vão fazer a demonstração se apresentam à frente do conjunto, acocorados, 'ao pé do berimbau', ouvindo, respeitosamente, os cantores (...) passados alguns minutos, o Berimbau solista indica o início do 'jogo'" (1964: 36). Na reação de Mestre Pastinha aos críticos, sua resignação indica que talvez fosse necessário ampliar a categorização de esporte para que a capoeira encontrasse o seu lugar, uma vez que ou saía dos limites esportivos ou era praticada como demonstração.

O que ocorre, porém, é o inverso: poucos anos depois, o embate por diferenciar a capoeira de outros esportes, delimitando sua especificidade, é contrariado com a institucionalização da prática como esporte em 1973, pela Confederação Brasileira de Pugilismo, sob a coordenação de um departamento especial para a capoeira.[57] Quatro anos antes o próprio Mestre Bimba teria abandonado um simpósio nacional sobre capoeira, promovido no Rio de Janeiro, em protesto contra o que considerava "modismos" (Reis, 1997: 159). Quanto a Mestre Pastinha, que não participou dos simpósios, observa-se sua crítica sobre a aproximação entre capoeira e boxe, emitida em 1964:

---

57  Jocélio Telles dos Santos (2005: 118) detalha este processo: "Esse fato resultou numa burocratização, pois o capoeirista, para participar dos campeonatos, torneios e confrontos oficiais e não-oficiais, necessariamente deveria estar vinculado a um clube ou associação filiada a uma das federações vinculadas à Confederação Brasileira de Pugilismo – CBP e estar inscrito no Registro Geral dos Capoeiristas do Brasil".

"somos da opinião que todas as modalidades esportivas podem se aperfeiçoar em sua técnica sem perder suas características, pois, ao contrário, cairíamos num processo eclético" (1964: 28). Portanto, a capoeira deveria se desenvolver "em seus próprios termos", sem a inclusão de golpes que identificassem outras formas de luta.

No ano em que publicou o livro *Capoeira Angola*, Pastinha afirmou o reconhecimento da capoeira sob duas rubricas:

> A tendência atual é considerar a Capoeira Angola como a modalidade nacional de luta o que, honrosamente, a coloca em posição privilegiada, valendo como uma consagração definitiva desta modalidade esportiva. Mas, a Capoeira Angola é, ainda, folclore nacional. Os serviços de turismo, na Bahia, colocam como ponto obrigatório, em seus programas, uma visita às academias de Capoeira (1964: 23)

Nessa passagem, podemos notar como as duas dimensões, do esporte e do folclore, eram mobilizadas para destacar a importância da *Capoeira Angola*, ambas subordinadas às características nacionais. O final do trecho é bastante significativo para entender como a posição de "folclore nacional", mais que a de esporte, oferecia certas possibilidades ao *Centro Esportivo de Capoeira Angola*, em termos de prestígio e de uma rede de relações, que se alinhasse aos desejos pessoais do Mestre.

> Quando eu era moço... antes da congestão que me deixou cego, eu era influente: tinha dinheiro e prestígio...Engraçada a vida! A fama chegou para mim como se eu não a merecesse ou não estivesse preparado. No princípio sentia uma certa vaidade e pensava: formidável, todos falam de mim, todos necessitam de mim, um mulatinho descendente de escravos. Terrível é descobrir que tudo isso é falso...[58]

---

58 Viana, Francisco. "Pastinha o último capoeirista". *Jornal do Brasil*, Rio de Janeiro, 15 de fevereiro de 1974.

Esta melancólica declaração de Vicente Ferreira Pastinha, em tom de balanço, foi feita duas semanas após a morte de Mestre Bimba, em Goiânia. O evento parece ter abalado os capoeiristas da Bahia, em função da grande popularidade e das condições em que ocorreu a ida de Bimba para Goiânia, sob queixas quanto à falta de apoio das autoridades baianas.[59] Pastinha, pela indicação das fontes, já sentia há alguns anos os problemas de visão, decorrentes da catarata e, desde 1971, tinha seu *Centro de Capoeira* fechado por conta das reformas do Pelourinho. Ainda assim, Pastinha não ficou totalmente abandonado, como comprova o auxílio financeiro que recebeu da Superintendência do Turismo da Cidade do Salvador (SUTURSA), conseguido por intervenção de Jorge Amado e Wilson Lins, duas pessoas de amplo prestígio.

No caso de Jorge Amado, não havia sido a primeira vez, nem seria a última em que ele intercederia pelo amigo. Já em 1965, o escritor havia tentado conseguir a doação de uma casa para abrigar Pastinha, articulando atores com influência sobre o poder público, como será descrito adiante. Wilson Lins, como exposto anteriormente, é filho de um poderoso coronel da Bahia e divide suas atividades entre a colaboração com jornais e as atividades políticas. Quando intercede a favor do auxílio para Pastinha, está no último ano de mandato como deputado estadual pelo partido da Aliança Renovadora Nacional (Arena), cargo que ocupava desde 1951 (passando também por outros partidos, como o Partido Republicano e União Democrática Nacional). Jorge Amado, que trabalhara com Lins no jornal da família, *O Imparcial*, durante a década de 1940,

---

59 Em entrevista na sua chegada a Goiânia, um ano antes de sua morte, Bimba explicou porque saiu da Bahia: "Na Bahia, acontece o seguinte: se o senhor chegar e pedir um auxílio para uma festa, um festejo carnavalesco, para uma qualquer coisa, que pertence à farra, tá bom. Mas se for para curar, para ensinar, para ajudar uma academia a bem do povo, não acha" (Abreu e Castro, 2009: 34).

lembra que o parlamentar chegou a ocupar a presidência do *Centro Esportivo de Capoeira Angola*: "(...) ele até chegou a ser presidente da Escola de Pastinha, na sociedade civil. No salão do Pelourinho havia sempre um retrato de Wilson, mas não era somente a título honorífico ou pelo apoio financeiro à Escola. Ele fazia capoeira mesmo, ia lá e ensinava" (Raillard, 1990: 85). Percebe-se, portanto, que as relações estabelecidas entre Pastinha, Jorge Amado e Wilson Lins garantiram certos benefícios junto ao poder público que outros capoeiristas não obtiveram. Talvez por isso, o etnólogo Waldeloir Rego o criticou em reportagem do jornal *O Globo*, de 1976: "Ele é um capoeirista igual a qualquer outro, com uma diferença: é um verdadeiro príncipe da capoeira. Ganhou a única pensão paga pelo governo a um capoeirista, três salário mínimos por mês".[60]

Na dimensão do folclore, grande parte do prestígio alcançado pela *Capoeira Angola* de Mestre Pastinha, ancora-se especificamente em três fatores: no estímulo à pesquisa e preservação do "folclore nacional", representado pela figura do *Movimento Folclórico*; na criação de novas estruturas de turismo em Salvador; e nas relações travadas com importantes intelectuais locais (alguns de renome internacional, como Jorge Amado e Carybé) ou pessoas que ocuparam cargos públicos (como Wilson Lins e Vasconcelos Maia).[61]

O *Movimento Folclórico*, que desenvolveu suas atividades principalmente, entre 1947 e 1964, deu acentuada atenção à capoeira, em especial à realizada na Bahia. Não por acaso, duas das principais figuras do movimento, o musicista Renato Almeida e Edison

---

60  "Pastinha: bom ou mau capoeirista". *O Globo*, 11 de abril de 1976.
61  Carlos Vasconcelos Maia nasceu em Santa Inês, Bahia, em 1923. Contista, integrou a geração de autores da revista *Caderno da Bahia*, que teria contribuído para consolidação do Modernismo no Estado, entre a segunda metade dos anos 1940 e o início dos anos 1950. Foi Diretor do Departamento de Turismo de Salvador no fim da década de 1950. Publicou, dentre outros, *Contos da Bahia* (1951) e *O leque de Oxum e outras crônicas de candomblé* (2006).

Carneiro, produziram trabalhos sobre o assunto. Trabalhando nas Comissões Estaduais de Folclore, a ampla rede de colaboradores do movimento constitui, na Bahia, um grupo bastante ativo. Em 1969, o folclorista Vicente Salles publicou na *Revista Brasileira de Folclore*, órgão de divulgação do movimento, trabalhando nas Comissões Estaduais de Folclore e que Vilhena qualifica como "intelectuais de província",[62] constituiu uma "Bibliografia Crítica de Capoeira", que contabilizava dezenas de publicações, e sugeria novas perspectivas de estudo. A Comissão Baiana, além de ter sido uma das primeiras instaladas (em 1948), publicou em 1950 um breve informe sobre "Capoeira e Capoeiragem" no periódico *Correio Paulistano*,[63] no qual Pastinha não é mencionado.

Em 1951, realiza-se o o 1º Congresso Brasileiro de Folclore, na Quinta da Boa Vista, Rio de Janeiro. As Comissões Estaduais de Folclore, que gozam de ampla autonomia, indicam os grupos ou representantes de certas manifestações de suas respectivas regiões para apresentações no evento. O mesmo destaque dado ao Mestre Bimba no informe de 1948 pode ter orientado sua indicação para apresentar-se no Congresso, em performance que foi assistida pelo então presidente da República Getúlio Vargas, entre outras autoridades. A apresentação parece ter rendido frutos, pois, posteriormente, Vargas repercutiria a ideia de que a capoeira era o esporte nacional por excelência.[64] Mestre Pastinha, nesse período de re-

---

62 Esse perfil de intelectual, segundo Vilhena (1997: 265), seria o daqueles que atuavam regionalmente em espaços como os Institutos Históricos, elaborando a história das elites e que, com o projeto folclórico, ganharam um novo papel: o de construir a história da nação a partir do povo.

63 *Correio Paulistano*, 26 de novembro de 1950.

64 Tomei como referência o material audiovisual sobre o 1º Congresso disponível no Museu do Folclore. Embora sem áudio, é possível ver nas imagens uma roda de capoeira comandada por Mestre Bimba. Mas há dúvidas sobre a data em que a frase foi proferida. Alguns autores, como Reis (1997: 135), informam que o encontro teria ocorrido em 1953, após convite do

percussão nacional da capoeira, consolidava seu *Centro Esportivo de Capoeira* e instalava-se, em 1952, na região do Pelourinho, outro símbolo da Bahia de todos os Santos. Alguns anos depois, o Mestre baiano também seria grato ao apoio dado pelo presidente da Comissão Baiana de Folclore, Hildegardes Vianna (Pastinha, 1964: 8).

Entre os efeitos talvez não previstos dessa iniciativa, estava uma grande aproximação com os programas turísticos, o que nos leva ao segundo motivo do prestígio alcançado pela capoeira na dimensão do folclore. Segundo o historiador Mathias Assunção (2005: 165), a cidade de Salvador cria seu Departamento de Turismo em 1954, "to support that growing sector of Bahia economy. This department stimulated the creation of folklore groups usually included demonstrations of candomblé dances, capoeira and other popular games, such as maculele or puxada de rede". No ano seguinte, é realizado o III Congresso Nacional de Turismo, em Salvador, que conta com apresentações de capoeira feitas por Pastinha.[65] Em 1956, Pastinha parte para a primeira de várias viagens pelo país, representando a capoeira baiana, financiado pelo Departamento de Turismo da cidade de Salvador e pela empresa Lóide Aéreo Nacional. Além de apresentar-se em Porto Alegre, faz escala no Rio de Janeiro, exibindo-se no terraço do Hotel Glória.[66] O apoio do departamento é explícito, contando com a participação direta de seu diretor, Vasconcelos Maia. Este, durante muito tempo, apoiou Pastinha, sendo citado pelo capoeirista, na seção de homenagem especial de seu livro, dedicada aos

---

    presidente para uma apresentação de Bimba no Palácio do Catete. Não encontrei nenhuma notícia referente ao famoso encontro citado por Reis.

65  Flávio de A.P. Galvão. "A Bahia pitoresca – reabilitação da capoeira", veiculada no *Estado de São Paulo*, 02 de novembro de 1956.

66  "Na capoeira o segredo do ataque está na dança". Diário de Notícias, RJ, 15 de abril de 1956.

"amigos cuja colaboração tem sido grandiosa para o desenvolvimento de nossa Academia" (Pastinha, 1964: 8). Conforme artigo de Guerreiro (2005: 10), "o amplo trabalho de Vasconcelos Maia (...) colocou Salvador no mercado nacional de cidades, a partir de uma perspectiva diferenciada, já que elegia a cultura local (e não as paisagens naturais) como forma privilegiada de inserção". Segundo o mesmo artigo, era o trabalho de um escritor na gestão do turismo em Salvador, mobilizando amplamente a intelectualidade, empresários e jornalistas.

Nos anos seguintes, o capoeirista viajaria por Belo Horizonte, Brasília e São Paulo, até culminar com a viagem que, de tão famosa, virou canção na capoeira e acabou amplificada por Caetano Veloso num disco importante do movimento tropicalista, *Transa*: "Pastinha, já foi à África, pra mostrar capoeira do Brasil...".[67] No espírito da fusão e confusão, parte dos objetivos do movimento que queria deslocar a hierarquia entre originalidade e cópia, houve uma inversão do sentido tradicional de origem da capoeira, repercutido por Caetano, captando com clareza a postura do capoeirista. Conforme mencionado anteriormente, no ano de 1966, o Mestre baiano foi um dos representantes da Delegação Brasileira no I Festival Mundial de Artes Negras em Dakar, Senegal (Barreto & Freitas, 2009). A "estratégia do rumor",[68] realizada pelo *Movimento Folclórico* para dar visibilidade às ações de identificação das manifestações popu-

---

67 Faixa "Triste Bahia". In: Veloso, Caetano. *Transa*. Polygram, 1972. Longplay, 35'53". A canção de capoeira cantada por Pastinha pode ser ouvida no disco *Pastinha eternamente*.

68 A expressão foi cunhada por Rodolfo Vilhena para referir-se ao modo de atuação dos integrantes do *Movimento Folclórico*. Esta atuação passava por um intensivo contato da Comissão Nacional de Folclore com as Comissões Estaduais, por meio de cartas e pela organização de grandes encontros e exposições em que eram apresentadas as manifestações folclóricas de cada região.

lares, com exposições e congressos folclóricos, alinhava-se perfeitamente às iniciativas de turismo mobilizadas pelo Estado e por algumas empresas. Mestre Pastinha, por sua vez, agenciaria ambas as possibilidades – do esporte e folclore –, reforçando a ideia de pureza e origem do estilo *Angola* de capoeira, num contexto afeito à descoberta das "raízes nacionais". A denominação de folclore também parecia mais ampla e inclusiva, unindo a *Capoeira Angola* à imaginação nacional, sem risco de ser questionada, como ocorria no campo do esporte.

Figura 5. Embarque de Mestre Pastinha para o Festival Mundial de Artes Negras, Dakar, 1966.

No registro fotográfico da partida da delegação baiana para Senegal, vemos os capoeiristas reunidos na entrada do avião, trajando calça social, terno e gravata, sugerindo a nova imagem através da qual o país apresentava os representantes de seu patrimônio cultural. Com exceção de Camafeu de Oxóssi, mais conhecido como o dono de uma banca no Mercado Modelo e exímio tocador de berimbau, todos os outros eram alunos de Pastinha.

Assim, a *Capoeira Angola* de Pastinha viajava pelo Brasil, patrocinada por Salvador, fazia apresentações na própria cidade, era continuamente retratada em diversos jornais da Bahia, Rio de Janeiro, São Paulo e Minas Gerais e, finalmente, representava o país internacionalmente. Mas ainda não era tudo. As afinidades entre a guarda do patrimônio sagrado da capoeira por Pastinha e de outras manifestações Afro-Brasileiras, por alguns intelectuais se efetivam no mesmo período. Se Vasconcelos Maia e Wilson Lins auxiliaram a *Capoeira Angola* de Pastinha, principalmente com incentivos do poder público, Carybé e Jorge Amado, respaldados pelas posições que ocupavam, deixaram sua grande contribuição no plano da literatura e das artes plásticas.

No caso de Jorge Amado, se em 1945 já podemos encontrar uma breve referência ao capoeirista baiano no livro *Bahia de todos os Santos*, nos anos seguintes passam a multiplicar-se as menções. Em 1951, Carybé já incluía Pastinha como um dos grandes mestres da capoeira em seu livro *O jogo da capoeira*, com tiragem de mil e quinhentas cópias.[69] O pintor, que retratou em inúmeros trabalhos sua visão da capoeira, também deixou suas marcas nas notícias de jornal, como por exemplo no *Jornal do Brasil*, inserindo seus desenhos ao lado das declarações de Pastinha.[70] Quando chegou definitivamente à Bahia em 1950, o artista já possuía certo renome pelos trabalhos produzidos na Argentina, que incluíam, além da pintura, ilustrações para livros e jornais. No Brasil, dentre os vários livros para os

---

69  A obra fazia parte de uma série de 10 cadernos destinados a apresentar aspectos da cultura popular baiana, intitulada *Coleção Recôncavo*.

70  Edição de 05 de março de 1961.

quais produziu imagens, encontramos sua contribuição na capa do livro de Mestre Pastinha, *Capoeira Angola*, de 1964. Abaixo, vemos a capa da 1° edição:

Figura 6. *Capa do livro Capoeira Angola*, ilustrado por Carybé.[73] Acervo MAFRO

As relações entre o pintor e o Mestre de capoeira parecem ter sido muito intensas, a depender do relato dos biógrafos de Carybé, segundo os quais este "passou tardes inteiras com Mestre Pastinha" (Barreto e Freitas, 2009: 152). Podemos, de qualquer maneira, entender como extensão do afeto e confiança entre ambos a opinião do editor dos manuscritos do capoeirista, descrevendo Carybé como "amigo e paciente, que guardava em

---

71 Disponível em: http://www.sebo264.com.br/produtos asp?codigo_categoria=36&nome_categoria=Cultura%20Afro

seu poder documentos que lhe haviam sido doados por Mestre Pastinha, o quadro a óleo sobre tela 'Roda de Capoeira' e uma série de apontamentos em folhas soltas de papel" (Decanio, 1997: 7). A referência ao quadro deve ser esclarecida, reforçando a relação de confiança e admiração de Pastinha por Carybé. O Mestre baiano estudou no Liceu de Artes e Ofícios, lugar onde aprendeu a pintar e desenhar. Vicente Ferreira Pastinha expressou sua vocação para a pintura tanto nos desenhos dos movimentos de capoeira afixados nas paredes do *Centro Esportivo de Capoeira Angola*[72] como em declarações feitas a periódicos.[73] Nesse sentido, o fato de Pastinha ter entregue documentos em que registrava suas reflexões e um quadro que retratava a capoeira a Carybé, é indicador seguro da confiança e amizade que permeava sua relação com o artista argentino.

Se as pinturas de Carybé contribuíram, como afirmam os jornalistas e biógrafos Barreto e Freitas (2009), para retirar a capoeira definitivamente da marginalidade, papel menor não teve a literatura amadiana. O reconhecimento da capoeira baiana pelas letras do romancista data de 1935, quando o herói de *Jubiabá*, Antonio Balduíno, aprendia a ser livre com o capoeirista Zé Camarão e, com suas aventuras, instigava pessoas como Carybé a virem à Bahia.[74] Jorge Amado estabeleceu relações com vários capoeiristas, registrando inclusive os debates que teriam travado

---

72 Benedito Peixoto informou que Pastinha encheu "as paredes da sua academia de quadros com séries de desenhos mostrando sequências de golpes com a finalidade de orientação do treinamento". "A capoeira como arte". *Diário de notícias*, RJ, 25 de junho de 1961.

73 Em declaração a Roberto Freire, Pastinha afirmou:"Minha arte é ser pintor, artista". "É luta! É dança! É capoeira!". *Realidade*, São Paulo, fevereiro de 1967, 76-82. Editora Abril, n° 11, ano I.

74 Barreto e Freitas (2009: 17) afirmam que um dos motivos da vinda de Carybé foi o romance, pois, curioso "e inquieto queria saber se existia mesmo aquilo tudo que estava relatado no romance".

em torno do melhor estilo de capoeira, *Angola* ou *Regional*. De certa maneira, Pastinha representou, para Jorge Amado, um elo na história da *Capoeira Angola*, cujo ponto anterior seria Samuel Querido de Deus. Durante a década de 1950, além de inspirar-se em Pastinha para alguns de seus personagens, Amado interveio a favor daquele que considerava "um grande mestre de nossa cultura popular".[75] No livro *Capoeira Angola*, uma epígrafe de abertura de Jorge Amado sintetiza, na existência do capoeirista, as características que o escritor procurou delinear em muitos de seus personagens mais populares, como Antonio Balduíno, Pedro Bala ou Pedro Archanjo:

> Toda vez que assisto esse homem de 75 anos jogar capoeira, dançar samba, exibir sua arte com o elã de um adolescente, sinto toda invencível força do povo da Bahia, sobrevivendo e construindo apesar da penúria infinita, da miséria, do abandono. Em si mesmo o povo encontra suas forças e produz sua grandeza. Símbolo e face desse povo é Mestre Pastinha" (Pastinha, 1964: 2).

Na década de 1960, livros como *A morte e a morte de Quincas Berro D'água* (1961) e *Tenda dos milagres* (1969) contribuíram decisivamente para projeção nacional e internacional da imagem de Pastinha, transformando-o em personagem. Um bom exemplo encontra-se na reedição de *Bahia de todos os Santos* (1960), que deslocou Pastinha, da pequena referência no texto de 1945, para a abertura da versão de quinze anos depois, ocupando toda a primeira página do capítulo dedicado à capoeira:

> Mestre Pastinha tem mais de setenta anos. É um mulato pequeno, de assombrosa agilidade, de resistência incomum. Quando ele começa a 'brincar', a impressão dos

---

75 Declaração dada ao repórter Jorge Moura. "Este é o Mestre Pastinha". *Jornal do Brasil*, Rio de Janeiro, 17 de abril de 1978.

assistentes é que aquele pobre velho, de carapinha branca, cairá em dois minutos, derrubado pelo jovem adversário ou bem pela falta de fôlego. Mas, ah! Ledo e cedo engano! nada disso se passa (Amado, 1960: 209).

Após descrever a agilidade e destreza de Pastinha, o escritor fala sobre a escola de *Capoeira Angola*, dando sua localização, dias de treino e apresentação, e finalizando com o convite: "É indispensável conhecê-lo, conversar com ele, ouvi-lo contar suas histórias, mas, sobretudo, vê-lo na 'brincadeira', atingindo adversários vigorosos e jovens, derrotando-os um a um" (*ibidem*: 209). Tão indispensável que o romancista, muitas vezes, levou pessoas para conhecer o *Centro*, como deixa entrever o depoimento de Gildo Alfinete, discípulo de Pastinha: "Cansei de receber bilhetes: 'Venha aqui meu filho, que Jorge vai trazer uns amigos'. E íamos" (Barreto & Freitas, 2009: 146). O apoio do escritor baiano extravasava em muito as páginas dos livros, como bem reconheceu Pastinha em entrevistas:

> Não sei o que seria de mim, se não fossem Jorge Amado e Wilson Lins (deputado e escritor baiano). Eles é que sustentam a academia com auxílios frequentes. Há pouco tempo houve uma campanha liderada pelo Diretor do Touring Club para que o estado ajudasse minha academia.[76]

A campanha a que se refere Pastinha foi a tentativa coordenada de alguns importantes amigos do Mestre para conseguir a doação de uma casa, em 1965. O historiador Luís Vitor Castro Júnior (2004: 100) reproduziu foto da reunião no Touring Club do Brasil em Salvador, que reuniu Mestre Pastinha, Vasconcelos Maia (Diretor do Departamento de Turismo do município de

---

76 Mattos, Florivaldo. "Capoeira, uma arte sem auxílio". *Jornal do Brasil*, Rio de Janeiro, 30 de junho de 1967, cad. B: 1.

Salvador), Carybé, José Berbert de Castro (jornalista do *A Tarde*), Carlos Alberto Torres (*Diário de Notícias*), Jorge Amado e um assessor do autor. Ainda que a tentativa tenha sido frustrada, por razões que desconhecemos, outros apoios foram conseguidos, como uma pensão da prefeitura de Salvador. Em entrevista no ano de 1969, ainda em sua escola de capoeira no Pelourinho, Pastinha afirmava que a "prefeitura me dá pensão, um salário mínimo, ajuda sempre, foi o Jorge Amado quem conseguiu".[77] Barreto e Freitas (2009: 147) afirmam que tal pedido de auxílio foi justificado pelo escritor ao então prefeito Antonio Carlos Magalhães (1967-1971), segundo argumento de "serviços prestados ao turismo".

Pastinha sempre procurou afirmar uma conduta de guardião da capoeira tradicional, desprovido de interesses monetários: "As vantagens monetárias que dela aufere [da capoeira] é para inverter nela mesma, auxiliando os seus discípulos ou mantendo a escola que dirige" (Peixoto, Benedito, 1960, *op. cit.*). Este tipo de argumento, aceito pelo redator do artigo, reforça a imagem de uma pessoa altruísta, unicamente interessada na "preservação da capoeira" (*ibidem*), oposta, assim, aos que viveriam dela e a deturpariam para melhor granjear lucros.[78] Por outro lado, Pastinha também agenciou os jornais e as possibilidades de divulgação da sua proposta da *Capoeira Angola* como símbolo do Estado e dele como o principal representante da prática. Não tendo condições financeiras pessoais ou familiares que sustentassem tal dedicação, é certo que Mestre Pastinha cada vez mais se tornou dependente da remuneração obtida com a capoeira. Até onde podemos saber pelos periódicos

---

77 "Na Bahia, capoeira tem seu rei", por Luiz Roberto Souza Queiroz. *O Estado de São Paulo*, São Paulo, 16 de novembro de 1969: 63.

78 Cf. Peixoto, Benedito (Da Escola Nacional de Educação Física e Desportos). "A capoeira como arte". *Diário de notícias*, RJ, 25 de junho de 1961. O texto considera que a capoeira em fase de deturpação seria a de Mestre Bimba.

da época, eram duas as principais rendas de Pastinha: as aulas ministradas a alunos, correspondendo à capoeira-esporte; e as apresentações realizadas para turistas, relativas à capoeira-folclore. A remuneração era individual ou por meio de subsídios do poder público.

Em notícia de 1959,[79] sabemos que Pastinha ministrava aulas para alunos, três vezes por semana, cobrando um valor em torno de quatrocentos e cinquenta cruzeiros por pessoa, o que em valores atuais corresponderia a pouco mais de noventa reais.[80] Sabe-se também que o espaço onde ocorriam as aulas era alugado. Das exibições públicas, não possuímos informações precisas, mas outro jornal carioca informa que:

> Quando se exibem no Mercado das Palmeiras, na Praça Cairu e em outros logradouros as demonstrações são gratuitas pois recebem subvenção do Departamento de Turismo da Bahia. Mas em recinto fechado são bem pagas – explicou "Pastinha".[81]

Assim, a renda obtida pelas turmas de alunos soma-se aos subsídios do governo para apresentações, remunerando os capoeiristas para que possam manter suas rodas em espaço público. No âmbito privado, residia uma terceira possibilidade: as exibições para turistas. Em 1964, as apresentações para turistas no *Centro de Capoeira* ocupavam quatro dias da semana (Pastinha, 1964: 57). Nessas apresentações, antes da demonstração, Mestre Pastinha

---

79  "Capoeiras baianos deram show na Glória sob direção do velho Mestre Pastinha". *Jornal do Brasil*, RJ, 15 de abril de 1959, 1 cad.: 27
80  Correção realizada em site do Banco Central do Brasil, <https://www3.bcb.gov.br/CALCIDADAO/publico/corrigirPorIndice.do?method=corrigirPorIndice>, maio de 2010
81  "Capoeiristas dançam no aeroporto – capoeira faz escalas". *Diário Carioca*, de 10 de abril de 1959.

costumava falar aos presentes sobre a história da capoeira e sobre a organização do jogo. Eram como pequenas aulas sobre a história da capoeira, seguidas por encenações, como relatadas por um dos discípulos de Pastinha, Gildo Alfinete (*apud* Castro Junior, 2004: 104): "A gente falava sobre a capoeira desde o tempo da escravidão, fazia um show de maculele, a perseguição que a polícia e a sociedade dava a capoeira, a cena do guarda era eu e Satanás, tinha uma cena de um cara com a navalha...". Os discípulos de Pastinha que participavam das apresentações recebiam parte do valor arrecadado (*ibidem*: 105). Nesse conjunto de atividades, Pastinha se manteve relativamente bem até 1967.

A partir de então, sofrendo com a perda acentuada da visão e após um infarto, as escolhas de Pastinha focaram-se cada vez mais no turismo. Num encontro com o Governador da Bahia, Luis Vianna Filho, em 1967, esperava ter um pedido seu atendido:

> quero só melhorar um pouco a academia (...) Quero só melhorar o ambiente para que sirva de atração ao turismo. Tenho três filhas e seis netos para sustentar (...) Quero só que declarem minha academia de capoeira de Angola, um bem de utilidade pública, recebendo subvenção do estado para que não desapareça. Na Bahia tudo o que é de folclore está acabando[82]

Não sendo atendido pelo governo anterior, de Lomanto Júnior, Mestre Pastinha era atingido pelas mudanças políticas ocasionadas pelo golpe militar de 1964, o qual, na Bahia, derrubou, entre outros, o Diretor do Departamento de Turismo, Vasconcelos Maia. O diagnóstico amargo da situação, do ponto de vista de Pastinha, assumia feição nacionalista, queixando-se do descuido com o folclore na Bahia:

---

[82] Mattos, Florivaldo. "Capoeira, uma arte sem auxílio". *Jornal do Brasil*, Rio de Janeiro, 30 de junho de 1967, cad. B: 1.

Dediquei minha vida à capoeira, à Bahia. Por acaso nada mereço na velhice, em retribuição aos serviços prestados? (...) Tirei a capoeira da lama. Valorizei-a, civilizei-a. Com ela gastei minhas economias. Hoje, não obstante, os poderes públicos relegam a plano secundário meus serviços reconhecidos em todo Brasil, exceto na Bahia. A Bahia que me deu? Nada vezes nada. É justo isso?[83]

Pastinha tinha bastante clareza dos efeitos de seu trabalho frente à capoeira, como manifestação folclórica reconhecida nacionalmente e, em suas declarações, emergia cada vez mais como seu criador, chegando a confundir-se a prática com o Mestre, uma vez que a mensagem é clara: deixá-lo sem apoio significava abandonar a própria capoeira. Percebia também como esse reconhecimento projetava a imagem da Bahia. Cada vez mais dependente da subvenção pública, da esposa e dos amigos, o Mestre baiano sofreu com o reconhecimento nacional da capoeira, as academias abertas em outros Estados[84] e o que entendia como o "abandono do poder público baiano". Em entrevista dada em 1969, perguntava ao jornalista: "Agora me diga o senhor, a capoeira nasceu na Bahia, a matriz é daqui, como deixar que outros estados a tomem, a organizem e que aqui se perca? Está errado".[85] No fim, o turismo, a quem Pastinha cada vez mais recorreu, seja para obter renda nas apresentações, seja para justificar a obtenção de recursos públicos,

---

83 Hana, Samir Abou. "A capoeira do passado que a Bahia mantém por tradição. Mestre Pastinha, cego e na miséria abandonará a capoeira já desiludido". Diário de Pernambuco. Recife, 3 de março de 1968.

84 Mestre Suassuna, em tentativa de levar Mestre Pastinha para tratamento em São Paulo, em 1971, afirmava que: "As despesas de viagem e hospedagem, nesta capital, não constituem problema. Correrão por conta dos baianos que têm academias de capoeira em São Paulo (...)". *Última Hora*, São Paulo, 19 de março de 1971.

85 "Na Bahia, capoeira tem seu rei", por Luiz Roberto Souza Queiroz. *O Estado de São Paulo*, São Paulo, 16 de novembro de 1969: 63.

foi apontado como um grande mal, estimulando modificações no jogo, às quais ele tanto se opôs:

> Mas vamos falar da capoeira. Hoje ela está se desfazendo, tem capoeira, demais, regional, estilizada, a verdadeira, no meu entender, é só a Angola. O turismo foi o mal, todo mundo quer ver capoeira, apareceu tanto mestre que não sabe de nada, não é mestre, é triste ver isso.[86]

As modificações tinham vários motivos que não cabem explorar aqui. Tanto ocorreram na Bahia como em outros Estados. A concorrência entre os mestres seria mais fortalecida no caso da capoeira-esporte, ficando a capoeira-folclore relegada ao segundo plano, ou, em outras palavras, perdendo força, tanto pelas novas mudanças urbanas que passariam em Salvador, como pelas alterações na indústria do turismo e por um maior distanciamento dos círculos intelectuais das ações do Estado na Bahia. Mas para Vicente Ferreira Pastinha, no balanço dos anos de "prestígio e dinheiro", ficava apenas uma certeza, a de que "(...) tudo isso é falso, que de tudo, a única coisa real foi a capoeira".[87] Pensemos um pouco mais sobre esta realidade, acompanhando os anos de formação do Mestre.

## Os anos de formação e alguns valores do Mestre

Filho de José Señor Pastiña, imigrante espanhol e comerciante do Pelourinho e Eugênia Maria de Carvalho, negra, nascida na Bahia, vendedora de acarajé e lavadora de roupa de ganho (Barreto e Freitas, 2009), Pastinha via a si mesmo como "um mulatinho descendente de escravos" (*ibidem*). São raríssimas as vezes em que se referiu a ascendência espanhola, e pouco se sabe

---

86 *Ibidem*.
87 Francisco Viana "Pastinha o último capoeirista". *Jornal do Brasil*, Rio de Janeiro, 15 de fevereiro de 1974.

mesmo sobre a mãe ou sua relação com ambos os pais na infância. Por outro lado, em vários momentos o Mestre usou uma frase lapidar para expressar sua compreensão sobre a capoeira, que pode bem iluminar sua própria vida:

> Tudo que penso de capoeira um dia escrevi naquele quadro que está na porta da academia. Em cima só estas três palavras, Angola, capoeira, mãe. E embaixo, o pensamento: Mandinga de escravo em ânsia de liberdade; Seu princípio não tem método; Seu fim é inconcebível ao mais sábio capoeirista (Abreu e Castro, 2009: 21).

"Angola, capoeira e mãe". Quando conta que seu aprendizado sobre a capoeira foi com um velho africano, por volta dos dez anos, seu significado como "proteção do mais fraco contra o mais forte" é evidenciado: "Quando eu tinha dez anos – eu era franzino – um outro menino mais taludo que eu tornou-se meu rival (...) Só sei que acabava apanhando dele, sempre. Então eu ia chorar escondido, de vergonha e tristeza" (*ibidem*: 24-5). A solução fora a aprendizagem da capoeira com um "velho africano" que assistia a briga, chamado Benedito: "Então ele me ensinou a jogar capoeira, todo dia um pouco, e aprendi tudo" (*ibidem*: 25). A admiração pelo velho Benedito, que lhe ensinou a capoeira como meio de proteção, se estendeu a todos os africanos que, segundo Pastinha, ensinavam e "não cobrava nada, só queria divulgar a arte".[88] Foi a seleção da memória desse aprendizado da infância a que Pastinha recorreria muitas vezes para explicar como aprendeu capoeira, exercício que também abarcava certos valores. Entre eles, o de proteção, escolhido também na aprendizagem da capoeira com Benedito. Se o remetia a uma África imaginada, Angola, tal valor também facilitava sua filiação a uma narrativa mítica, pois como ele insistia em dizer, capoeira é mãe. Do elo que o africano Benedito representava

---

[88] "Capoeira Domada". *Jornal do Brasil*, Rio de Janeiro, 10 de junho de 1972.

entre a outra margem do Atlântico e a maternidade pela capoeira na Bahia, podemos entender também o pensamento que segue as palavras: "Mandinga de escravo em ânsia de liberdade". Como bem destacou Letícia Vidor Reis (1997: 141), Pastinha sempre insistiu na associação entre capoeira e luta dos escravos por liberdade. Em uma das seções do livro de Pastinha (1964: 20) lemos que: "Não há dúvida que a capoeira veio para o Brasil com os escravos africanos". Mas ao contrário de criar um mito para "reafricanizar" a capoeira, ligando-a a uma Angola mítica, ele imaginou sua própria trajetória como um descendente de escravos, reagindo contra a opressão imposta, aprendendo sobre a "mandinga de escravo em ânsia de liberdade". Pastinha experimentou outras situações que reforçam tal deslocamento: "Por causa de coisas de gente moça e pobre, tive algumas vezes a polícia em cima de mim (...) Quando tentavam me pegar eu lembrava de mestre Benedito e me defendia (...)" (Abreu e Castro, 2009: 25). Em entrevista realizada em 1967 (*idem*), evidencia-se como a memória do Mestre operava uma seleção de fatos sobre uma narrativa já mítica, onde a prática emerge como um instrumento herdado do "velho africano", para defesa em situações de desigualdade.

Desta forma, Pastinha sedimentou ao longo do tempo uma narrativa em que imaginava serem a origem e o destino da capoeira os mesmos que o seus. No plano da narrativa, o paralelo entre Pastinha e a capoeira se dava na posição de elo entre o passado e o futuro da tradição, em que ele se via como predestinado: "Eu nasci pra capoeira (...)" (Pastinha, 1969), cantava o Mestre em seu disco. Em seus manuscritos, afirmava veemente: "Amigo eu já fui destinado pela natureza, feito da parapoeira, para ser jogador de capoeira... (sic)" (1997: 82). Na narrativa mítica da capoeira (Reis, 1997), Mestre Pastinha via sua existência como um evento num espectro de longa duração, como uma ponte, com uma face voltada para cada lado, uma para o passado e outra para o futuro: "seu principio não tem método; seu fim é inconcebível ao mais sábio capoeirista". Se por um lado, a narrativa mítica fala de algo fora do tempo histórico, por outro Pastinha, servindo de ponte, lembra de um tempo histórico no qual os africanos só queriam divulgar sua arte, ensinando sem cobrar. Isto sem esquecer do momento contemporâneo, em que

> ninguém mais pode ensinar de graça (...) Hoje, com essa vida que nós temos, pagando aluguel e comprando instrumento, não dá mais pra ensinar de graça. Não há mais mato pra gente pegar as sementes de fazer cabaça pra gente fazer berimbau.[89]

Por esta afirmação se vê que, continuamente, o Mestre agencia certo passado, em que insere a sua pessoa no que considera como a "verdadeira" história da capoeira. Outra realidade é a percepção da capoeira como patrimônio sagrado. Pastinha não desconhecia, nem recusava a interpretação da capoeira como herdeira das danças do batuque e do Candomblé (Pastinha, 1997: 36), embora afirmasse pessoalmente, quando indagado sobre sua fé: "não sou católico, nem sou de candomblé. Eu creio em Deus, num só (Abreu e Castro, 2009: 28). Foi na base dessa crença que também entendeu que se havia tornado "apto para cumprir a missão do que fui investido por Deus", numa cruzada para combater o mal na capoeira, sendo esta entendida como uma espécie de religião, em que o Mestre ocupava a função de sumo sacerdote (Reis, 1997: 145). Pelo mesmo motivo, muitos ensinamentos da capoeira, assumiam traços que extrapolavam a simples técnica, dada existência de segredos que somente após muito tempo de convivência com o Mestre poderiam ser alcançados: "Os mestres rezerva segredos, mais não nega a esplicação" (Pastinha, 1997: 30).

---

89 "Capoeira Domada". *Jornal do Brasil*, Rio de Janeiro, 10 de junho de 1972.

Por fim, no enlace entre a narrativa mítica que inscrevia Pastinha como um breve evento na longa história da capoeira, encontramos o discurso do nacionalismo, que o alinhará às teses da prática como esporte nacional e como folclore. Era difícil resistir à associação com o nacionalismo, num momento em que as manifestações populares eram alvo do interesse de intelectuais ligados ao poder público, em busca de fundar "políticas culturais que viabilizassem 'uma autêntica identidade brasileira" (Schwarcz, 1995: 54). Mas ainda assim, a atitude de Pastinha passou longe de ser passiva. O nacionalismo teve o importante papel de conferir à narrativa mítica de Pastinha uma moldura histórica, fundindo a herança africana da capoeira, às características nacionais, sob o manto das possibilidades esportivas e folclóricas. Assim, Pastinha acreditou realizar, com a *Capoeira Angola*, o que Edison Carneiro buscava na capoeira como folclore, isto é, "ver o negro comportando-se como brasileiro". Nas palavras de Pastinha, isso correspondia a uma noção de civilidade. Pierre Verger, no documentário sobre a vida de Pastinha (1998), reforçou que a intenção de Pastinha foi fazer da capoeira algo decente, num momento em que ela ainda era vista como coisa de malandros e usada em brigas de rua.

Pastinha se esforçou para afirmar sua proposta de *Capoeira Angola* como maneira de contribuir para formação da "raça brasileira", argumento análogo ao que alguns intelectuais faziam da capoeira como "gymnastica nacional" (Reis, 1997: 23). Mas essa transformação deveria ocorrer "nos próprios termos" da capoeira "tradicional", sem que nunca se misturasse à prática elementos de outras lutas. Como disse, ao comparar a capoeira com o futebol, se o Brasil é muito melhor do que os ingleses, não obstante eles tenham inventado o futebol, por que não seríamos melhores capoeiristas, embora sejam os povos africanos que a tenham inventado?

Imaginando-se descendente de escravos, com o propósito de contribuir para a fundação da "raça" forte e sadia do Brasil, assim gingava Mestre Pastinha. Nem tão ingênuo como muitas vezes foi dito, já em idade avançada, ele diria que a "(...) capoeira tem muita história que ninguém sabe se é verdadeira ou não (...) mas a que a gente chama de Capoeira de Angola, a que aprendi, não deixei mudar aqui na Academia. Essa tem pelo menos 78 anos" (Abreu e Castro, 2009: 21). Ao encerrar pelo menos na duração de sua vida o sentido da prática que sempre defendeu como imemorial, Vicente Ferreira Pastinha inscrevia-se na longa duração, pois como a *Capoeira Angola*, acreditava ser "tradicional, vivo na Historia da capoeira; e amo ela..." (Decanio, 1997: 44-5).

## Fechando o capítulo: "Sempre quis viver de minha arte"

Por volta dos dez anos, na virada do século, Mestre Pastinha estudou durante algum tempo no Liceu de Artes e Ofícios, onde parece ter dado os primeiros passos no exercício da pintura. Dos treze aos vinte anos, cursou a Escola de Aprendizes de Marinheiro, local onde, de acordo com seus biógrafos, se tornou pintor profissional (Barreto e Freitas, 2009: 30). O lado pintor do capoeirista é pouco conhecido, mas tal atividade representou, junto à capoeira, o desejo do Mestre de viver da sua arte, ainda que negado durante sua juventude: "só trabalhava quando minha arte negava sustento. Além do jogo, trabalhei de engraxate, vendia gazeta, fiz garimpo, ajudei a construir o porto de Salvador. Tudo passageiro, sempre quis viver de minha arte. Minha arte é ser pintor, artista" (Abreu e Castro, 2009: 26). De 1910, quando saiu da Escola de Aprendizes de Marinheiro, até 1941, há uma grande lacuna nas informações obtidas sobre o Mestre, costumeiramente resumida na variedade de empregos pelos quais haveria passado. As informações disponíveis sugerem que, dos vinte aos cinquenta anos, Pastinha teria dado aulas de capoeira pontualmente e, sendo possível que tenha também participado de algumas rodas de capoeira.[90] Apenas na década de 1940, já na casa dos cinquenta anos, Mestre Pastinha vai iniciar as tentativas que o levarão a conseguir, durante algum tempo, viver de sua arte.

Durante um bom tempo, o capoeirista se negou a afirmar que a capoeira o sustentava, destacando antes o que seria uma relação maternal, cívica e religiosa com a prática. Dizia obter renda da carpintaria ou dos quadros que pintava, investindo no *Centro Esportivo de Capoeira Angola* suas economias, para tirar a capoeira da lama, civilizá-la.[91] Ele também chegou a fazer vários desenhos, explicando cada um dos golpes da capoeira, que, ao que tudo indicava, seriam publicados no livro de 1964,[92] sendo depois substituídos por fotos.

Nem Carybé, nem Jorge Amado ou outros artistas e jornalistas que compartilharam momentos com Pastinha deixaram comentários ou avaliações de seus desenhos ou quadros, preferindo destacar sempre seu talento para a capoeira, embora ainda em 1967, aos 78 anos e, quase cego, Pastinha ainda exprimisse o desejo de viver de suas pinturas.

Na economia de seus desejos, a capoeira, além de missão, laureou Pastinha com seu reconhecimento como artista, algo sequer sugerido no caso de sua prática como pintor. Para Jorge Amado,

---

90  Alguns autores que, descrevendo os trabalhos do Mestre apontam para essa lacuna são Reis (1997) e Barreto e Freitas (2009).

91  Peixoto, Benedito (Da Escola Nacional de Educação Física e Desportos). "A capoeira como arte". *Diário de notícias*, RJ, 25 de junho de 1961 e Hana, Samir Abou. *Diário de Pernambuco*. "A capoeira do passado que a Bahia mantém por tradição. Mestre Pastinha, cego e na miséria abandonará a capoeira já desiludido". Recife, 3 de março de 1968.

92  Sobre os desenhos nas paredes do Centro e a expectativa de publicá-los em livro, ver Peixoto, Benedito, *op. cit*.

o capoeirista era "o primeiro em sua arte" (Pastinha, 1964: 2). Na tristeza de seus anos finais, é preciso reconhecer que Pastinha, pessoalmente, se sentiu fracassado, ao ver seu Centro de Capoeira fechado por conta das obras de revitalização do centro histórico de Salvador, local que ele acreditava ter ajudado a manter, com as apresentações de capoeira. "Tudo o que é de folclore está acabando" diagnosticava aos jornais, que continuaram a produzir notícias sobre o "último capoeira". O Mestre acertava em parte, pois dali em diante, os capoeiristas e intelectuais procurariam cada vez mais desvincular a imagem da capoeira da ideia de folclore. Com o passar do tempo, o termo folclore passaria a ser visto de maneira negativa, como uma forma de cooptação autoritária do discurso das classes populares. Mas se este era o destino do folclore, a capoeira se institucionalizaria cada vez mais, em suas diferentes vertentes; e a *Capoeira Angola* não morreria, contrariando o pensamento do próprio Mestre.

# Capítulo 3

## Os intelectuais na roda: círculos da baianidade e a capoeira

# A Bahia e seus intelectuais

> "Com efeito, à medida que a ação civil se mostrava cada vez mais vazia, a arte se convertia quase que numa religião, fonte de sentido e alimento do espírito"
>
> Schorske, *Viena Fin-de-siècle*.

O interesse desta pesquisa se volta agora para alguns intelectuais que tomaram a capoeira como matéria-prima de suas elaborações, em campos tão dessemelhantes como a literatura, a etnografia, a pintura e a fotografia. Estas quatro formas de conhecimento estabeleceram-se como as principais linhas de força ou de interpretação sobre a capoeira baiana até a década de 1960, e pode-se dizer que ainda hoje elas são utilizadas para atestar a veracidade de hipóteses em torno da mesma.[1] Num primeiro momento, cabe dizer que cada uma dessas formas de conhecimento teve um desenvolvimento próprio, tanto em suas possibilidades de produção quanto no tipo de mercado ou público que demandava e absorvia tais obras. Nesse trajeto, passava-se necessariamente pelo meio intelectual cujo perfil se reconfigurava localmente, sem

---

1 Dias (Dias, 2006: 27), por exemplo, utiliza o livro *Tenda dos Milagres*, de Jorge Amado, para comentar o preconceito em torno de práticas como a capoeira, associadas aos negros e vistas como incivilizadas.

perder a referência (positiva ou negativa) de outros círculos intelectuais, entre os quais se destacavam, no período, os modernistas e os regionalistas.

Um dos elementos principais na configuração intelectual e artística na Bahia de então foi a circularidade que se estabeleceu junto a alguns capoeiristas, de maneira que todas as esferas acabaram mediando compreensões sobre essa manifestação popular. Entende-se então que a literatura, a etnografia, a fotografia e a pintura são indicadores relevantes de como a capoeira baiana contribuiu profundamente para imaginar a "Roma Negra" e o Brasil, baseando-se nas ideias de "povo", de "cordialidade" e de "mestiçagem". Muitos foram os intelectuais e artistas que se referiram à capoeira baiana em suas elaborações, mas privilegiamos alguns que o fizeram de maneira contínua, com ampla recepção entre distintos públicos e, mais importante, como um grupo relativamente coeso, cujas construções dialogam intensamente entre si, ressoando como um discurso de poucas notas em várias versões. Destacamos, assim, as trajetórias de Jorge Amado, Edison Carneiro e Carybé, tendo em vista que tipos de relações eles estabeleceram entre si e com os representantes da capoeira baiana. Entre as mediações necessárias para uma aproximação com tais questões, está a caracterização dos artistas e intelectuais enquanto grupo relativamente coeso, permitindo a autores como Ilana Goldstein (2000), referirem-se a eles como um "círculo da baianidade".[2]

O que se chama aqui de "grupo relativamente coeso" pode ser melhor especificado pela noção de "geração", utilizada por Carl Schorske (2000), em seu estudo sobre as vanguardas modernas

---

2  "Parece haver uma elite principalmente intelectual, mas também econômica e política, auto-referente e produtora da 'baianidade', na qual Jorge Amado, Mestre Didi, os falecidos Carybé e Pierre Verger, e ainda Floriano Teixeira, Calasans Neto, Hansen Bahia, Mário Cravo e outros artistas e escritores tomam parte (...)" (Goldstein, 2000: 67).

na Viena de fins do século XIX e início do XX. A arquitetura, a música, a literatura, a pintura e a psicanálise foram algumas das dimensões que o autor abordou para compreender as intensas transformações que ocorriam a partir do final do Oitocentos, e que ganhariam proporções mais amplas no século XX. Na ideia de "geração" reside uma das principais chaves explicativas para esse historiador: a palavra, aqui, se refere a determinados grupos de indivíduos, com uma experiência marcante em comum, que levam adiante transformações nos campos das artes e das ciências. Em sua investigação, Schorske sintetiza a experiência comum dos *Jungen* vienenses, como uma decorrência de transformações políticas de impacto profundo: "O centro geracional de gravidade de nossos criadores de cultura cai no começo da década de 1860; seu contexto formador, o fracasso do liberalismo austríaco na era da unificação e depressão germânica, na década de 1870" (Schorske, 2000: 177). Assim, cultura e política apresentam-se em constante tensão, abrindo as possibilidades de transformação que, como diz a epígrafe deste capítulo, farão da arte uma espécie de religião, para a qual se voltaram as pessoas que nada encontraram na ação civil, exceto a despolitização e violência.

Zelando pelos limites da comparação, é possível encontrar na cidade de Salvador, no período estudado, pelo menos dois momentos interessantes, cada qual correspondendo a duas situações de interação marcantes entre intelectuais, artistas e algumas manifestações populares. Em um primeiro momento, localizado entre 1930 e meados de 1940, encontramos Jorge Amado e Edison Carneiro, companheiros no ofício literário da *Academia dos Rebeldes* e no jornalismo, assumindo uma veemente defesa da liberdade de expressão para as práticas associadas à população negra da Bahia, como o Candomblé e a capoeira. Além da militância política em comum, encontramos, nas produções de ambos, um diálogo que nos autoriza a afirmar a simetria com que atuavam na literatura, por um lado, e na etnografia, por outro. A relação com o capoeirista Samuel Querido de Deus é o principal exemplo desse diálogo e também da mediação com os capoeiristas. Num segundo momento, destacam-se Jorge Amado e Carybé que, pelo menos desde a década de 1950, ocupam lugar central no "renascimento" das artes plásticas baianas. Este campo, associado a outras expressões, como música, teatro, cinema, dança e arquitetura, constituiu, segundo Antonio Risério,[3] um tipo de *avant-garde* na Bahia. Em comparação ao período anterior, agora a relação negativa de intelectuais e artistas com a política é, aparentemente, declarada de maneira que tanto da parte de Amado, como da de Carybé, há um distanciamento da dimensão político-institucional, acarretando consequências para algumas produções e posicionamentos de ambos. No momento em questão, a principal pessoa do universo da capoeira com quem os dois se relacionam é Mestre Pastinha.

A seleção das duas duplas analisadas segue dois critérios principais. O primeiro diz respeito à forte relação que tais intelectuais estabeleceram com os capoeiristas nos períodos indicados, e que se expressou tanto em suas produções individuais, quanto em posicionamentos públicos, ambos relevantes para a imaginação que se tem da capoeira baiana. Um segundo critério é a noção de "geração", mencionada acima, que justifica, dada a relevância da experiência política, dividir em dois momentos a análise: no primeiro momento, o engajamento é marcante, sobretudo pelo envolvimento dos intelectuais envolvidos nos

---

3   Com um pouco de exagero, talvez por compartilhar dos valores desses grupos, para o escritor esta foi "... uma juventude que mergulhou fundo no universo da cultura popular, assimilou criativamente os lances da modernidade estético-intelectual, as faíscas e fulgurações da avant-garde, para produzir uma obra rica e inovadora, alterando significativamente o jogo dos signos nos campos estéticos em que interveio – e afetando em profundidade a estrutura da sensibilidade brasileira" (Risério, 1995: 136).

acontecimentos posteriores à Revolução de 1930; no segundo, há uma recusa da militância política, da submissão dos princípios estéticos aos ditames de uma arte voltada para a transformação social e das estruturas do poder institucional. A presença de Jorge Amado nos dois momentos, além de inevitável pelo peso de sua obra, de seus vários escritos sobre artistas baianos, de seus posicionamentos e suas relações com capoeiristas ao largo de sua longa carreira, une de maneira interessante a reflexão sobre a ideia de geração, possibilitando discutir certas rupturas e continuidades na relação entre intelectuais, artistas e manifestações populares.

Uma última advertência recai sobre o peso dado às duplas de intelectuais: embora o recorte oriente essa reconstrução, não se restringe a elas, sendo também destacados outros intelectuais, sempre que contribuam para esclarecer o argumento principal. É o que ocorre, de certa maneira, com Arthur Ramos e Gilberto Freyre na década de 1930, e com Pierre Verger e Odorico Tavares, num período posterior, entre outros.

## A Revolução de 1930 e o axé vermelho dos intelectuais rebeldes

Nos apontamentos de Jorge Amado, publicados em *Navegação de Cabotagem*, encontra-se o seguinte comentário de sua primeira experiência literária:

> Dias da Costa, Édison Carneiro e eu, em 1929, escrevemos em colaboração um romance sob o título de El-Rey, publicado em folhetim em O Jornal, órgão da Aliança Liberal na Bahia (...). Livrinho com todos os cacoetes da época, Medeiros e Albuquerque o definiu: "uma pura abominação". Um único subliterato não poderia tê-lo feito tão ruim, foi necessário que se juntassem três (Amado, 1992: 40-1).

A maneira bem humorada com que relembra essa aventura é também útil para compreender como dava início à carreira intelectual, na Bahia das primeiras décadas do século XX. Vê-se que era comum que os filhos das elites rurais e urbanas passassem por uma formação educacional em colégios muito exclusivos e que, em seguida, ingressassem em algum periódico local, antes de iniciar uma carreira na esfera política. Esse foi, em parte, o caso tanto de Edison Carneiro, como de Jorge Amado. Edison era filho do professor Souza Carneiro, catedrático da Escola Politécnica, uma das três que oferecia ensino superior na Bahia da época. Sem dúvida, o seu cargo no magistério habilitava seus filhos a uma educação altamente seletiva, o que permitiu a Edison tornar-se bacharel em Direito pela Faculdade da Bahia (1935). Jorge Amado, por sua vez, menino grapiúna, era filho de um fazendeiro de cacau da região de Ilhéus e, tendo estudado no Colégio Padre Vieira, um dos mais importantes de Salvador, foi, posteriormente, para a Faculdade de Direito da Universidade do Rio de Janeiro, tornando-se bacharel em 1935.[4]

Mesmo antes de conseguirem o diploma, os futuros bacharéis já se lançavam à atividade jornalística e literária. Segundo o historiador Paulo Santos Silva (2000), essas profissões eram o estágio inicial de uma carreira que se orientava para a política ou para os poucos cargos públicos disponíveis. Tais posições, no entanto, eram cada vez mais escassas, uma vez que a Revolução de 1930 cassou e exonerou diversos opositores do novo regime na Bahia, inclusive os pertencentes às elites locais. Desse modo, como aponta Silva (2000: 17), os intelectuais baianos, entre 1930 e 1945, eram "a própria classe dirigente na dupla tarefa de se dedicar às letras e à atividade política". Jorge Amado e Edison Carneiro, de fato, se dedicaram com afinco a uma e à outra.

---

4   Informação extraída da biografia do autor no site da Academia Brasileira de Letras (junho de 2009).

De acordo com as informações dos biógrafos de Edison Carneiro, seu pai mantinha fortes ligações com uma das principais famílias que dominavam a política baiana. O professor Souza Carneiro tinha representativa atuação política, participando:

> das lutas políticas da Bahia, integrado ao grupo liderado por Seabra, havendo sido um dos mais ardorosos e cáusticos críticos das pretensões eleitorais de Ruy Barbosa, através de inflamados discursos e violentos artigos nos jornais locais, durante os anos 20 (Lima e Oliveira, 1987: 26).

O irmão de Edison, Nelson Carneiro, foi mais longe: seguiu carreira política como fiel discípulo do ex-governador J.J. Seabra, para tornar-se seu braço direito. Dessa feita, quando o político descontente com o lugar reservado para ele após a Revolução de 1930, se opôs ao governo de Juraci Magalhães (o tenente interventor nomeado por Getúlio Vargas para a Bahia), Nelson Carneiro teve papel fundamental: publicou um conjunto de documentos em forma de denúncia, sob a orientação de J.J. Seabra, intitulado *Humilhação e devastação da Bahia (análise documentada da administração do Sr. Juraci Magalhães reunida e anotada por Nelson de Souza Carneiro)* (1993). Seabra representava a única facção política baiana a dar apoio à Aliança Liberal[5] (Silva, 2000: 25), estando desde 1924 na oposição aos grupos de Otávio Mangabeira e do ex-governador Francisco Marques de Goés Calmon. Mas se esses dois grupos eram os responsáveis pela composição política que governava a Bahia em 1930, pouco adiante Seabra se uniria a eles com o propósito de combater a indicação de Juraci Magalhães, feita pelo presidente

---

5   A Aliança Liberal foi a plataforma política pela qual se lançaram à presidência da República Getúlio Vargas, do Rio Grande do Sul, e como vice-presidente, João Pessoa, da Paraíba, culminando, após uma série de acontecimentos, com a Revolução de 1930 (Fausto, 2004: 319).

Vargas, para governar o Estado da Bahia: "Com a indicação de Juraci Magalhães, as heterogêneas facções políticas baianas uniram-se na resistência ao seu nome" (Silva, 2000: 29). De acordo com Silva (*ibidem*), são alguns integrantes destas facções, unidos pela experiência política do que veio a ser chamado de "autonomismo baiano[6]", que vão se dedicar a realizar estudos sobre a história da Bahia, num discurso que evoca, principalmente, a importância de suas elites. Para isto, tais autores ocupam lugares institucionais importantes, como o Instituto Geográfico e Histórico da Bahia (IGHB), a Academia de Letras Baiana (ALB) e alguns periódicos.

Mas nem Edison Carneiro, nem Jorge Amado seguiram a carreira reservada aos filhos das elites locais, ainda que o escritor reconheça no professor Souza Carneiro uma figura expressiva, que contribuiu muito para suas concepções políticas. Em artigo publicado no jornal *A Tarde*, próximo do centenário de nascimento do professor, Amado (*apud* Talento e Couceiro, 2009: 44) afirmaria que "entre os mestres que nos ensinaram a amar o nosso chão e lutar pelo nosso povo, encontro na primeira fila o professor Souza Carneiro" . Politicamente envolvidos com o comunismo, ambos se distanciavam a passos largos das opções políticas e estéticas encampadas pelas elites baianas. O movimento literário *Academia dos Rebeldes*, liderado pelo "poeta maldito" Pinheiro Viegas, e do qual participaram Carneiro e Amado, foi um marco nessa trajetória de distanciamento. As declarações de Jorge Amado sobre a experiência da *Academia dos Rebeldes* reforçam uma leitura que imputa às letras baianas a divisão entre um Brasil fictício e um Brasil "real" e, em

---

6   "No caso da Bahia dos anos 1930 e 1940, o discurso historiográfico comportou pronunciado comprometimento com uma determinada estratégia política: a de retomada da autonomia do Estado para conforto e bem estar de suas elites dirigentes" (Silva, 2000: 19).

consequência, entre escritores mais ou menos comprometidos com o "povo":

> A Academia dos Rebeldes foi fundada na Bahia em 1928 com o objetivo de varrer com toda literatura do passado... sem dúvida concorremos de forma decisiva – nós os Rebeldes, e mais os moços do Arco e Flexa e os do Samba – para afastar as letras baianas da retórica, da oratória balofa, da literalice, para lhe dar conteúdo nacional e social na reescrita da língua falada pelos brasileiros. Fomos além do xingamento e da molecagem, sentíamo-nos brasileiros e baianos, vivíamos com o povo em intimidade, com ele construímos, jovens e libérrimos nas ruas pobres da Bahia (Amado, 1992: 85).

A experiência junto a este círculo literário, que implicava a oposição entre uma literatura de "oratória balofa", que estaria encarnada no IGHB e na ALB, e a da "língua falada pelos brasileiros", estimulava nesses jovens intelectuais uma "descoberta do povo", do convívio, em busca das raízes nacionais e regionais ainda não encontradas pela retórica baiana, preocupada apenas com a história das elites. Há um paralelo muito evidente entre Jorge Amado e Edison Carneiro no movimento de "descoberta do povo", já que ambos são marcados por um engajamento político, de um lado, e pela busca de uma aproximação junto à população mais pobre da Bahia, de outro. A expressão de que faço uso entre aspas indica o termo utilizado por Peter Burke para descrever uma situação semelhante que se estabeleceu em algumas regiões periféricas da Europa em meados do século XVIII.[7] Esta situação levou alguns intelectuais e outras pessoas, chamadas por Burke

---

7   Retomamos aqui a referência de Peter Burke: "Em suma, a descoberta da cultura popular fazia parte de um movimento de primitivismo cultural no qual o antigo, o distante e o popular eram todos igualados" (Burke, 1989: 40).

de mediadores, a registrar manifestações literárias, orais, religiosas e outras, temendo pelo seu desaparecimento frente ao crescimento de grandes cidades e à migração das populações camponesas (1989: 43).

Embora não seja manifestação exatamente camponesa, mas de habitantes de uma cidade em crescente urbanização, não parece ser outro o objetivo de Edison Carneiro, ao discorrer sobre a *Capoeira Angola*, no livro *Negros Bantus*, na década de 1930. Depois de descrever vários aspectos do jogo, vestimenta, canções, locais da prática etc., ele finaliza melancólico, pois embora a capoeira revele enorme vitalidade, acredita que o "progresso dar-lhe-á (...) mais cedo ou mais tarde, o tiro de misericórdia" (1937: 160). Talvez pelo fato de o campo historiográfico baiano estar tão ancorado à história das classes superiores na década de 1930, caberá à antropologia financiar intelectualmente sua "descoberta do povo". Finda a aventura frustrada de subliterato, Edison Carneiro, que desde 1933 era jornalista e estudante de Direito, começa "a interessar-se pelos estudos sobre o negro" (Lima e Oliveira, 1987: 24), que também haviam estimulado durante certo tempo o empenho paterno.[8] Por essa razão, em 1934, participa do 1° Congresso Afro-Brasileiro de Recife,[9] organizado por Gilberto Freyre e, três anos depois, ele mesmo se une à comissão organizadora do 2° Congresso, realizado em Salvador.

Nas memórias deixadas em *Navegação de Cabotagem*, Amado (1992: 236) exalta em mais de um momento o pioneirismo de Edison, afirmando, entre outras coisas, que "Todos nós fomos levados às casas-de-santo por sua mão de iniciado". Este "nós" também inclui

---

8   Em 1937, Souza Carneiro publica *Os mitos africanos no Brasil* (Lima e Oliveira, 1987: 25).

9   Apresenta ali dois trabalhos: "Situação do negro no Brasil" e "Xangô" (*ibidem*). Depreende-se dos títulos que as preocupações políticas e religiosas já faziam parte de seu posicionamento em meio à intelectualidade.

Arthur Ramos, com quem Carneiro e Amado, aparentemente,[10] tem o costume de visitar terreiros. A contraditória e complexa associação entre a militância comunista e a religião acompanha Jorge Amado e Edison Carneiro durante as décadas de 1930 e 1940. Embora sem o respaldo de declarações de Carneiro, sabe-se que além das publicações de livros, que contaram com o apoio de Arthur Ramos, e da organização do 2° Congresso Afro-Brasileiro, ele realiza uma série de reportagens para o *Estado da Bahia*, com intuito de acabar "com o espantalho que ainda eram, para as classes chamadas superiores da Bahia, os candomblés" (Carneiro, 1980: 44-5). Além disso, à medida que aprofunda suas pesquisas de campo, também faz reportagens sobre a capoeira e samba.

Unindo sua militância comunista à "descoberta do povo", Edison Carneiro opta pela defesa da liberdade religiosa, sustentada teoricamente por suas incursões etnográficas. Jorge Amado (1992: 236) destaca que o etnólogo, como "pioneiro, marcou com as cores políticas da esquerda o mistério dos axés. Não por acaso, quando os inimigos da democracia estabeleceram a ditadura do Estado Novo, os candomblés foram abrigos de perseguidos, esconderijos de comunistas. O próprio Edison encontrou refúgio no peji de Oxum, no Opô Afonjá". A instabilidade política terá consequências sobre a vida de Edison Carneiro, como deixam claras as cartas que troca com Arthur Ramos, entre 1936 e 1938. Além do risco de prisão, havia a impossibilidade de exercer continuamente o jornalismo, o que o coloca diversas vezes em precária situação financeira."

---

10 Matizamos a afirmação, pois embora Jorge Amado o mencione em suas memórias, Waldir Freitas coloca o fato em dúvida (Lima e Oliveira, 1987: 25).

11 Há várias cartas em que Edison Carneiro solicita apoio financeiro do amigo, por estar "absolutamente na tanga". Em 06 de junho de 1936, ele se desculpa a Arthur Ramos: "Eu ia lhe mandar uma notas sobre a capoeira, mas a miséria... ela me fez, para ganhar uns cobres, cometer um artigo

Algumas cartas mencionam expressões como "dei uma escapada à Bahia" (Carta de 27 de janeiro de 1936), às quais, segundo Vivaldo da Costa Lima, revelam que o autor sabia que sua correspondência era censurada. Desde o início de 1936, operava a Comissão Nacional de Repressão ao Comunismo, na esteira dos levantes organizados pela Aliança Nacional Libertadora e na Bahia. Carneiro é mencionado como foragido da polícia em pelo menos um telegrama passado pelo Coronel Antonio Fernandes Dantas, comandante da Região Militar ao Ministro da Guerra, General Eurico Dutra, a 09 de novembro de 1937 (Lima e Oliveira, 1987: 92-3).

Carneiro foi uma das principais fontes de informações para Arthur Ramos e o principal cicerone de Ruth Landes em sua pesquisa, realizada no fim da década de 1930. A síntese de sua atuação entre o que considerava serem atividades políticas e científicas, está expressa na avaliação do 2° Congresso Afro-Brasileiro, mencionada no 1° capítulo: "Teve assim, o Congresso da Bahia, uma dupla fisionomia: foi um certame popular, ao mesmo tempo que foi um certame científico. Homens de ciência e homens do povo se encontraram ombro a ombro" (Carneiro, 1980: 46).

Uma apreciação de Jorge Amado sobre sua própria militância política, sua participação em rituais do Candomblé e sua luta pela liberdade religiosa pode ser percebida pela resposta que busca na boca de seu personagem Pedro Archanjo. Este, em *Tenda dos Milagres* (1969), afirma sobre a relação entre militância comunista

---

sobre a Capoeira de Angola, que 'O Estado da Bahia' publicará brevemente..."(*ibidem*: 115). Em outra ele comenta: "Mas, voltando à vaca fria, estes três meses em que estive fora da cidade me arruinaram totalmente o pobre, o minguado, o deficitário orçamento. Para conseguir o trabalho de Hércules de reequilibrá-lo, estou precisando de um favor seu..." (01 de agosto de 1938, In: Lima e Oliveira, 1987: 168).

e religião: "meu materialismo não me limita".[12] O escritor defende, nesse sentido, uma maior tolerância religiosa[13] em obras como *Jubiabá* (1935), chegando a ser responsável pela criação da emenda que garantiu a liberdade religiosa, quando deputado federal na Assembleia Constituinte pelo Partido Comunista, em 1946. O ato que lhe custou certa astúcia, revelando como era vista a relação com a religião por outros colegas de partido:

> Se eu a houvesse levado à bancada ou ao conjunto da direção, jamais teria obtido autorização para apresentá-la: sendo a religião o ópio do povo, droga ainda pior era o candomblé, barbaria primitiva, incompatível com o socialismo, nossa meta. Quanto a mim, na opinião de vários camaradas, escritor imoral, não passava de pequeno-burguês portador de sérios desvios ideológicos (Amado, 1992: 72).

O escritor, que no início da década de 1930, "era ainda alguém que se buscava, um observador de todas as correntes que surgiam" (Ramos, 2000: 35), tal como indica seu personagem Paul Rigger em *O país do Carnaval* (1931), logo mergulhou na militância no Partido Comunista Brasileiro, buscando igualmente sua correspondência estética no plano de uma literatura proletária. O romance *Cacau*, de 1933, marca para a crítica Ana Rosa Ramos (2000: 36), o momento em que sua "literatura torna-se uma arma de combate político". A forma de um romance capaz de conscientizar as

---

12 "Meu materialismo não me limita, respondeu Pedro Archanjo na tenda dos milagres, quando o intelectual estranhou que um materialista exercesse funções de babalaô de candomblé – aqui repito a afirmação do sábio do povo, pardo, paisano e pobre, ao reafirmar meu materialismo imune ao vírus da aids ideológico" (Amado, 1992: 302).

13 Novamente em suas memórias, afirma: "Menino de quatorze anos, comecei a trabalhar em jornal, a frequentar os terreiros, as feiras, os mercados, o cais dos saveiros, logo me alistei soldado na luta travada pelo povo dos candomblés contra discriminação religiosa..." (Amado, 1992: 71).

massas para a revolução foi desenvolvida durante boa parte do período que se estende até a publicação da trilogia *Os subterrâneos da liberdade* (1954). Outra maneira de situar o quadro de referências que dava sentido às intenções de Jorge Amado em sua literatura, é a opinião que tinha a respeito de um dos mais importantes movimentos culturais da época. Assim, sobre o modernismo de 1922, ele é veemente:

> nada tínhamos a ver com o modernismo, nossa geração não sofreu qualquer influência do modernismo – um movimento regional de São Paulo que teve pequena influência no Rio e quase nenhuma no resto do país, e pequeníssima no Rio Grande do Sul (Raillard, 1990: 52-3).

Para o escritor, o modernismo é um "movimento de classe que nasce na órbita dos grandes proprietários de café" (*ibidem*: 57), e que se utiliza dos grandes jornais da burguesia paulista para sua divulgação, sendo constituído por "pessoas que tinham grande desconhecimento do povo" (*ibidem*: 58), com raras exceções. Embora admire a obra *Macunaíma*, de Mário de Andrade (1928), critica o fato de que nesse livro há "uma língua inventada, não... a língua do povo..." (*ibidem*), concluindo que: "A coisa, no fundo, não é tão extraordinária: o modernismo foi uma revolução formal, mas do ponto de vista social não trouxe grande coisa. Trouxe uma certa ideia de nacionalismo, um nacionalismo de direita e um nacionalismo de esquerda..." (*ibidem*: 59).

Como apontado por Ilana Goldstein (2000), a crítica de Jorge Amado incide, principalmente, sobre a postura dos modernistas frente à cultura popular, marcando importante diferença com relação às obras de escritores do Nordeste que publicam no mesmo período: "O fato de Mário de Andrade ser um erudito transparece claramente na forma como lida com a cultura popular e o folclore; para ele, o criador nunca pode se esquecer que está trabalhando em área culta que usa do popular, mas que não se transforma em popular" (*ibidem*: 94). Contrariamente, para o escritor baiano, quanto mais os livros tivessem o efeito de linguagem do povo, como se fosse o povo falando, maior a realização do escritor. E aqui reencontramos a proximidade entre Amado e Carneiro, pois, como afirma Rossi (2004: 44), estudioso das obras de Amado da década de 1930: "O romance, entendido pelas qualidades de depoimento e fotografia do mundo social, encontrou na linguagem sociológica repertório temático e expressivo, separando literatura e ciências sociais uma linha bastante tênue e porosa".

Ao mesmo tempo em que os romances deveriam ser expressos na linguagem popular, deveriam ser mensagens que mobilizassem as pessoas politicamente, o que se realizará, segundo o escritor, somente após a Revolução de 1930, quando surge um "movimento conhecido como o 'romance de 30', portador de uma literatura que vem tratar dos problemas do povo e de uma escrita baseada na língua falada no Brasil" (Raillard, 1990: 60). Numa interpretação de inspiração materialista, é no romance de 30 que Amado se reconhece como agente histórico, criando uma literatura estritamente associada com os ideais da Revolução de 1930, para ele, uma revolução popular, amparada por uma crescente mobilização em todo país.

A configuração do perfil intelectual de Amado e Carneiro, inicialmente como jornalistas e depois como escritor e etnógrafo, respectivamente, combinando-se à militância política comunista, nem sempre facilitou suas vidas do ponto de vista financeiro. Os próprios intelectuais que se filiavam às correntes políticas tradicionais da Bahia já encontravam grandes dificuldades para conseguir cargos públicos e nas instituições oficiais, como aponta estudo de Paulo Santos Silva (2000). Em relação a Edison Carneiro, conta-nos Amado que:

> O mais pobre de todos nós [da Academia dos Rebeldes] seria Edison Carneiro, membro de família numerosa. O pai, professor Souza Carneiro, catedrático da Escola Politécnica, mal ganhava para as despesas inadiáveis da prole, consta que jamais pagou aluguel da casa dos Barris – nós a intitulamos de Brasil, por imensa e suja – com sótão e jardim onde vivia com a mulher e os filhos: todos vestidos com batas de professores da Politécnica, arrebanhadas pelo catedrático (Amado, 1992: 426).

Os biógrafos de Edison confirmam tal fato, ao mencionarem a relação de bens e dívidas existente no inventário, realizado após a morte do pai: "Nenhum bem de raiz, móveis, veículos. Nada conseguira acumular na vida o professor que, aparentemente, investiu todos seus recursos na educação dos filhos (...)" (Talento e Couceiro, 2009: 40). O investimento do pai de Edison, para Talento e Couceiro, permitiu ao jovem bacharel manter-se por meio das atividades de jornalista, função que exerceria, combinada com outras, até o fim da vida.

Além do jornalismo, a etnografia e o folclore foram as duas principais atividades em que Edison se ocupou, iniciadas com as publicações de *Religiões Negras* (1936) e *Negros Bantus* (1937). Ambos os livros foram publicados no Rio de Janeiro, com apoio de Jorge Amado e Arthur Ramos, o primeiro facilitando a apresentação do etnólogo a este último, que publicou seus primeiros livros, quando dirigia a coleção "Biblioteca Científica" da Editora Civilização Brasileira. Na foto abaixo, o jantar em comemoração ao lançamento de *Religiões Negras*, mostra a coesão entre os membros da *Academia dos Rebeldes*, comemorando o êxito de Carneiro.

Figura 7. Jantar oferecido a Edison Carneiro, por seus amigos, em 27 de novembro de 1936. Sentados, da esquerda para direita, vemos Azevedo Marques, jornalista do Estado da Bahia, João Cordeiro, Edison Carneiro, Jorge Amado e Clóvis Amorim. De pé, no mesmo sentido, Aydano do Couto Ferraz e Alves Ribeiro. Com exceção de Marques, todos os demais participaram da *Academia dos Rebeldes*.

O problema de manter-se financeiramente na Bahia, tendo que exercer várias funções, parece ter contribuído para a migração de Carneiro para o Rio de Janeiro, em 1939. Um exemplo desta dificuldade está em carta enviada por Carneiro a Arthur Ramos em 17 de janeiro de 1938: *"Mestre Aydano* já se desiludiu da Bahia. Quer se jogar para Rio. Mas *elle tem uma vida complicada, like me. Não tem dinheiro..."* (Lima e Oliveira, 1987: 171). Para seus biógrafos, podem ter concorrido para sua mudança ao Rio de Janeiro, tanto fatores econômicos e políticos (a perseguição sofrida, que seria, paradoxalmente, menor na capital), como pessoais, pois lá "estavam vários amigos como Aydano do Couto Ferraz, Jorge Amado e Arthur Ramos, além do irmão Nelson Carneiro" (Talento e Couceiro, 2009: 113). Por fim, o contínuo relacionamento travado com Ruth Landes ao longo de sua pesquisa de campo na Bahia, segundo alguns, com consequências amorosas (Corrêa, 2004: 40), também parece ter sido importante, seja pelos motivos íntimos especulados, ou por reforçar o trânsito junto aos círculos intelectuais. Um indicador do primeiro motivo seria a data de sua partida para o Rio de Janeiro, ocorrida logo em seguida à da antropóloga, enquanto que em justificação ao segundo motivo, temos a interessante imagem de Edison Carneiro no pátio do Museu Nacional, ao lado de alguns expoentes da antropologia da época:

Figura 8. Da esquerda para a direita, Edison Carneiro, Raimundo Lopez, Luiz de Castro Faria, Heloísa Alberto Torres, Claude Lévi-Strauss, Ruth Landes e Charles Wagley. Imagem de 1939. Acervo MAST/MCT.

Mariza Corrêa (2002) publicou um trecho de carta em que Landes comenta a situação que deu origem a esta fotografia: "D. Heloísa a encomendou porque nós três estrangeiros íamos partir logo – Lévy-Strauss e eu para Nova York, Wagley para Mato Grosso, acho – e ela queria uma lembrança... D. Heloísa nos fez escrever nossos nomes nas costas de cada cópia...". Edison Carneiro, que aparece lateralmente na foto, talvez um tanto deslocado, havia chegado recentemente ao Rio de Janeiro. É possivel que tenha sido levado por Landes para o encontro.

Jorge Amado já havia partido para o Rio de Janeiro no início da década de 1930, para cursar a Faculdade de Direito. Estabelecendo-se como escritor, ainda que com eventuais colaborações em jornais locais, iria afirmar-se cada vez mais com os proventos recebidos por tal atividade. Amado contava ainda com o apoio do pai, que, diferentemente do pai de Carneiro, pode financiar o início de sua carreira: "a estreia em livro custou-me parte considerável das mesadas remetidas de Ilhéus pelo coronel João Amado" (Amado, 1992: 183).

A pecha de escritor comunista, com livros censurados pelo Estado Novo, parece ter impulsionado o efeito das vendas de seus primeiros títulos, como no caso do romance proletário *Cacau* (1933), em que "esgotou em quarenta dias a edição de dois mil exemplares: a proibição de venda por subversivo, decretada pela polícia carioca, ajudou o sucesso de público" (*ibidem*: 183). Foi tanta a confiança no desenvolvimento de sua autonomia como escritor que, na década de 1940, como menciona Ana Rosa Ramos (2000: 39), "Amado insiste em diferentes artigos sobre as condições necessárias para a autonomia do ofício de escritor, liberando-o de toda tutela, porque o mercado literário e artístico já tinha atingido um público consumidor capaz de assegurar essa autonomia". Havia, portanto, a confiança de que o escritor poderia alcançar a autonomia baseando-se apenas no mercado consumidor, e mais distante da tutela do Estado e de instituições como por exemplo, o IHGB e a ABL.

Encerrando esse percurso pelas trajetórias políticas de Jorge Amado e Edison Carneiro, vale agora enfatizar aquilo que seria a experiência marcante para a geração do escritor e do etnólogo. Apoiando-se em declaração da escritora Rachel de Queiroz, Amado (*apud* Goldstein, 2000: 96) concordava que "o que foi decisivo para nós foi a revolução de 30, que representava um interesse pela realidade brasileira que o modernismo não tinha". Esse interesse pelo "Brasil real" era operado pela atenção às características populares e locais da Bahia, numa passagem que sempre ia do regional ao nacional (*ibidem*).

A afirmação de Amado é condizente com a análise de Candido (1984: 30), que observa na Revolução de 1930 um eixo e um catalisador das experiências que ocorriam de maneira dispersa desde a década de 1920. Seria o que o crítico paulista chama de um "sopro do radicalismo intelectual" que abriu espaço também para as "literaturas regionais", como o romance do Nordeste, "considerado naquela altura pela média da opinião como o romance por excelência". Tanto os livros de Jorge Amado, como o crescente interesse de Edison Carneiro pelo folclore tomavam essa direção, assumindo a imagem do negro e a noção da miscigenação como o cerne de suas descrições e explicações:

> Não nos aproximamos sequer, das margens do grande rio de alegria e de beleza que o escravo, com suor e sangue, fez surgir no cenário de seus sofrimentos. Mas o rio corre – e um dia se misturará definitivamente a todas as águas que formam a nacionalidade brasileira (Carneiro, 1957: 86).

A par da experiência política da revolução de 1930, explosiva para a geração de intelectuais baianos (enfocados aqui por Jorge Amado e Edison Carneiro), a obra de Gilberto Freyre também ocupa importante lugar:

> Ligam-me a Gilberto Freyre estima e admiração, não fui vassalo de sua corte mas tive plena consciência da significação de Casa Grande & Senzala apenas publicado em 1933 e a proclamei aos quatro ventos: em suas páginas

aprendemos porque e como somos brasileiros, mais que um livro foi uma revolução (Amado, 1992: 45).

Da mesma forma que reconhece a importância do autor pernambucano e sua obra, Jorge Amado deixa clara sua autonomia intelectual em relação ao caráter aristocrático de Freyre. A crítica embutida a um tipo de relação de superioridade que Freyre poderia estabelecer com outros intelectuais, descrita por Amado como "vassalagem", pode estar relacionada com a certa "submissão" de outro escritor da época: José Lins do Rego. Admirado por Amado, o autor de *Menino de Engenho* estava incluído no "clã" de Freyre, ao lado do pintor Cícero Dias, como mencionam Maria Lúcia Pallares Burke e Peter Burke (2009: 67). No retrato intelectual que realizam sobre Freyre, eles mencionam que, após ter retornado de seus estudos fora do país na década de 1920, pelo menos uma vez, o sociólogo se referiu a tais amizades intelectuais como "minha coterie" (*ibidem*: 66).

Creio que a declaração de Amado, em que tenta equilibrar a importância da obra de Freyre e minimizar o caráter aristocrático do autor, poderia ser aceita por Edison Carneiro, muito embora a proximidade com Arthur Ramos – que disputava com Freyre a hegemonia teórica dos estudos sobre o negro –, e os conflitos em torno dos Congressos Afro-Brasileiros tenham criado uma breve rivalidade. Como participantes de uma geração que transigiu, com a magia dos candomblés, o estrito materialismo comunista e pintou, com as cores da esquerda, os axés, Edison Carneiro e Jorge Amado consolidaram outras opções que não aquelas diretamente envolvida com o "autonomismo" das elites baianas.

Essa negação, que teve, na "descoberta do povo", sua compreensão de sociedade civil e, no comunismo, sua expressão política entendida em sua dimensão institucional, ganhou dois caminhos: o científico, professado por Edison Carneiro, e o artístico, desenvolvido pela literatura amadiana. A semelhança entre seus objetivos é o que permite traçar uma linha imaginária que une ambas as pessoas e trajetórias, enquanto a diferença de ênfase no tipo de conhecimento, antes reforça seus discursos, distribuindo certa imaginação da Bahia e do negro, que pretende alcançar níveis nacionais.

Descobrir o povo, em especial o povo negro e mestiço, refundar a literatura na língua que acreditavam falarem os brasileiros, contar a história do país a partir dos personagens pobres da Bahia, apoiando sua organização em associações ou conscientizando-o de sua condição proletária, enfim, imaginar a nação, afirmando peremptoriamente a especificidade local, em notas populares: a partir dessas características, podemos melhor compreender o lugar do povo e desses intelectuais. Assim, também podemos discutir uma das amizades que efetiva o elo com a cultura popular. A partir de 1936, Samuel Querido de Deus, pescador e capoeira, começa a transitar entre o romance amadiano e a etnografia de Carneiro.

## A capoeira como representação de rebeldia e resistência na cidade do Salvador

Pode-se tentar reconstruir um pequeno perfil de Samuel Querido de Deus, em 1937, a partir das seguintes citações:

> Querido-de-Deus... chegou hoje dos mares do sul, de uma pescaria. O Querido-de-Deus é o mais célebre capoeirista da cidade. Quem não o respeita na Bahia? No jogo de capoeira de Angola ninguém pode se medir com o Querido-de-Deus.
>
> O maior capoeirista da Bahia afirmam-me os negros ser Samuel 'Querido de Deus', um pescador de notável ligeireza de corpo.

> O Querido-de-Deus, que era um pescador valente e um capoeirista sem igual, também acreditava neles [os deuses negros da África], misturava-os com os santos dos brancos que tinham vindo da Europa.
>
> E ali mesmo [no Clube de regatas do Itapagipe], durante toda uma manhã, o melhor grupo de capoeiras da Bahia – chefiado por Samuel Querido de Deus e integrado pelo campeão Aberrê e por Bugaia, Onça Preta, Barbosa, Zepelim, Juvenal, Polu e Ricardo – exibiu todas as variedades da célebre luta dos negros de Angola.
>
> O Querido-de-Deus é um bom sujeito. Se Pedro Bala não houvesse aprendido com ele o jogo da capoeira de Angola, a luta mais bonita do mundo, porque é também uma dança, não teria podido dar fuga a João Grande, Gato e Sem pernas.

Num breve resumo das citações, percebe-se que Samuel Querido de Deus exercia a profissão de pescador, professava o sincretismo religioso e era um excelente praticante de capoeira, ninguém na Bahia podendo igualar-se a ele em destreza e agilidade. Junto à valorização de sua luta, encontramos outras qualidades, como bom sujeito e valente. Considerando um resumo de todas as citações, os trechos não se contradizem; assim, poderíamos defender sua origem comum em alguma crônica ou notícia de jornal do período. Mas os trechos têm origens e abordagens distintas, alguns de caráter etnográfico, elaborados por Edison Carneiro, e outros de perspectiva literária, realizados por Jorge Amado.

Ao provocarmos uma leitura conjunta desses fragmentos, com o objetivo de apontar a semelhança e a fusão entre eles, destacam-se dois aspectos. Um é o evidente compartilhamento de pontos de vista sobre características e qualidades de Samuel Querido de Deus, em especial sua destreza como capoeira. Foi nesses termos que ele apareceu no livro *Negros Bantus* (1937), para exemplificar a *Capoeira de Angola*; no livro *Capitães da Areia* (1937), para ensinar aos meninos de rua uma forma de defesa; e no 2° Congresso Afro-Brasileiro (1937), realizando uma performance das diferentes variedades da luta no Clube de Itapagipe. O capoeirista Samuel Querido de Deus ginga em diferentes linguagens, no ensaio, na ficção e no Congresso, aceitando ser, mas construindo também o exemplo da *Capoeira de Angola* na Bahia dos anos de 1930. Aceita ser exemplo, pois outro praticante de capoeira já gozava de fama no mesmo período, desafiando pelos jornais os valentes da Bahia a enfrentarem a sua capoeira: Mestre Bimba. Entretanto, Bimba não correspondia à capoeira imaginada por Amado e Carneiro. A capoeira que Samuel performatizava não era *dele*, ao contrário do que ocorria com Bimba, que afirmava ser sua criação aquilo que praticava. Antes, era coletiva e anônima, "célebre luta dos negros de Angola" jogada nas festas por um pescador valente, que se divertia após dias no mar. Por outro lado, Samuel também contribuiu para definir os limites da *Capoeira de Angola*. No 2° Congresso, chefiou o grupo na apresentação do Clube Itapagipe fora das feiras populares, espaço público por excelência das rodas no período. E Jorge Amado conta um caso em seu *Bahia de todos os Santos* (1945), de quando Querido de Deus se exibe para as filmagens de alguns cinegrafistas, a pedido do escritor (1945: 211).

O segundo aspecto da semelhança entre os textos é o que eles nos dizem a respeito da proximidade entre experiência etnográfica e literária. Antes de simplesmente situarmos os trechos nos dois campos, é relevante dar atenção à declaração de Rossi (2004: 68), segundo a qual Jorge Amado vai ao encontro dos estudiosos da Antropologia não apenas pela amizade com alguns deles, mas pelo evidente interesse na questão do negro:

> Para tanto, mesmo o "compromisso com a verdade" impregnado na sua literatura, acabou por alinhar seu processo de criação às práticas sociológicas e antropológicas,

coletando material e fazendo as vezes de "pesquisador". Só que ao invés de monografias ou estudos etnográficos produziu, principalmente, romances (Rossi, 2004: 68).

No mesmo ano em que Mestre Bimba desafiava os valentes da Bahia com sua *Luta Regional Bahiana*, impressionando a população local com suas vitórias fulminantes e ganhando espaço na imprensa local, Edison Carneiro circulava pela Bahia interessado "em encontrar traços negros bantus na Bahia" (Lima e Oliveira, 1987: 90). Na capoeira, seu principal informante foi Samuel Querido de Deus, a quem Carneiro agradece na introdução do livro. Podemos considerar a relação entre ambos nos limites de uma afinidade entre informante e pesquisador, sem grande envolvimento, a quem este se dirigia sempre que precisava acrescentar ou conferir certos dados. Tal atitude é muito distinta da proximidade com que Jorge Amado o trata, tanto como personagem de *Capitães da Areia* (1937), como em *Bahia de todos os Santos* (1945).

Um dos melhores exemplos da relação distante está na menção de Carneiro: "O maior capoeirista da Bahia afirmam-me os negros ser Samuel 'Querido de Deus', um pescador de notável ligeireza de corpo" (Carneiro, 1937: 159). Ao utilizar a categorização de "os negros", o etnógrafo efetiva o necessário afastamento entre a opinião dele e a de seus informantes. Igualmente, a denominação sugere a capoeira como prática exclusiva dos negros na Bahia, ou pelo menos como a instância mais legítima para afirmar sua habilidade. Edison Carneiro era oriundo de uma família negra, que ascendeu socialmente pelo mérito intelectual do pai e do avô (Couceiro e Talento, 2009: 39), mas costumava ser visto pelas pessoas dos candomblés como um "branco da Bahia" ou, como dizem seus biógrafos, "um mulato doutor" (Couceiro e Talento, 2009: 69).

De outra perspectiva, Ruth Landes também não esperava encontrar em Carneiro um mulato, uma vez que todas as cartas de recomendação vinham de colegas brancos. A pesquisadora, que realizou suas pesquisas sobre o Candomblé no Brasil entre 1938 e 1939, encontrou no etnólogo seu principal guia pelas ruas e mistérios de Salvador. Assim, a prolongada convivência compõe parte do texto, iluminando traços importantes da personalidade do antropólogo, na visão de uma estrangeira que vinha de uma experiência racial marcada pela segregação legalizada entre negros e brancos, mas que notava, na Bahia, como a origem pessoal era importante: "Em Edison encontrei um dos melhores exemplos da chamada 'classe alta'. Era um liberal, e até mesmo o consideravam um radical em certos círculos; mas absolutamente não era um homem do povo (...)" (Landes, 2002: 100). Em outro trecho, ao comentar a importância do Candomblé, lemos sua reprodução de uma opinião de Edison: "Não são materialistas... e, também nesse sentido, não são modernos. Os pretos são bons e afetuosos e até as relações e a filosofia do culto são afáveis (...) Parece que necessitam desse tipo de segurança. É de fato a única segurança deles" (Landes, 2002: 134). Para Edison, a era como um fator de segurança para a existência das pessoas pobres que elas se envolviam em manifestações como o Candomblé e a capoeira.

A capoeira também era vista como uma arma de defesa dos negros frente à sociedade. Não por outro motivo, Edison afirmava a Landes que na Bahia "tiraram-lhe o veneno, proibindo os golpes mais difíceis e violentos" (Landes, 2002: 138). Se o elemento de classe e "raça" parecia determinar seu distanciamento do capoeira Samuel Querido de Deus, ainda que sempre defendesse a ida do pesquisador ao local onde a manifestação popular se desenvolvia, sua militância comunista o estimulava a apoiar a organização coletiva dos capoeiras para a defesa de seus interesses, em associações civis. Carneiro vislumbrava os capoeiristas, assim como os candomblés, unidos em federações, ingressando na luta com o Estado a partir de uma organização coletiva. Tanto as observações de Landes (2002: 155), como as cartas enviadas por Edison a Arthur Ramos[14], deixam claras as suas intenções. Assim, com certa distância, de quem sabia não ser "homem do povo", mas um homem de ciência, Carneiro construiu sua relação com Samuel Querido de Deus. Ao mesmo tempo, sua militância política instava o intelectual Edison a agir como um organizador das vontades populares, vendo em cada manifestação uma semente a ser cultivada.

Em contraste com o etnólogo, Jorge Amado travou uma relação muito mais próxima e afetiva com Samuel Querido de Deus, como fica explícito em *Capitães da Areia* e *Bahia de todos os Santos*. No primeiro livro, o pescador é amigo dos capitães da areia, os meninos que moram nas ruas da cidade, vivendo de assaltos e pequenos golpes. Assim temos, com Samuel, o bom sujeito, que ensina capoeira aos meninos para que se defendam melhor. Em *Capitães da Areia* – e mesmo em *Jubiabá*, escrito dois anos antes –, a capoeira mostrada por Amado ainda possui todo seu veneno,[15] como arma de defesa dos mais fracos (Amado, 2008: 205). Apesar de valente, e ninguém a ele se igualar na capoeira,[16] Samuel é também uma pessoa cordial. Quando dois cinegrafistas amigos de Jorge Amado quiseram filmar um jogo de capoeira, foi ao pescador e a Juvenal que o escritor procurou. Após a luta, um dos que filmavam perguntou quanto deviam pela exibição:

> Samuel disse uma soma absurda em sua língua atrapalhada. Fora quanto os americanos haviam pago para vê-lo lutar[num outro momento]. O escritor explicou então que aqueles eram cinematografistas brasileiros, gente pobre. Samuel Querido

---

14 "Vamos fundar a União dos Capoeiras da Bahia, com os melhores capoeiristas da terra..." (Lima e Oliveira, 1987: 131).

15 Antonio Balduíno aprende a jogar capoeira para se defender de um menino mais forte (Amado, 1995: 29) e usa a capoeira para se defender de um ataque de navalha (*ibidem*: 59).

16 "...que venha qualquer um, e Samuel, o Querido de Deus mostra que ainda é o rei da capoeira na Bahia de Todos os Santos" (Amado, 1960: 235).

de Deus abriu os olhos num sorriso compreensivo. Disse que não era nada e convidou todo mundo para comer sarapatel no botequim em frente (Amado, 1960: 235).

Assim, Amado constrói a figura do velho pescador, o principal capoeirista exaltado por suas letras até a década de 1950, como alguém que encarnava as duas faces do que seria a capoeira, em sua visão: resistência dos mais fracos e cordialidade do povo baiano. Querido de Deus ainda seria lembrado nas reedições de *Bahia de Todos os Santos* como alguém próximo, parte do convívio do escritor, e há tanto tempo que, ao notar os primeiros fios brancos no cabelo do pescador, este passa a se perguntar: "Quantos anos terá? É impossível saber neste cais da Bahia pois de há muitos anos o saveiro de Samuel atravessa o quebra-mar para voltar dias depois, com peixe para a banca do Mercado Modelo" (*ibidem*: 235). Sempre se referindo ao pescador de maneira íntima, o escritor sublinha a sua inigualável condição, para além da habilidade como capoeira: "Sua cor é indefinida. Mulato, com certeza... Os ventos do mar nas pescarias deram ao rosto do Querido de Deus essa cor que não é igual a nenhuma cor conhecida, nova para todos os pintores" (*ibidem*: 234). Não deixa de ser interessante notar como, na própria caracterização fenotípica do amigo, Jorge Amado inscreva sua particularidade, deixando Samuel tão próximo do escritor.

O triângulo amistoso entre Jorge Amado, Edison Carneiro e Samuel Querido de Deus, sugere notáveis comparações que permitem vislumbrar de perto a relação que se estabelecia entre intelectuais e participantes da cultura popular baiana nas décadas de 1930 e 1940. Compartilhando a experiência política da Revolução de 1930 e do comunismo, ambos os intelectuais realizaram sua "descoberta do povo". No caso da capoeira, isso significou "descobrir" alguém como Samuel Querido de Deus (e não Bimba), considerado por eles a expressão da capoeira passível de ser imaginada como coletiva e imemorial. Assim, a capoeira de Samuel expressava a resistência que a geração "rebelde" procurava no povo baiano, a partir da memória da luta dos negros de Angola ou dos traços bantus na Bahia.

Até aqui, a etnografia e a literatura andaram de mãos dadas e só é possível perceber a diferença ao observarmos, enfim, qual o caráter da afinidade que estabeleceram com seu tipo ideal: o capoeira Querido de Deus. A partir de pequenos fragmentos e aproximações com outros exemplos, nota-se em Edison Carneiro um distanciamento maior do que de Jorge Amado. Enquanto aquele se dirige a sua fonte de informações e, no limite, ao seu objeto de estudo, este se aproxima todo o tempo, percebendo traços característicos até no fenótipo (sempre generalizado por Carneiro, sob a rubrica de "negros"). A diferença ainda não se esgota, pois se Carneiro adotou uma postura que, contemporaneamente, pode ser entendida como tutela, uma espécie de paternalismo travestido de apoio à organização popular, expresso nas tentativas de criar associações civis de capoeira e Candomblé, o escritor se deteve na tentativa de compreender o capoeira e suas atitudes, enaltecendo seus traços.

## O modernismo baiano e as rodas de capoeira: tudo misturado e com muito dendê

> "Capoeira eu aprendi, veio do meu mundo bem distante.
> O povo gosta dela e eu não esqueci,
> e bom exemplo dos brasileiros para outro horizonte"
> Mestre Pastinha, citado por Waldeloir Rego, 1968

A partir de meados da década de 1940, transformações importantes podem ser observadas na cidade de Salvador, dentre elas a configuração de uma nova geração de artistas e intelectuais, sendo alguns de origem local e outros que lá decidiram se estabelecer ou, como diriam alguns, se "baianizaram".[17] Pretende-se aqui discutir os contornos dessa nova geração e as relações que se estabeleceram com as manifestações populares baianas, em especial, a capoeira, para compará-la com a geração anterior. A hipótese aqui defendida é a de que intelectuais e artistas intensificam o padrão de sociabilidade com determinados representantes de manifestações populares nesse momento, aprofundando e diversificando a imaginação de uma Bahia popular-negro-mestiça, ao mesmo tempo em que contribuem para sua gradual incorporação nas políticas oficiais.

Em debate sobre a obra de Jorge Amado, ocorrido no ano de 1995, o artista plástico Mário Cravo chamou a atenção para algo que considerava muito evidente, mas pouco mencionado:

> É a relação de um intelectual, de um escritor, com os outros artistas plásticos de sua cidade. É uma coisa tão na cara: Jorge e nossa geração. Por exemplo, a amizade com Carybé, fortuita, que chega depois. Jorge levou um grande período da sua vida fora da Bahia. Sua atividade política fora do Brasil, seu retorno à Bahia, quando a nossa geração já estava andando como artistas plásticos. Então, houve uma espécie de reaproximação. E o que é fundamental, me parece, é vocês assistirem cinco, seis pessoas daqui dessa cidade extremamente ligadas, não só à cidade, como a um dos grandes, senão o maior intérprete dessa cidade, em termos de literatura, que é Jorge Amado (Bahia, 2000: 198).

A declaração de Mário Cravo,[18] ocorreu num debate sobre os ilustradores baianos dos livros de Jorge Amado, ao qual também es-

---

17  Voltaremos a este termo mais adiante, mas seria o caso de pessoas como o fotógrafo Pierre Verger, o pintor Carybé e o escritor Odorico Tavares, entre outros.

18  Mario Cravo Júnior nasceu em Salvador, Bahia em 1923. Escultor, gravador, desenhista, professor. Filho de um próspero fazendeiro e comerciante, executou suas primeiras esculturas entre 1938 e 1943, período em que

tavam presentes Jenner Augusto,[19] Carlos Bastos,[20] Calasans Neto,[21] Carybé[22] e Floriano Teixeira.[23] Sendo um dos primeiros artistas plásticos a se estabelecer com sua arte em meados da década de 1940, Cravo nos alerta em boa medida sobre o sentimento de geração desse grupo, ancorado em Jorge Amado, em sua literatura e inter-

> viajou pelo interior da Bahia. De volta a Salvador, em 1949, instalou ateliê no largo da Barra, que logo se tornou ponto de encontro de artistas como Carlos Bastos (1925-2004), Genaro (1926-1971) e Carybé (1911-1997). Em 1954, passou a lecionar na Escola de Belas Artes da Universidade Federal da Bahia – UFBA. Enciclopédia Itaú de Artes visuais. In: http://www.itaucultural.org.br/aplicExternas/enciclopedia_IC.
>
> 19 "Pintor, cartazista, ilustrador, desenhista, gravador. Reside em diversas cidades de Sergipe (...). Em 1949, muda-se para Salvador, e trabalha como assistente no ateliê de Mario Cravo Júnior. Nessa época, participa com Lygia Sampaio e Rubem Valentim da polêmica mostra Novos "Artistas Baianos", realizada no Instituto Histórico e Geográfico da Bahia". Enciclopédia Itaú de Artes visuais. In: http://www.itaucultural.org.br/aplicExternas/enciclopedia_IC.
>
> 20 "Pintor, ilustrador, cenógrafo. Inicia sua formação artística na Escola de Belas-Artes da Universidade da Bahia, onde ingressa em 1944 e assiste às aulas de João Mendonça Filho, Raymundo Aguiar e Alberto Valença. Nesse ano, participa, ao lado de Mario Cravo Júnior e de Genaro, da 1ª Mostra de Arte Moderna da Bahia". Enciclopédia Itaú de Artes visuais. In: http://www.itaucultural.org.br/aplicExternas/enciclopedia_IC.
>
> 21 "Pintor, gravador, ilustrador, desenhista, entalhador e cenógrafo. Estuda pintura com Genaro de Carvalho. Na Escola de Belas Artes da Universidade Federal da Bahia, UFBA, tem aulas de gravura com Mario Cravo Júnior". Enciclopédia Itaú de Artes visuais. In: http://www.itaucultural.org.br/aplicExternas/enciclopedia_IC.
>
> 22 Carybé, apresentado anteriormente, tem sua biografia detalhada adiante.
>
> 23 "Pintor, desenhista, gravador, cenógrafo. Inicia seus estudos de desenho, em São Luís, com Rubens Damasceno em 1935 e de pintura com João Lázaro de Figueiredo (1911-1981) em 1940 (...). Ilustra vários livros, destacando-se entre eles: *Dona Flor e seus Dois Maridos, A Morte e a Morte de Quincas Berro D'Água, O Menino Grapiúna* – todos de Jorge Amado". Enciclopédia Itaú de Artes visuais. In: http://www.itaucultural.org.br/aplicExternas/enciclopedia_IC.

pretação da cidade do Salvador. Mas note-se que o escritor já havia devolvido, no mesmo tom, as declarações generosas de Mário Cravo. Em *Navegação de Cabotagem*, diria que a "arte moderna da Bahia começou com ele [Cravo], com Genaro de Carvalho e Carlos Bastos, a esses primeiros se juntaram Carybé, Rubem Valentim, Mirabeau, Jenner Augusto, Hansen Bahia. Mário foi o mestre principal da geração que se seguiu a primeira leva revolucionária (...)" (Amado, 1992: 297-8). Não se colocando, nem sendo visto como parte da geração destes artistas modernos, o escritor é de grande importância para o grupo, tanto maior quando de sua volta para Salvador, após o declínio das atividades que exerceu no Partido Comunista.

Depois de um longo período fora da Bahia, apenas com visitas pontuais, Jorge Amado retorna definitivamente em 1963, após passar dois anos projetando e construindo sua casa no bairro do Rio Vermelho. Ainda que tenha feito viagens constantes ao longo da década anterior, a própria construção da casa pode ser entendida como um ato de reaproximação com a cidade e com os artistas, ou de acolhimento, como mencionado nas conversas com Alice Raillard (1990):

> Assim, esta casa foi realizada por ele [Gilberberto Chaves, jovem arquiteto baiano], por nós e pelos nossos amigos. Todos os azulejos que você vê são de Carybé, assim como a porta de batente duplo, de ferro forjado, que separa esta sala da varanda. Todas estas grades foram desenhadas por Mário Cravo e executadas em seu ateliê. Num quarto, para aquele lado, uma janela que dá para o interior da casa foi pintada por Jenner Augusto; algumas portas foram gravadas por Calasans Neto. E na porta de entrada, está embutido um paxorô de couro executado por um artesão local, segundo um desenho de Genaro de Carvalho. Enfim, todos os nossos amigos, os artistas baianos, participaram e colaboraram na decoração da casa (Raillard, 1990: 22).

O imóvel, segundo Amado um sonho antigo, foi construído com o dinheiro proveniente da venda dos direitos autorais do livro *Gabriela, Cravo e Canela* (1958) para a produtora norte-americana Metro Goldwin-Mayer, em 1960. Essa obra, para muitos, marca uma mudança significativa no tipo de literatura até então realizada pelo escritor baiano, rompendo com o "tom militante" presente em obras como *Suor* (1934) e entrando em uma "fase tropical", como afirma Lilia Schwarcz (2009: 39). Nessa fase, tem-se a impressão de que "tudo parece ter resultado da mistura: as culturas, as religiões, o sangue dos diferentes grupos, a história, as festas, as relações afetivas, a cultura popular, a culinária, as religiões..." (Schwarcz, 2009: 39), o que justifica a comparação que a autora estabelece com Gilberto Freyre, pois, se este foi o "pai da ideia" da miscigenação como algo positivo e característico do Brasil, Jorge Amado teria sido "seu grande artista e divulgador" (*ibidem*). A proximidade entre ambos, porém, também tem algumas fronteiras. Uma delas é bem ressaltada pelo antropólogo Jeferson Bacelar (2000), que concordaria com a comparação de Schwarcz, mas incluiria outra, relativa às consequências políticas diferenciadas abertas por cada obra:

> Embora sob a premissa da miscigenação harmonizadora (onde se iguala a Gilberto Freyre), outra é a perspectiva de Jorge Amado: são os dominados, o povo negro-mestiço, que delineiam a correnteza da vida social da Bahia. A sua democracia racial, afirmadora do negro como principal e preeminente personagem na construção do nosso processo civilizatório, aparece como desejo, vontade, premonição na busca de uma sociedade igualitária... O arquiteto que esboça uma casa sem portas, aberta para a solidariedade, o igualitarismo social e racial; ele dá voz ao oprimido e busca transcender, através de sua literatura – o que a realidade

inexoravelmente cruel não permite -, as barreiras de classe, raça, sexo e cultura (2000: 159).

Seguindo as considerações do próprio Jorge Amado (*apud* Raillard, 1990), tal mudança de fase em sua produção literária pode ser muito útil para nos conduzir a uma adequada compreensão da experiência política do escritor e de seus posicionamentos em relação a outros artistas e intelectuais na Bahia. Sobre a periodização que lhe imputaram alguns críticos, entre uma fase política e outra folclórica, Amado diz o seguinte:

> Construíram uma teoria, que foi retomada aqui por certas pessoas, segundo a qual minha obra se dividia em duas partes; uma anterior a Gabriela e outra posterior. É uma estupidez, uma bobagem total (...). Diziam que a obra se tornara folclórica, que era a negação da obra passada, não sei mais o quê, como se os elementos da vida, do folclore, não estivessem presentes em livros como Jubiabá, Mar Morto, a presença de Iemanjá, do candomblé, etc, ou em Capitães da Areia (...) (Raillard, 1990: 267).

Amado (*ibidem*) atribui tais críticas a uma corrente ligada ao Partido Comunista, inconformada com sua saída do quadro militante, após muitos anos de atividades. Além de ocupar cargos políticos, livros como *Os subterrâneos da liberdade* (1954) foram marcos do período em que se dedicou à militância, carregando as marcas do que o escritor chama de uma "visão de mundo stalinista", resumida num excessivo contraste entre o bem e o mal, e pouco atento às contradições e complexidades das relações humanas. A experiência política que naufraga sua dedicação a tal visão de mundo é a denúncia dos crimes de prisão e tortura cometidos pelo regime stalinista, que vem à público no XX Congresso do Partido Comunista, em 1956. Mas, segundo Amado (*ibidem*), esses fatos já eram comentados num congresso de escritores soviéticos, em 1954:

Para mim, o processo foi extremamente doloroso, e tão terrível que eu não gosto... sequer de me lembrar. Não acreditar em tudo mais que antes acreditara, naquilo pelo qual lutei minha vida inteira, da forma mais generosa, ardente, apaixonada e arriscada. E tudo isto estava afundando, você me entende? Aquele a quem víamos como um deus não era um deus, era somente um ditador...(...) E ia piorando cada vez mais, porque a cada dia eu ficava sabendo de mais. Foi naquele momento que comecei a lutar para voltar a ser o escritor, e não mais o militante político (*ibidem*: 141).

Se a elaboração do livro *Gabriela, Cravo e Canela* (1958), representa, de certa forma, o retorno de Jorge Amado à carreira de escritor, com "uma história de amor e moral" (Amado, 1994), que não deixa de lado os conflitos sociais,[24] a recepção à mesma obra foi duramente criticada pelos seus companheiros de partido, o que, em princípio, parece ter contribuído para distanciar o autor da militância, fortalecendo uma postura de aversão ao poder,[25] principalmente encarnado em instituições estatais e partidos:

---

24 Um exemplo é a descrição da fuga da seca pelos retirantes sergipanos, entre os quais se encontra Gabriela.

25 Ao mesmo tempo em que podemos compreender a concepção de poder de Jorge Amado pelas suas próprias declarações, podemos complementar com a menção de Norberto Bobbio, para quem é "Poder Social a capacidade que um pai tem para dar ordens aos seus filhos ou a capacidade de um Governo dar ordens aos cidadãos (...) Como fenômeno social, o Poder é portanto uma relação entre homens, devendo acrescentar-se que se trata de uma relação triádica. Para definir um certo poder, não basta especificar a pessoa ou grupo que o detém e a pessoa ou grupo a que ele está sujeito: ocorre determinar também a esfera de atividades a qual o Poder se refere ou a esfera do poder" (2000: 933-4). Creio que é possível dizer que a concepção de Amado converge com a definição de Bobbio, afirmando o fenômeno como um certo tipo de domínio sobre outro ser humano e que varia segundo a "parcela de poder", ou nos termos de Bobbio, de acordo com a "esfera de atividade a qual o Poder se refere". Amado diz se

o poder degrada tudo, corrompe, acaba com o homem. Dificilmente se resiste ao poder – chefe de Estado, ministro – ou mesmo a um pequeno poder de uma direção num partido, um cargo, uma posição (...). Vi tanta gente se transformar, a partir do momento em tiveram a menor parcela de poder... É o que eu mais temo no mundo, o poder é degradante, terrível, terrível (ibidem: 218).

Não se pode ignorar a grande relevância que a experiência de frustração política com o stalinismo provocou no já maduro escritor baiano. A expectativa de viver somente como escritor profissional, desenvolvida desde os anos de 1930, ganhou enorme fôlego após a descoberta das torturas e prisões no regime soviético. Seu retorno definitivo à Bahia, a posterior produção literária e mesmo sua relação com os representantes políticos do Estado, expressaram, em alguma medida, sua vontade de busca da arte e da sociedade civil como realização para as aspirações políticas.

Embora Jorge Amado não use o termo sociedade civil, parece útil pensá-lo a partir de uma conceituação sintética, na qual, em contraposição com o Estado, "entende-se por Sociedade civil a esfera das relações entre indivíduos, entre grupos, entre classes sociais, que se desenvolvem à margem das relações de poder que caracterizam as instituições estatais" (Bobbio, 2000: 1210). Por esse ângulo, parece mais claro o insistente apelo do escritor à força do povo, em relação com sua própria experiência política.[26]

---

opor a tal tipo de relação, entendendo-a como algo negativo, degradante da solidariedade humana.

[26] Esta afirmação se aproxima, em parte, da seguinte afirmação de Goldstein: "Creio que Jorge Amado desvencilha estado – governo, instituições, leis, economia – e nação – solidariedade, comunhão de valores, festas, valores culturais. Assim, consegue exaltar a nação imaginada e sentida, apesar dos problemas sócio-econômicos do Brasil real"(2000: 249). Apenas acrescento que a formulação como sociedade civil coloca a questão dos conflitos ou problemas socioeconômicos no cerne da nação

No romance *Tenda dos milagres*, de 1969, um dos preferidos de Amado, existem bons exemplos do grande valor dado às manifestações que se constroem à margem e em oposição ao Estado. Esse é, por exemplo, o caso da Universidade Popular do Tabuão, onde, no vasto território do Pelourinho, "homens e mulheres ensinam e estudam" (Amado, 2008: 11), pois "os professores estão em cada casa, cada tenda, em cada oficina" (*ibidem*: 12), possuindo também sua reitoria, localizada na Tenda dos Milagres. É nessa sede em que se encontra "Lídio Corró riscando milagres, movendo sombras mágicas, cavando tosca gravura na madeira; lá se encontra Pedro Archanjo, o reitor, quem sabe?" (*ibidem*: 15-6). A contraposição com o poder estatal, significativo em sua relação com a ciência, é demonstrada na comparação com outro local, onde "ergue-se a Faculdade de Medicina e nela igualmente se ensina a curar doenças, a cuidar de enfermos. Além de outras matérias: da retórica ao soneto e suspeitas teorias" (*ibidem*: 16).

Em certa correspondência com sua produção literária, Jorge Amado vai ampliar também sua circulação pela cidade de Salvador, misturando-se aos seus personagens, cada vez mais indistintos entre o universo real e ficcional. Ilana Goldstein (2000) chama a atenção para tal fato, exemplificado com certa solenidade, em discurso de posse na Academia Brasileira de Letras (ABL), em 1961:

> E quando aqui chego, chegam a esta casa, a esta tribuna, vestindo este fardão, pessoas simples do povo, aqueles meus personagens, pois é por suas mãos que aqui ingresso... Gente simples do povo, não sou mais do que ele, e se

---

imaginada, e não numa oposição entre real versus imaginada. Seguindo Anderson, podemos dizer que, de "fato, todas as comunidades maiores do que as aldeias primordiais onde havia contacto cara a cara (e talvez mesmo estas) são imaginadas. *As comunidades deverão ser distinguidas, não pelo seu caráter falso/genuíno, mas pelo modo como são imaginadas*" (grifo meu. 2005: 26).

os criei, eles me criaram também e aqui me trouxeram (Amado, 1961).[27]

Os personagens reais da Salvador em que Jorge Amado vivia, e que se transformaram em personagens literários, deixam poucas dúvidas do intenso trânsito do escritor junto aos representantes de várias manifestações populares, como é dito em *Navegação de Cabotagem*:

> Não menor o apanágio de ter merecido a amizade dos criadores da cultura popular da Bahia, de dizer irmão a Camafeu de Oxóssi, de haver sido mote para trova de cordel de Cuíca de Santo Amaro e de Rodolfo Coelho Cavalcanti, de possuir casarios de Willys, de Licídio Lopes, *de acompanhar Pastinha até a última roda de capoeira angola*, de ser sócio remido do afoxé Filhos de Gandhi (Amado, 1992: 95. Grifo meu).

A Alice Raillard (1990), o escritor justificou o reconhecimento popular e a intimidade com que era tratado nas ruas de Salvador a partir da honraria religiosa dada pelo Candomblé Axé Opô Afonjá, e não pela popularidade como escritor, construindo um plano de igualdade: "É nesse sentido que sou um obá, isto é, uma pessoa que o povo conhece, ama e respeita (...) é um respeito marcado por conhecimento e intimidade. As pessoas que o tem por Carybé, Caymmi o fazem para com as pessoas que são ligadas a eles, são gente deles, são como eles (...)" (Raillard, 1990: 81). Carybé e Caymmi são outros dois obás, com o título honorífico outorgado na mesma época.[28] O fato de pertencer tanto à

---

27 Disponível: em <http://www2.academia.org.br/>. Acesso em: junho de 2010.
28 Reginaldo Prandi (2009: 48) confirma que para as "pessoas com prestígio e visibilidade na sociedade, e que se mostram amigas e protetoras do terreiro, o candomblé atribui cargos honoríficos muito valorizados pelo povo de santo".

Academia Brasileira de Letras, como ao Conselho de Ministros de um Candomblé é valorizado por Jorge Amado como uma postura de integração entre hierarquias culturais. Para isto, o escritor se serve do mesmo princípio de mestiçagem que atravessa sua obra. A cidade de Salvador é um local privilegiado para demonstrar a mistura das raças, das classes e das culturas, sempre esboçadas a partir dos grupos mais pobres e destituídos de direitos, dos párias que se tornaram heróis, que povoam seus livros como pescadores, estivadores, pais-de-santo, capoeiras, prostitutas, imigrantes etc.

Apropriando-se, em alguma medida, das referências do escritor, considerado por muitos como um grande intérprete de Salvador, um vasto conjunto de artistas e intelectuais vai se estabelecer na cidade a partir de meados da década de 1940, ampliando o circuito de produção cultural da cidade e multiplicando as formas discursivas de temas como a mestiçagem e os sincretismos religiosos, além de outras manifestações populares como a capoeira, o samba, as festas populares etc. Conforme mencionado anteriormente, alguns autores como Risério, identificando tal efervescência com o surgimento da Universidade Federal da Bahia, em especial sob a direção do reitor Edgar Santos, chegam a defender a existência de uma *avant-garde* na Bahia, na década de 1950 (1995: 61). Outras visões, restringindo-se ao influxo do modernismo nas artes plásticas, vão identificar a importância do estímulo governamental:

> Iriam caber porém, ao governo Otávio Mangabeira (1947-1951), nessa questão servido pelo Secretário de Educação e Saúde, Anísio S. Teixeira, as medidas decisivas para que o movimento artístico baiano retomasse um ritmo vigoroso, não somente no campo da arquitetura e urbanismo como também na escultura, pintura e gravura (Salvador, 1954: s/p).

Este trecho, retirado de um "Álbum Comemorativo da cidade do Salvador" em homenagem aos quatrocentos anos de São Paulo, é muito útil para notar possíveis nexos entre as artes plásticas na Bahia e a retomada das posições de poder político pelas elites, perdidas desde a Revolução de 1930 e que deram origem a um movimento autonomista que uniu diferentes facções.[29] Para Amado (1961), que sucedeu Otávio Mangabeira na Academia Brasileira de Letras, o político "era a Bahia: o amor aos nobres ideais, a irredutível luta pela liberdade, a consciência democrática".[30] Nesta afirmação, se louva o imortal que o antecedeu, mas também se reconhece a autoridade e valores políticos do ex-governador. Dentre suas principais ações, estão a realização de exposições, como a do 1º Salão Baiano de Belas Artes, em 1949, que deu espaço para artistas baianos e de outras partes do país apresentarem seus trabalhos. Nomes que iriam compor o referido "círculo da baianidade" começam a se destacar publicamente nestes espaços, como Jenner Augusto,[31] mais dedicado a pintar paisagens da cidade, e Rubem

---

29 O movimento autonomista foi apresentado no primeiro capítulo, mas pode ser resumido nestas palavras de Silva (2000: 16): "Entre 1930 e 1945, expressivas lideranças políticas baianas foram afastadas dos centros de tomada de decisão pelo exílio, cassação de mandatos ou exoneração dos cargos do serviço público, circunstâncias que proporcionaram motivação e oportunidades para desenvolver trabalhos intelectuais. 1945, com a anistia e o fim do Estado Novo, foi o ano de retorno aos postos dirigentes, encerrando-se um ciclo de relativo desconforto. 1949 constitui o epílogo deste processo de retomada de posições e de vinculação entre os grupos dirigentes locais e os estudos históricos".

30 Discurso disponível em: <http://www2.academia.org.br/>. Acesso em: junho de 2010.

31 Na constante referência entre os membros do "círculo da baianidade", encontramos o comentário de Amado sobre a pintura do amigo em 1987, a partir de seus temas: "No incêndio da Feira de Água dos Meninos, no entardecer dos Alagados, no casario, na paisagem azul, no tabuleiro da cidade de Lagarto, onde menino, ele jogava futebol, em cada quadro seu,

Valentim, autor de obras carregadas com uma simbologia do universo afro-religioso.³² A partir dessas iniciativas é que vão se constituindo assim outras leituras da africanidade em território baiano.

Na mesma época, Jenner Augusto e outros artistas serão responsáveis por uma obra de grande visibilidade pública, encomendada por Anísio Teixeira, que então se assemelhava a um Capanema baiano:

> A renovação artística da Bahia continua. Presentemente, no Centro Educacional Carneiro Ribeiro, cinco grandes painéis estão sendo executados, tão grandes que seu tamanho terá que servir como atenuante, quando a crítica quiser apontar defeitos. Dois foram confiados a Jenner Augusto, um a Carybé, outro a Mário Cravo e o quinto a Maria Célia Amado Calmon, professora da Escola de Belas Artes (Amado, 1961).

Chamo a atenção para o fato de que todos os mencionados até então eram baianos, com exceção de Jenner e Carybé. Este último artista, veio residir definitivamente em Salvador por meio da sua recomendação ao então Secretário de Educação e Saúde da Bahia, em carta cheia de elogios, enviada por Rubem Braga:

> Anísio leu-a e deve ter ficado um momento sem saber o que fazer, Carybé em pé diante dele. A custo, a secretária encontrou um mapa colorido, ilustrado, que Anísio tinha guardado como exemplo, com vistas a futuros painéis nas escolas-modelos que estava construindo. Coincidência

---

Jenner Augusto é o irmão do homem, traz o sal e o pão".Enciclopédia Itaú Cultural de Artes Visuais. http://www.itaucultural.org.br/aplicExternas/enciclopedia_IC/index.cfm?fuseaction=artistas_criticas&cd_verbete=2178&cd_item=15&cd_idioma=28555.

32 Como a escultura "Templo de Oxalá", apresentada na 16° Bienal Internacional de Artes de São Paulo em 1977.

arretada: era uma folha de um Calendário Esso de autoria de Carybé (Silva, 1989: 141).

A chegada do pintor a Salvador, em 1946, com seu intuito de lá residir, exemplifica de maneira muito interessante o fascínio que a cidade exerceu sobre vários artistas e intelectuais no período do pós-guerra, como exemplo de convivência pacifica entre populações, classes e grupos muito distintas, mas que se encontram por meio da mestiçagem propalada pelas obras de Amado. Na expressão do escritor, foram vários os forasteiros "educados e amansados" (Amado apud Goldstein, 2000: 74) pela Bahia, "azeitados pelo mistério que escorre sobre a cidade como um óleo" (Amado, 1945: 31), tais como Pierre Verger,[33] Odorico Tavares[34] e Floriano Teixeira (ver nota 221). Membro de uma família de artesãos que emigraram da Itália,[35] Hector Júlio Bernabó viveu toda sua infância e adolescência no Rio de Janeiro e chegou a estudar na Escola de Belas-Artes em 1928, embora atribua a maior parte de seu aprendizado ao irmão

---

33  Chegado na mesma época de Carybé, Verger (1982: 239) comentou que o que lhe tocava na Bahia "eram, em contraste com os anos passados com os indiferentes índios dos Andes, a *cordialidade* reencontrada nas relações humanas. Ali encontrei alguns amigos conhecidos em outros lugares e atei sólidas e novas amizades: Carybé e Jorge Amado que celebram com o pincel ou a pena, *os felizes resultados da misturas das raças*".

34  Em reportagem de 1960, Tavares descreveu da seguinte maneira a cidade: "(...) a belíssima paisagem da Bahia, a arquitetura baiana, a harmonia baiana entre a natureza e a obra do homem, são detalhes que contam para o conhecimento dessa cidade; porém há que se aprofundar no mar da humanidade baiana, há que se banhar em suas águas e sentir o influxo benéfico do povo mais refinado, mais civilizado, mais cortês de toda população brasileira". *O Cruzeiro Internacional*, 01 de dezembro de 1960, citado por Furrer, 1989: 40.

35  Segundo Lídia Besouchet (Furrer, 1989: 29): "A família era um núcleo artesanal presidido pelo velho Bernabó, que, longe de sua Toscana natal, projetava nos filhos o espírito empreendedor de quem veio fazer a América e se detivera na doçura brasileira de Constantina Gonzales da Costa Luz".

e ao auto-didatismo. Mesmo quando fora do país, Carybé nunca deixou de manter relações com seus amigos brasileiros, vindo com certa frequência ao Brasil, em especial ao Rio de Janeiro, onde fez diversos trabalhos de cunho jornalístico, além de pinturas e ilustrações. De outra forma, na cidade de Buenos Aires, o pintor foi um intermediário ativo entre artistas dos dois países. Como tocador de pandeiro, chegou a participar das apresentações de Carmen Miranda na Argentina, em três temporadas. Durante sua estada no país, manteve estreita amizade com Newton Freitas,[36] quem também lhe franqueou oportunidades para seu retorno ao Brasil.

Muitas vezes descrito como uma pessoa modesta e avessa a discussões ou conflitos,[37] principalmente políticos, seu estilo de pintura também recusaria um confronto aberto, contra ou a favor de certas correntes artísticas, afirmando em certa ocasião que nunca "quis espantar ninguém" (Furrer, 1989). Tal expressão representa um posicionamento de recusa diante das questões da construção formal e das soluções de estilo em disputa nos círculos artísticos da ocasião, como o surrealismo e o cubismo. Uma afirmação sobre o início de sua atividade como pintor, na Argentina, esboça bem a questão: "Entre cinco amigos, alugamos um quarto numa cabeça de porco e ali pintávamos e nos reuníamos: Getrudis Chale, Luís Preti, Carlos Lugo, Raul Brié e eu. Todos pintores sem 'ismo' conhecido, querendo pintar e não teorizar" (Carybé, 1989: 25). Mais que simplesmente pintar, Carybé se projetava na busca pela diversidade de temas e manifestações, num paralelo possível com os folcloristas que, em sua "descoberta do povo", se lançavam em expedições para registrar e catalogar o que parecia estar

---

36 Nasceu em 1908. Atuou como jornalista e escritor (Furrer, 1989: 153).

37 A mesma crítica menciona que a "tolerância, a paciência, a gentileza e uma certa dose de ambiguidade tornam-se quase mitológicas no trato do personagem. Carybé deseja afirmar-se sem ferir ninguém, aspira vencer escapando às inevitáveis comparações emulatórias" (*ibidem*: 31).

desaparecendo. Mas ao contrário destes, não parecia expressar nenhum pessimismo sentimental,[38] estando muito mais preocupado em comungar com as populações visitadas, passar pela experiência de viver com o outro, real ou imaginado.

Foi assim que realizou diversas viagens, desde 1938, percorrendo regiões do Brasil e América do Sul, sempre retornando com novas pinturas. Foi nessa época que chegou à Bahia pela primeira vez, motivado pela leitura do livro de Jorge Amado – "queria conhecer Jubiabá e tomar uns rabos-de-galo na Lanterna do Afogados" (Carybé, 1989: 26). Seu retorno ocorreu após seis meses "de gostoso misere, com os desenhos e aquarelas de minha primeira exposição individual, e com a certeza de que meu lugar, como pintor, era na Bahia" (*ibidem*).

As possibilidades da carreira como pintor, que antes dividia com trabalhos como jornalista, roteirista e cenógrafo, entre outros, pareciam semelhantes no Brasil e na Argentina, a deduzir de sua estratégica participação em exposições individuais e coletivas – na Argentina, desde 1939; no Brasil, a partir de 1945. Já a escolha de fixar-se na Bahia, cultivada pelas três viagens que empreendeu entre 1938 e 1944, parece ter sido bastante planejada. Além de deixar seus pais, irmãos e o grupo de pintores em torno do qual se reunia,[39] Carybé aceitou mais uma vez trabalhar num

---

38 Exemplos de tal pessimismo são comuns em vários autores, indicando uma busca dos folcloristas por características que supostamente se perderam com a modernização das cidades. Basta lembrar o prognóstico de Edison Carneiro sobre a morte da capoeira pelo progresso, presente em *Negros Bantus* (1937).

39 O "grupo de Salta" reuniu pintores como Carybé, Luís Preti, Raul Brié, Gertrudis Chale, além do escritor Carlos Lugo e o poeta Manuel Castilla. Eram artistas que experimentavam certa insatisfação com a tendência "europeizante" das artes plásticas e da literatura. "Salta" faria referência à região montanhosa entre Peru, Bolívia e Argentina, expressão geográfica da busca de um sentimento de americanidade, segundo Lídia Besouchet (Furrer, 1989: 46).

jornal, desta vez o *Tribuna da Imprensa*, a convite do jornalista e político Carlos Lacerda. Além das exposições, ele já acumulava diversas ilustrações para livros e para a tradução de *Macunaíma*, de Mário de Andrade. Quando chegou à Bahia, em 1950, indicado por Rubem Braga, participou das quatro principais exposições que ocorreram no mesmo ano na Bahia e em São Paulo,[40] duas delas individuais, evidenciando a existência de uma acertada estratégia e o peso das relações que estabeleceu com outros intelectuais e artistas no Rio de Janeiro e na Bahia.

É certo que houve um aporte público para o financiamento de artistas, tanto por meio de bolsas (e Carybé foi um dos contemplados), quanto pela realização de Exposições, como os *Salões Baianos de Belas-Artes*. Mas também havia um crescente mercado privado que se desenvolvia e diversificava entre galerias como a *Oxumaré*, que esteve na ativa entre 1951 e 1961, e o bar *Anjo Azul*, criado em 1949. Jorge Amado, que defendia a autonomia do escritor frente a qualquer tipo de tutela, apoiando-se no desenvolvimento de um mercado que desse lastro à sua atividade, parece ter atuado no mesmo sentido em relação às artes plásticas em Salvador. Além de citar vários artistas em suas obras, descrevendo, por exemplo, seus perfis em *Bahia de Todos os Santos* (reedição de 1960), Amado sempre fez questão de convidá-los para ilustrar seus livros. Assim, temos ilustrações de Jenner Augusto, em *Tenda dos milagres* (1969); Carlos Bastos, em *Bahia de todos os Santos* (1945); Carybé, em *Gabriela, Cravo e Canela* (1958), *Jubiabá* (1935) e *O Sumiço da Santa* (1988); Mário Cravo Jr., em *Suor* (1934), Calasans Neto, em *Tereza Batista Cansada de Guerra* (1972), Floriano Teixeira, em *Dona Flor e seus dois maridos* (1966), *O Menino grapiúna* (1981),

---

40 Foram elas: exposição individual no Museu de Arte de São Paulo; exposição coletiva no Museu de Arte Moderna de São Paulo; 1° Exposição de Carybé na Bahia (individual), no Anjo Azul; e participação no 2° Salão Baiano de Belas Artes (Furrer, 1989: 435).

*O milagre dos pássaros* (1979) e *Tocaia Grande* (1984), para citar alguns nomes.

Além do incentivo para ilustrar obras, que batiam recordes de vendas, coube ao escritor certo pioneirismo no processo de estruturação do campo artístico baiano, pois foi a convite dele que, em 1944, o artista paulistano Manuel Martins veio à Bahia para ilustrar a primeira versão de *Bahia de Todos os Santos*. Na ocasião, organizou-se paralelamente a primeira exposição pública de arte moderna da Bahia, por iniciativa de Martins e do jornalista Odorico Tavares.[41] Alguns meses depois, nova exposição era promovida, com o apoio de Wilson Lins, dono do periódico *O Imparcial*[42] e amigo de Amado.

Por fim, algumas grandes empresas e bancos, com capitais emergentes das iniciativas de desenvolvimento regional da década de 1950,[43] também contribuiriam para o movimento de "renovação das artes baianas". Exemplos disso são empresas como a construtora Odebrecht, fundada em 1944 por um ex-aluno da Escola Politécnica da Bahia e responsável por uma série de construções no período. Em 1950, Carybé seria responsável por ilustrar os primeiros folhetos da construtora (Carybé, 1989: 435) que junto com a

---

41 Vide Enciclopédia Itaú Cultural de Artes Visuais para mais informações. Acesso em novembro de 2010: http://www.itaucultural.org.br/aplicExternas/enciclopedia_IC/index.cfm?fuseaction=artistas_biografia&cd_verbete=2591&cd_item=1&cd_idioma=28555

42 Esse periódico foi criado pelo pai de Wilson Lins, o coronel Franklin de Albuquerque Lins. Na década de 1940, Wilson e Amado trabalharam junto no jornal, onde o segundo escrevia crônicas diárias sobre os acontecimentos da 2° Guerra Mundial. Tais textos foram recentemente editados e publicados sob o título de *Hora da Guerra*. São Paulo: Companhia das Letras, 2008.

43 Regionalmente, as duas principais iniciativas são a criação da Petrobrás, em 1953 (que incorporou a Refinaria de Mataripe, construída em 1949 no Recôncavo Baiano); e da Superintendência de Desenvolvimento do Nordeste (Sudene), em 1959.

Petrobrás, publicaria anos depois *Carybé* (1989), um grande panorama sobre a produção artística do pintor. É possível que a seleção da empresa também se alinhasse à elaboração de uma identidade regional, pautada nos elementos da Bahia imaginada.

Seja como for, Carybé procurava um lugar para pintar e, antes de fixar-se em Salvador, viajou e conheceu muitos lugares. Um bom indicador do encantamento com a cidade pode ser encontrado em duas declarações, a primeira datada de seu retorno a Buenos Aires com a família em 1929; e a segunda, de sua chegada à Bahia, nove anos depois:

> Finalmente, no dia seguinte, Buenos Aires apareceu, apareceu sem nenhum enfeite, sem cenografias para agradar, a água cor de barro, a cidade à beira do rio sem torres nem edifícios altos, e, em cima, um céu imenso, azul, quase de mentira. Nem um morro. Nesse dia, nem uma nuvem. Uma decepção! Era possível uma cidade com aquele carisma todo se apresentar assim pobre? Despojada de tudo, como um frade penitente? (Carybé, 1989: 20).

> O gosto da Bahia, como um vinho, vinha sazonando-se dentro de mim há doze anos, desde o primeiro encontro em 1938, numa clara manhã de agosto, dia mágico em que, de um risco verde no horizonte, a Bahia surgiu no mar. A cidade veio vindo ao meu encontro, cada vez mais luminosa, veio vindo, até que atracou toda no Itanagé. Nesse ano, fui definitivamente tarrafeado por sua luz, sua gente, seu mar e sua terra (*apud* Barreto e Freitas, 2009: 77).

O contraste entre o "frade penitente" (Carybé, *op. cit.*) que lhe pareceu Buenos Aires, poderia certamente incluir um capoeirista gingando sob os acordes do berimbau. Da mesma maneira que a cidade assume formas humanas, estes personagens, na sua Bahia, são vistos cheios de magias e mistérios, o que parecia desafiar as possibilidades de sua pintura, desdobrando-se numa infinidade de temas passíveis de serem esboçados: "Tudo aqui se interpenetra, se funde, se disfarça e volta à tona sob os aspectos mais diversos, sendo duas ou mais coisas ao mesmo tempo, tendo outro significado, outra roupa, até outra cara" (Carybé, 1987: 13). Na obra de Carybé, o alto valor dado à mistura e aos elementos que se fundem, emerge como um desafio e, ao mesmo tempo, uma perspectiva de realidade que coloca sua obra em paralelo com a de outros artistas locais, principalmente, a de Jorge Amado, seu amigo e um dos que mais escreveu sobre as telas, painéis e murais produzidos pelo pintor.[44]

Colocando lado a lado a posição de recusa da "teorização dos ismos" (que atrapalharia a pintura), o encanto por Salvador (onde tudo de funde, mistura e volta à tona de maneiras diversas) e o intenso envolvimento com a vida cotidiana daqueles que são retratados (inicialmente, grupos indígenas dos Andes e depois as camadas mais pobres da capital baiana), poderíamos afirmar, com Baxandall (2006), que o "Encargo"[45] que Carybé estabeleceu para si em seu trabalho foi como retratar os aspectos da vida cotidiana das populações mais pobres de Salvador, deixando evidente que as questões relativas à história da pintura

---

44 É possível que Jorge Amado seja um dos maiores comentadores da obra de Carybé. Além de referências em romances como *Dona Flor e seus Dois Maridos* (2008: 135, 142, 143), Jorge Amado escreveu uma biografia, *O Capeta Carybé* (1986), e apresentações para catálogos de exposição, como por exemplo *O universo mítico de Hector Júlio Bernabó Paride Bernabó, o baiano Carybé* (2006).

45 O historiador Baxandall (2006: 118) propõe que "quando falamos da intenção de um quadro não estamos narrando acontecimentos mentais, mas descrevendo a relação de uma pintura com o contexto em que é produzida, no pressuposto de que seu autor agiu intencionalmente. Sugeri depois que o Encargo geral de um pintor de produzir um objeto com um 'interesse visual intencional' se transforma, em cada caso individual, numa Diretriz específica que ele pode compreender, em grande parte, como uma relação crítica com a pintura anterior".

não deveriam se impor sobre a realidade retratada. Dito de outra maneira, tratava-se de, pela via do não-enfrentamento, deixar evidente como os temas da vida cotidiana do "povo", seus comportamentos, suas cores e seus ritmos se impunham sobre o pintor. Tal "Encargo" poderia ser estendido ao seu par literário, Jorge Amado, considerando os livros como artefatos históricos e, nesse sentido, como soluções do autor para um problema semelhante.

Observemos um pouco mais de perto a relação específica de Amado e Carybé com a capoeira.

## Capoeira em tintas, letras e políticas oficiais

Nas décadas de 1930 e 1940, Jorge Amado e Edison Carneiro sentem a necessidade de afirmar e defender a existência da capoeira (com o Candomblé, as feiras e o samba, por exemplo) como manifestação popular legítima, elaborando as primeiras descrições do que imaginam ser a identidade afro-brasileira. A partir de 1950, o reconhecimento de tais manifestações passa a compor o cardápio de referências para um crescente número de artistas, intelectuais e também representantes do Estado. Isto, vale lembrar, numa década em que aconteceram vários encontros nacionais de folclore em distintos Estados, um dos quais com a presença de Getúlio Vargas,[46] que nesse momento teria declarado a capoeira como esporte nacional. Na Bahia, os livros

---

46 Em 1951, foi realizado o 1° Congresso Brasileiro de Folclore, na Quinta da Boa Vista, Rio de Janeiro. O encontro teve a presença de Vargas e uma apresentação de Bimba, com seu grupo de capoeiristas (Material audiovisual do encontro disponível no Museu de Folclore Edison Carneiro. Acessado em fevereiro de 2009). Há controvérsias, entretanto, sobre a declaração de Vargas. Para Reis, ela teria sido enunciada no ano de 1953, após convite do presidente para uma apresentação de Bimba no Palácio do Catete (1997: 135).

de Jorge Amado, as pinturas de Carybé, as fotografias de Pierre Verger e Marcel Gautherot,[47] os filmes de Glauber Rocha,[48] Alexandre Robatto[49] e Anselmo Duarte[50] são alguns dos meios de expressão que compõem um mosaico de interpretações sobre a capoeira baiana.

Jorge Amado, que já inseria personagens capoeiras em seus romances desde *Jubiabá* (1935), passando por *Mar Morto* (1936) e *Capitães da Areia* (1937), amplia sua presença nos romances da década de 1950 em diante. Há alguns personagens capoeiras que aparecem pontualmente, como Sete Voltas, em *Gabriela, Cravo e Canela* (1958), ou João Alves, em *Dona Flor e seus Dois maridos* (1966), cuja existência na vida real não pode ser comprovada. Mas o principal capoeira da vida real que tem presença constante na ficção amadiana é Mestre Pastinha. Na reedição de *Bahia de Todos os Santos* (1960), já o encontramos abrindo o capítulo sobre a capoeira na Bahia, como o "mulato pequeno, de assombrosa agilidade e de resistência incomum" (1960: 209). Mas é em *A morte e a morte de Quincas Berro D'água* (1961) e em *Tenda dos Milagres* (1969) que o Mestre será destacado como um personagem mais importante na trama. No primeiro,

---

47 Marcel André Félix Gautherot nasceu em Paris, França, em 1910. Foi um fotógrafo que realizou inicialmente estudos de arquitetura, passando depois a dedicar-se à fotografia. Veio para o Brasil em 1940. Seu interesse pelo país foi despertado pela leitura do romance *Jubiabá*, de Jorge Amado (Enciclopédia de Artes Visuais Itaú). O Instituto Moreira Salles contabiliza no acervo 288 imagens sobre a capoeira capturadas em Salvador, no ano de 1941 (Consulta ao acervo em junho de 2010).

48 *Barravento*. Produção nacional de Glauber Rocha, com música do Mestre Canjiquinha (1961).

49 *Vadiação*. Direção de Alexandre Robatto Filho. Filme que contou com o apoio de Carybé (1954).

50 *O pagador de promessas*. Direção de Anselmo Duarte (1962). Filme que ganhou destaque internacional ao vencer o Festival de Cannes.

é um dos principais amigos de Quincas na vida de vadiagem que o protagonista escolheu para si, após anos num cotidiano pequeno-burguês como funcionário público. No segundo romance, embora citado textualmente,[51] está também incorporado na figura de Mestre Budião, que no Pelourinho, ao lado da Igreja do Rosário dos Pretos, "instalara sua Escola de Capoeira Angola (...) A agilidade de Mestre Budião é inaudita: haverá gato tão destro, leve e imprevisto?" (2008: 11-12). Além disso, o local da Escola de Budião é o mesmo que Pastinha ocupava no Pelourinho desde 1952, entre outras características que aproximam Pastinha de Budião, como sua relação com a capoeira.

Considerando os personagens capoeiras dos oito livros de Amado aqui examinados,[52] datados de 1935 a 1969, notam-se dois acentos no tratamento da questão. O primeiro é relativo ao papel de "segurança" que a capoeira e os capoeiras exercem, desdobrando-se em instrumento de defesa pessoal – utilizado por Antonio Balduíno, em *Jubiabá* (1935: 213); e Pedro Bala, em *Capitães da Areia* (2008: 205) – ou como "barulho", arruaça com boas intenções –, como fica patente nas atitudes da personagem Sete Voltas, de *Gabriela, Cravo e Canela*; e quando a capoeira é acionada para defender uma greve, em *Capitães da Areia* (2008: 264). O segundo acento, iniciado com *Bahia da Todos os Santos* (1945) e elevado ao extremo em *Tenda dos Milagres* (1969), aborda a capoeira como elemento de identidade baiana e brasileira, ambíguo entre luta e dança, entre resistência e cordialidade, cujo exemplo mais acabado seria Pastinha. Como contraponto

---

51 Por exemplo, na página 65, como uma das pessoas visitadas pelo sábio estrangeiro Levenson (2008).

52 *Jubiabá* (1935); *Capitães da Areia* (1936); *Bahia de todos os Santos – guia das ruas e dos mistérios da cidade de Salvador* (1945); *Gabriela, Cravo e Canela* (1958); *A morte e a morte de Quincas Berro D'água* (1961); *Dona Flor e seus Dois Maridos* (1966); e *Tenda dos Milagres* (1969).

à defesa do Mestre, empreendida por Jorge Amado, podemos considerar a opinião de Waldeloir Rego (1968), etnógrafo, folclorista baiano e amigo do escritor, que discordava do lugar atribuído por ele ao capoeirista: "Jorge Amado, certa vez, diz que fui injusto com Pastinha em minha obra "Capoeira Angola", mas que podia fazer? Pastinha é realmente um capoeirista comum e jamais pode ser comparado com Besouro, por exemplo. Besouro sim foi um homem excepcional (...)".[53] Tal discordância, somada às várias referências nos romances e interferências na vida real,[54] sugere que, de fato, Jorge Amado, efetuara uma escolha, em que Pastinha emergia como o legítimo representante da *Capoeira Angola*.

Em Carybé, a relação com a capoeira assume caminhos diferentes. Contam seus biógrafos (Barreto e Freitas, 2009: 151) que, antes de encantar-se com os mistérios dos candomblés baianos, o que primeiro chamou a atenção do pintor em suas viagens iniciais a Salvador, foram as rodas de capoeira. Desde 1938, envolveu-se em rodas de diferentes mestres, tendo travado relações tanto com Mestre Bimba, da *Luta Regional Baiana*, como com Mestre Pastinha, ícone da *Capoeira Angola*, além de Traíra e Waldemar. Acredita-se que, inicialmente, Carybé teve maior proximidade com a capoeira de Mestre Bimba, quando de suas primeiras viagens à Bahia (Barreto e Freitas, 2009: 43) – o que confirma a grande popularidade deste, num momento em que a escola de Pastinha ainda não tinha se firmado. Carybé assume a responsabilidade por dois dos dez cadernos da *Coleção Recôncavo*, um conjunto de dez cadernos com aspectos da vida em Salvador, aparentemente com o objetivo de difusão turística e contava também com a participação

---

53   *O Globo*, 11 de abril de 1976.

54   No capítulo anterior, menciona-se o apoio de Amado, que intercedeu, por exemplo, para que o capoeirista conquistasse uma pensão junto ao poder público ou para que recebesse visitas de turistas à sua escola.

de intelectuais de renome local, como Vasconcelos Maia, Odorico Tavares e Pierre Verger. Os cadernos assinados por Carybé foram o volume três, que tratava da capoeira; e o nono, sobre temas de Candomblé. Além desses livros, em 1954 Carybé colabora com o filme *Vadiação*, de Alexandre Robatto Filho. O curta, com duração total de oito minutos, é uma das primeiras produções cinematográficas que enfocam a capoeira e contava com Mestre Bimba e Traíra na execução dos berimbaus.

Apenas posteriormente, ocorre uma aproximação do artista com a escola de Pastinha, possivelmente pautada pelas relações do Mestre com Jorge Amado e outros artistas, como Mário Cravo e Wilson Lins (Raillard, 1990: 85). Lins, conforme mencionado, chega a ocupar a presidência da Escola de Pastinha, estabelecida como associação civil e, além de praticar capoeira no local, também ensina. Lembre-se que, como já comentado em passagens anteriores, a proximidade de Carybé com Pastinha fica evidente no episódio da entrega de parte considerável dos documentos do capoeirista ao pintor, pouco antes da morte do primeiro.[55] Estes exemplos ilustram não somente o envolvimento de Carybé com diferentes mestres, como também seu envolvimento na produção discursiva sobre a capoeira, em distintas vertentes.

Além dos textos, dos desenhos e do filme, são muitos os quadros e murais produzidos pelo artista que destacam a figura do capoeirista ou das rodas, levando alguns autores a afirmar que, ao mostrar "a capoeira como arte e manifestação cultural em sua obra, Carybé lhe emprestou respeito e contribuiu decisivamente para retirá-la da marginalidade" (Barreto e Freitas, 2009: 152). No caso de Carybé, não há declarações que afirmem a superioridade de um ou outro estilo de jogo. No livro que escreveu e ilustrou sobre a capoeira, significativamente

---

55 A outra parte de seus registros, Pastinha deixou com Wilson Lins. Ambos os materiais foram publicados por Angelo Decanio Filho, sob o título de *A Herança de Pastinha*. Salvador: Coleção São Salomão, edição do autor, 1997.

sua primeira publicação em terras baianas, escapa de maneira irônica da incumbência de ter que tomar partido entre Pastinha ou Bimba, ao afirmar que este "é tido como uma espécie de Lutero da capoeira, porque introduziu modificações na tradicional Angola" (1951: s.p.). Em várias das obras consultadas, não há muitos elementos que permitam especificar um Mestre ou estilo de preferência, o que sugere uma intenção de generalização em torno dos movimentos executados e seu ritmo, invariavelmente representado na produção iconográfica de Carybé pelo equilíbrio entre jogadores e tocadores de berimbau e pandeiro. A figura seguinte retrata o painel *Capoeira*, de 1951:

Figura 9. Painel "Capoeira". Têmpera em ovo. Produzido na casa da família Cintra Monteiro,[59] foi destruído (Furrer, 1989: 177).

---

56 Sabemos que Manoel Cintra Monteiro foi um dos fundadores da primeira galeria de arte da Bahia em 1950, intitulada de *Oxumaré*, ao lado de Carlos Eduardo da Rocha, Zitelman de Oliva e José Martins Catharino. Enciclopédia Itaú Cultural de Artes Visuais, acesso em novembro de 2010: http://www.itaucultural.org.br/aplicexternas/enciclopedia_ic/index.cfm?fuseaction=artistas_biografia&cd_verbete=5352&cd_item=1&cd_idioma=28555.

Existem séries de quadros, painéis ou desenhos cujo tema central se desenvolve em torno da capoeira, produzido por Carybé nos anos de 1951,[57] 1958,[58] 1964[59] e 1965,[60] entre outros. Há também outro conjunto, em que a capoeira é agregada a diversas manifestações e cenas da vida cotidiana da Bahia. São quadros como *Bahia*, de 1971, no qual se observa um tocador de berimbau em meio a dezenas de outras figuras; *A Mulata Grande III*, de 1980, com a composição descomunal de uma mulata deitada, com várias pequenas cenas retratadas em seu entorno; ou o painel executado para o salão de embarque do Aeroporto Internacional 2 de Julho, na cidade de Salvador, em 1984, em que se observam várias cenas em que o pintor sugere o que os visitantes encontrarão na capital da Bahia.

Figura 10. Óleo sobre tela *Aeroporto 2 de Julho*, 2,8m x 5m.

No painel acima, ao descrever as cenas como pequenos quadros, compondo uma diversidade de manifestações, Carybé apresenta também sua versão do que deveria ser a experiência

---

57  Conjunto de desenhos para o livro *O jogo da capoeira* (Carybé).
58  Painel *As três raças*, guache sobre cimento, para o Banco Português de São Paulo.
59  Quadro *Urucungo*, óleo sobre tela. Urucungo é outra denominação do berimbau, tema central do quadro.
60  Quadro *Vadiação*, óleo sobre tela.

do visitante em Salvador, uma terra convidativa e hospitaleira, onde predomina o colorido e a confusão de pessoas e eventos; igualmente, um lugar retratado por Carybé como um conjunto de quadros menores, cada qual conservando sua integridade. A referência às práticas de origem africana confere o tom da cena com a capoeira ocupando o lado esquerdo e o carnaval, o lado direito. No meio, o convite ao mar e aos saveiros, todos protegidos pela figura superior ao centro, representando a divindade das águas: Yemanjá. As demais cenas superiores parecem descrever dois tipos de trabalho que Carybé tentava perpetuar com seus pincéis: os vaqueiros e a pesca. Lendo o quadro de cima para baixo, está o trabalho seguido da diversão, muito embora esta ocupe um espaço proporcionalmente maior na obra, distribuída entre a capoeira, o mar e o samba. Cabe destacar ainda que, apesar de algumas das pessoas representadas no quadro serem de cor mais escura, predomina a mistura de cores, ressaltando a qualidade de uma Bahia mestiça. Por fim, ressalta-se também a permissividade do carnaval, pontuada pela nudez feminina, e da capoeira, com seus praticantes sem camisa.[61]

A grande desenvoltura com que Carybé circulava pelo universo da capoeira e a retratava em seus trabalhos é perceptível também pelas reações de seus amigos. Em uma de suas homenagens ao pintor, Jorge Amado, inspirado pela forma musical da própria capoeira baiana, compôs *Cantiga de capoeira para Carybé*. Um dos versos faz referência à *Capoeira Angola*:

---

61 Na análise dessa obra, é importante destacar a perspectiva de gênero que informa sua elaboração e recepção, posto que a imagem da mulher é claramente objetificada, tanto pela nudez, como pela permissividade da música e, principalmente, pelos olhares masculinos presentes na pintura e postos em circulação pelo saguão do aeroporto. Agradeço à Tatiana Lotierzo por me chamar a atenção para este ponto.

> "Mestre de muitas artes,
> Ê ê camarado,
> Quem é que é?...
> É Carybé camarado
> É, camarado, é
> Mulato de picardia
> Ê, ê, camarado,
> Na roda de capoeira
> Ê, ê, camarado,
> Da capoeira de Angola
> Ê, ê, camarado,
> Quem é que é?
> No Largo do Pelourinho
> Ê, ê, camarado,
> Na Conceição, no Bonfim.
> De quem é o berimbau
> Ê, ê, Pastinha,
> E o rabo de arraia
> É Carybé camarado
> Ê, camarado ê..."
> (Furrer, 1989: 369)

O mesmo movimento que projetava a capoeira baiana pela produção de Carybé nas pinturas, ilustrações, textos e no cinema, também o tornava reconhecível sob as características baianas do jogo, em especial a música. Cabe acrescentar que críticos de arte, tais como Lidia Besouchet (Furrer, 1989: 43), identificam em Carybé, a musicalidade como traço importante de sua personalidade, expresso pelos gostos literários, mas, principalmente, por uma presciência do ritmo e dos sons, "cujo segredo sua palheta guarda sigilosamente". Outras descrições, como a de José Cláudio (*ibidem*: 95), crítico e ex-colaborador de Carybé, também enfatizam como um dos principais elementos da sua pintura "o movimento, o ritmo, a surpresa que ele quer que conviva com uma exigência de seu espírito:

a do nada deixado por fazer, nada ambíguo, pouco reconhecível (...)". Talvez à semelhança do indicado por Goldstein em relação à literatura de Jorge Amado, em relação ao espaço imaginado em que personagens de ficção e do cotidiano se fundem e difundem, a pintura de Carybé também buscaria o livre e constante trânsito entre o vivido e o representado, entre o imaginado e o executado.

Alguns anos antes, quando comentou a relação entre o que é escrito e o que é ilustrado nos livros de Jorge Amado, Carybé recorreu, muito significativamente, à metáfora da execução musical: "Eu acho que o ilustrador é uma espécie de músico. Bota a partitura, ele lê e toca a música. A gente lê e desenha. É o mesmo que um tecladista, acho eu..." (Bahia, 2000: 192). Texto escrito e imagem são vistos como linguagens equivalentes, tanto por Jorge Amado, como por Carybé, ambos exemplos do círculo de artistas que imaginam a Bahia a partir da década de 1950. Ambas as linguagens tornam-se correspondentes por um tipo de realismo que orienta a intenção de seus produtores, sempre preocupados em "descrever as coisas como elas são", reproduzindo a língua falada e os temas "descobertos entre o povo". Sérgio Milliet (*apud* Furrer, 1989: 275), em crítica de 1962, apontava para tal equivalência em Carybé, afirmando que ao vermos seus desenhos, não precisamos de legendas, uma vez que ele "desenha como escreve e escreve como desenha".

A expectativa de encontrar precisamente o que foi desenhado, como uma espécie de reconhecimento, também foi motivo para José Cláudio (Furrer, 1989: 97) externar: "Quando cheguei na Bahia, reconhecia na rua, na Rampa do Mercado, na Feira de Água de Meninos, nos candomblés, na capoeira do corta-braço, exatinhas, as figuras desenhadas ou pintadas por Carybé (...)". Ao destacar tal observação, não se pretende dizer que Carybé, de fato, "pintava as coisas como elas são", mas que havia uma sensibilidade comum entre o pintor e seus comentadores no que se refere à seleção de certos temas, os mesmos que o uniam a um escritor como Jorge Amado, a um fotógrafo como Pierre Verger e a um escultor como Mário Cravo: a vida das classes populares de Salvador, em cenas cotidianas; e certas manifestações artísticas e religiosas.

Sob determinado ângulo, portanto, podemos perceber Carybé executando uma partitura composta e recomposta pelo escritor Jorge Amado inúmeras vezes, junto com outros artistas que, como Mario Cravo, reconheciam nesse autor o "maior intérprete da Bahia". Além de compositor central da partitura que aborda os elementos populares em relação à mestiçagem, à cordialidade, ao sincretismo, o escritor foi, como vimos, um grande promotor das carreiras de vários artistas baianos, possuindo importante papel no movimento de renovação das artes plásticas da Bahia. Tal posição derivava, certamente, de sua grande projeção como escritor, construída em contraposição a qualquer tutela, como gostava de afirmar, mas que também dos vínculos determinantes que estabeleceu com representantes do poder político local. Foram mencionados neste capítulo os elogios do escritor a Otávio Mangabeira, cujo governo teria sido responsável por ações impactantes junto às artes plásticas. Outro caso é o de Antonio Carlos Magalhães, político controverso, associado à figura do coronelismo, a quem Jorge Amado mais de uma vez recorreu, seja para conseguir a encomenda estatal para um artista considerado subversivo pelo regime militar (Amado, 1992: 457-9), seja para as comemorações dos sessenta anos de Carybé (*ibidem*: 591-2).

Para o escritor, seriam duas as características que estimava em Magalhães: "o sentimento da Bahia que ele traz nas veias, entranhado sob a pele e o amor à cultura que, já o disse, herdou do pai, Magalhães Neto" (*ibidem*: 457). Será no plano da cultura baiana que Amado defenderá a conciliação contínua entre artistas e representantes do poder público local. O sentido inverso dessa relação também terá impactos importantes para a ação do Estado, pois, como demonstra o antropólogo Jocélio Teles dos Santos, "a partir dos anos sessenta, as políticas oficiais passavam, paulatinamente, a incorporar algumas manifestações negras e dar-lhes sentidos de autenticidade da nossa brasilidade" (2005: 54). Foi o que ocorreu com a capoeira baiana, levada para viagens de demonstração em diversos Estados por iniciativa do Departamento de Turismo de Salvador, então dirigido pelo escritor Vasconcelos Maia.

A associação entre as manifestações populares afro-brasileiras e as políticas oficiais mediadas por estes intelectuais e artistas é a principal diferença entre as décadas de 1930-40 e 1950-60. Tomando-se os dois períodos de maneira diacrônica, enquanto a experiência política da geração dos "rebeldes" se deslocava em direção às alternativas radicais de militância e às opções estéticas que dessem outro tipo de reconhecimento à língua e aos costumes do povo, o segundo período expressa uma consolidação das opções estéticas da "descoberta do povo" em múltiplas linguagens, mas ajustando-se politicamente às elites locais que retomaram suas posições de poder a partir de 1949. Já quando se considera sincronicamente todo o período, nota-se a ampla penetração que as ideias de "mestiçagem", "resistência" e "cordialidade" puderam alcançar na Bahia, perpassando a literatura, a etnografia, a pintura e chegando a constituir políticas de Estado.

O capítulo seguinte, último deste percurso, será dedicado a ouvir ressonâncias dessas ideias na construção das músicas e canções dos capoeiristas, e também nas apropriações realizadas por artistas e intelectuais. A música, enquanto elemento diferencial da capoeira baiana, teve seu importante quinhão na projeção dessa manifestação como símbolo de identidade, unindo em poucos acordes o sincretismo e a cordialidade do povo baiano, que era para muitos, a expressão mais bem acabada da brasilidade.

# Capítulo 4

# Das histórias que cantam sobre a capoeira

"Diante disso não concluo nada. Só fico pensamenteando é que a gente pega numa coisinha de nada, num mesquinho berimbau, 'pensa que berimbau é gaita', quer estudá-lo, trabuca, queima as pestanas, pra só acabar patinhando numa ipueira de hipóteses escurecido em suas verdades"

Mário de Andrade. *Música, doce música*

"Nas músicas, que ficaram até hoje, se percebe isso... Entenda quem quiser, está tudo aí nesses versos o que a gente guardou daqueles tempos"

Mestre Pastinha, entrevista para a *Revista Realidade*

"Em algum tempo a capoeira foi uma dança. Virou luta depois, mas as suas demonstrações são acompanhadas por uma orquestra especial composta de berimbau, ganzá, agogô e pandeiro (...)"

Jorge Amado. *Bahia de todos os Santos*

"(...) não demoraram os negros em encontrar uma solução: da mesma maneira que camuflaram sua religião com a de seus senhores, camuflaram a luta da capoeira com pantomimas, músicas e danças, acompanhadas de música"

Carybé, *Jogo da capoeira*

O objetivo deste capítulo é acompanhar a imaginação e utilização dos aspectos musicais da capoeira baiana por intelectuais, artistas e capoeiristas, entre as décadas de 1930 e 1960. Nos capítulos anteriores explorou-se tanto a compreensão que capoeiristas, como Pastinha, davam à sua ação e como mobilizavam as interpretações sobre a capoeira junto a certos intelectuais e representantes do Estado quanto o papel de intelectuais e artistas como Jorge Amado, Carybé e Edison Carneiro na construção do imaginário da capoeira, a partir de relações de proximidade com expoentes dessa manifestação popular. Pois agora, trata-se de ouvir como a música e a canção participaram de ambas as dimensões. A circularidade das interpretações sobre a origem e desenvolvimento da capoeira baiana e seu significado como símbolo de identidade nacional entre os grupos de intelectuais, artistas e capoeiristas, ficará mais evidente na abordagem do tema a partir desse ângulo.

Considerando-se o peso da imaginação da capoeira por capoeiristas, intelectuais e artistas, delineia-se como hipótese que os elementos musicais da capoeira baiana são centrais na mobilização que intelectuais e artistas realizam para particularizar a origem africana dessa manifestação, promover sua preservação e generalizar em torno dela uma noção de identidade mestiça e cordata. Ao mesmo tempo, considera-se que para os capoeiristas, música e canção se tornam cada vez mais importante como forma de controle da prática, limitando a violência que a caracteriza até a década de 1930, bem como para a afirmação da autoridade dos mestres nas disputas por alunos e turistas no mercado da capoeira que se desenvolveu na Bahia. Nesse caso, a afirmação de autoridade se baseia tanto na aprendizagem dos toques do berimbau e das canções, que se torna parte obrigatória da formação do capoeirista, quanto nos usos das canções como fonte de explicação da capoeira ou de divulgação das academias.

Do ponto de vista das práticas que os capoeiristas vão instituindo desde a década de 1930, a relevância adquirida pela música e as canções parece ser inversamente proporcional ao volume de violência do jogo. Enquanto isso, do ponto de vista dos intelectuais e artistas (não somente da Bahia), o acompanhamento musical e com canções da capoeira baiana estará associado a um tipo de sensibilidade estética que vê na ambiguidade da prática a definição de uma identidade nacional. Tal ambiguidade tem desdobramentos sincrônicos e diacrônicos, na medida em que constrói versões narrativas da capoeira como luta que se disfarça em dança ou jogo; ou dança que se transforma em luta e brincadeira, todas podendo coexistir em vários momentos. Outra projeção da ambiguidade pelos aspectos musicais ocorre na diluição das hierarquias sociais numa dimensão horizontal, de "comunidade imaginada". Após a década de 1930, a presença da música e das canções teve papel importante, no sentido de fazer a capoeira baiana ser vista como a luta nacional por excelência, enriquecida também pela relevância de sua arte, mantendo-a distante do aspecto marginal da capoeira baiana e carioca da República Velha. Letícia Vidor Reis, por meio de sua pesquisa, introduz a seguinte questão: por que é a capoeira baiana e não a carioca que se nacionaliza,[1] uma vez que esta havia

---

[1] Refletindo sobre o samba e a capoeira conjuntamente, a pesquisadora afirma existir uma espécie de inversão no início do século, com a

sido tão mais popular e ameaçadora no século XIX (Reis, 1993: 16)? Segundo ela, a causa poderia estar na negação do governo Vargas em reconhecer uma capoeira tão associada ao passado negro das maltas do século XIX. Sem descartar tal possibilidade, gostaria de complementar, afirmando que, em tal seleção, o maior controle da violência pelas músicas e a difusão de suas canções como folclore foram determinantes.

Num primeiro momento, a abordagem escolhida vai privilegiar diacronicamente as afirmações de capoeiristas, intelectuais e artistas sobre a música e a canção na capoeira, entre as décadas de 1950 e 1960. Este é um momento importante, em que há uma grande profusão de fontes publicadas em livros, discos, filmes e reportagens, permitindo a ampla visão de uma formação discursiva sobre a capoeira baiana, em que o imperativo é sua associação com o berimbau e as canções. Merece atenção que tal imperativo assuma derivações distintas, de acordo com o interlocutor, seja ele intelectual, artista ou capoeirista.

Um segundo momento tratará do período anterior à década de 1930, quando a capoeira e seus elementos musicais são entendidos por uma estreita relação com a violência. Para tanto, nos utilizaremos das memórias dos mestres Noronha, Cobrinha Verde, Pastinha e Bimba, mas também de alguns intelectuais como Edison Carneiro, Ruth Landes e outros pesquisadores contemporâneos como Dias (2006) e Oliveira (2004). Por último, uma ressalva: não se pretende aqui apresentar uma descrição geral da relação entre música, canção e capoeira, uma vez que o alvo de interesse desta investigação são as descrições particulares, feitas ao largo de quarenta anos. É a semelhança entre essas descrições em certo momento e sua variação em outros que autorizam uma melhor

---

nacionalização do samba carioca e, posteriormente, da capoeira baiana (Reis, 1993: 16).

compreensão da imaginação de uma capoeira civilizada à maneira baiana e convertida em símbolo do Brasil.

## A capoeira sem veneno: identidade nacional ao ritmo do berimbau

Conforme mencionado anteriormente, em 1969, o folclorista Vicente Salles publicou, na *Revista Brasileira de Folclore,* uma "Bibliografia Crítica do Folclore Brasileiro – Capoeira". Essa revista era o órgão oficial de divulgação da Campanha de Defesa do Folclore Brasileiro (CDFB), institucionalmente situado no Ministério da Educação e Cultura, tendo, portanto, abrangência nacional. Com algumas mudanças, a compilação dava continuidade à grande mobilização e articulação dos "intelectuais de província", realizada pelo *Movimento Folclórico* desde 1947. O levantamento descreve as obras da bibliografia, composta por 152 referências que vão de reportagens de jornal a pesquisas, passando por livros e crônicas, muitas delas com referência às músicas. A partir dele, é possível saber que, até a década de 1950, eram escassos os estudos sobre a capoeira, multiplicando-se desde então em crônicas, reportagens e novas pesquisas. Mas em termos de conteúdo, para a tristeza de Salles (1969: 79), a bibliografia, pelo teor das obras incluídas, "constitui-se, salvo raras exceções, da repetição de tudo o que se escreveu no passado (...)". Assim, o comentário expõe uma sensação de esgotamento de todas as possibilidades de estudo sobre a capoeira. Na tentativa de indicar novos caminhos aos futuros pesquisadores, o folclorista sugere que pouco explorada "tem sido a música característica do jogo, com exceção talvez do instrumental – extremamente reduzido -, sendo focalizado mais amiúde o instrumento de base, o berimbau-de-barriga, às vezes chamado de urucungo, ou simplesmente berimbau" (*ibidem*: 80). A observação é importante, porque indica as pistas por ele privilegiadas para uma melhor compreensão do fenômeno, frente ao que seria um excesso de repetições dos primeiros estudos.

Na linha das pesquisas folclóricas, não houve praticamente uma que não tratasse da capoeira sem dar ênfase à música. Na constante preocupação em abranger a origem e a extensão da prática, Edison Carneiro, Renato Almeida, o sociólogo paulista Alceu Maynard de Araújo, o jornalista e folclorista norte-riograndense Câmara Cascudo e Waldeloir Rego foram alguns dos que publicaram textos entre 1950 e 1960 com seções, capítulos ou livros dedicados ao assunto. Carneiro, que já escrevia sobre capoeira desde a década de 1930, publica, em 1957, *A Sabedoria Popular* e, em 1968, um longo artigo intitulado *Berimbau*.[2] Neste último, ele faz uma pergunta já com a certeza da resposta: "Quem, neste país, a esta altura do século, ainda não viu um berimbau?" (1975: 15). O autor apoia-se no crescente campo de produção que dá visibilidade ao instrumento-símbolo da capoeira baiana.

Também Câmara Cascudo (1954: 154), em seu *Dicionário do Folclore Brasileiro*, menciona: "Na Bahia o capoeira luta com adversários, mas possui um aspecto particular e curioso, exercitando-se amigavelmente, ao som de cantigas e instrumentos de percussão, berimbau, ganzá, pandeiro, marcando o aceleramento do jogo e o ritmo dessa colaboração musical". Outro pesquisador do folclore, Alceu Maynard de Araújo (1964: 316) também vai afirmar a condição necessária da presença de ambos, movimento e música, para bem definir a capoeira realizada na Bahia, pois entre "dança, ou melhor, exibição, há um perfeito entrosamento com a música. Só existem quando ambos estão em função. Um não prescinde do outro". Se para Maynard, o peso maior ficará na música, que com seu ritmo "dá ênfase aos movimentos" (*ibidem*: 316), em

---

2   O artigo foi publicado no jornal *Correio da Manhã*, Rio de Janeiro, 10 de outubro de 1968 e publicado em livro na série *Cadernos de Folclore -Capoeira* em 1975.

detrimento do canto das linhas melódicas que o autor considera pobres, será também neste ponto que residirá a maior preocupação do *Ensaio Sócio-etnográfico de Capoeira Angola* (1968), de Waldeloir Rego. Amigo da geração de artistas "baianos" que compreende o trio Pierre Verger, Jorge Amado[3] e Carybé,[4] o antropólogo e historiador sempre concentrou seu trabalho na pesquisa das religiões afro-brasileiras de modo que o *Ensaio* constitui uma das suas únicas contribuições a respeito da capoeira. O texto é amplamente descritivo, detendo-se tanto em fontes históricas como em conversas com mestres e observações nas academias. Preocupado principalmente com o que seria a origem e desenvolvimento da capoeira, Rego procura discorrer de maneira enciclopédica sobre o assunto, dando especial importância aos aspectos musicais, colocados em equivalência com o aspecto corporal, sob a denominação de "toques", isto é, os distintos estilos musicais extraídos a partir do berimbau:

> Portanto, a minha tese é que a capoeira foi inventada no Brasil, com uma série de golpes e toques comuns a todos os que a praticam e que seus próprios inventores e descendentes (...) modificaram-na com a introdução de novos toques e golpes, transformando uns, extinguindo outros (Rego, 1968: 35)

Na descrição "geral" que faz do jogo, a música e as canções assumem novamente papel central. Primeiro com o "hino da capoeira"

---

3   Em 1972, Waldeoir Rego comporia com Amado, Carybé, Pierre Verger, James Amado, Mário Cravo e Dorival Caymmi, a comissão responsável pelo aniversário de sacerdócio de Mãe Menininha do Gantois (Amado, 1992: 394).

4   Junto do Pierre Verger e Jorge Amado, Rego escreveu textos para a obra de Carybé, *Iconografia dos Deuses Africanos no Candomblé*, de 1980, como consta no sítio da Fundação Pierre Verger. Acesso em julho de 2010: http://www.pierreverger.org/fpv/index.php?option=com_content&task =view&id=123&Itemid=321&limit=1&limitstart=1.

ou "ladainha", entoada quando dois jogadores se abaixam à frente dos tocadores de berimbau, pandeiro e caxixi, para ouvir "a louvação dos feitos ou qualidades de capoeiristas famosos ou um herói qualquer" (Rego, 1968: 48). Em seguida, começa outro tipo de canção, chamada de "canto de entrada", caracterizada por versos como "Iê, água de bebê Camarado", e finalizado com "Da vorta ao mundo camarado", cuja estrofe marca o início do jogo entre os dois lutadores. A distinção entre *Angola* e *Regional* se faria sentir nesse momento, segundo Waldeloir, por um canto e toque diferentes após o canto de entrada. Sem levar em conta a distinção do estilo de capoeira, após um tempo haveria uma quebra de ritmo, com a introdução dos "corridos", "que são cantos com toque acelerado", em que se chega a travar diálogos "entre os capoeiras do coro e os tocadores, por meio de uma cantiga" (*ibidem*: 53). As canções serviriam ainda para pedir dinheiro, que deveria ser apanhado do chão, no centro da roda, pela boca, em saltos estratégicos; para provocar os jogadores ou alguém presente; para jogar praga; e por fim, para anunciar o término do jogo: "cantigas próprias para se despedirem e agradecerem a presença da assistência" (*ibidem*: 56).

Segundo Rego (*ibidem*: 126), as "cantigas de capoeira fornecem valiosos elementos para o estudo da vida brasileira, em suas várias manifestações, os quais podem ser examinados sob o ponto de vista linguístico, folclórico, etnográfico e sócio-histórico", pois são construídas com temas variados, como o enaltecimento de um capoeirista que se tornou herói, ou selecionam fatos da vida cotidiana e aspectos da sociedade na época da escravidão. É, aliás, exatamente isso que o autor se propõe a fazer, utilizando boa parte da obra para discutir tais dimensões, que o levam a caminhos tão diferentes, tais como a construção de um pequeno vocabulário de termos presentes nas canções, a realização de associações das canções com temas imemoriais das tradições populares ou a avaliação das condutas sociais e das referências a grandes fatos históricos.

Para Rego, um exemplo desses vários caminhos que a análise das "cantigas" (Rego, 1968: 126) indica é o aspecto etnográfico, que permite ressaltar os "vestígios" (*ibidem*) da escravidão nas canções, por exemplo a partir da mudança de tratamento de "senhor" para "sinhô", expressão de um "adoçamento" operado pelo negro, muito semelhante a certas observações de Gilberto Freyre em seus primeiros trabalhos.[5] Embora com maior ênfase nos aspectos linguísticos e folclóricos, que levam sua análise a uma grande generalização temporal e espacial, Waldeloir Rego, no conjunto dos estudos realizados sobre a capoeira no período, é exemplar na demonstração do prestígio que as músicas e as canções alcançaram até então entre os folcloristas. Desde Mário de Andrade, a música já ocupa lugar de destaque na busca pelas manifestações expressivas de um ethos[6] do "povo brasileiro". E tal fato certamente contribuiu para o interesse que lhe dedicaram os principais folcloristas em atividade nas décadas seguintes, dentre os quais vários músicos.

Num artigo publicado na *Revista Brasileira de Folclore*, por exemplo, observamos a preocupação do compositor e regente Luiz Almeida da Anunciação (1971: 24), com a correta execução do berimbau para seu uso em outros ambientes: "Por muito tempo o Berimbau teve seu uso restrito à capoeira, porém, atualmente, o seu emprego como instrumento de percussão vem se tornando mais e mais frequente no ambiente musical brasileiro, principalmente na

---

5 Em *Casa Grande & Senzala*, o antropólogo (Freyre, 2006: 414) nota: "E não só a língua infantil se abrandou desse jeito mas a linguagem em geral, a fala séria, solene, da gente grande, toda ela sofreu no Brasil, ao contato do senhor, um amolecimento de resultados às vezes deliciosos para o ouvido".

6 No *Dicionário Musical Brasileiro*, elaborado com base nos registros que Mário de Andrade legou, nota-se já seu interesse pela capoeira, que ele aproxima da religião: "A música é indispensável na capoeira e funciona como a música de feitiçaria (...). As letras curtas e repetitivas falam do cotidiano, do trabalho que cabia mais aos negros ou mesmo sobre a própria capoeira (...)" (1989: 112).

música popular". Um dos exemplos de utilização do berimbau fora do jogo de capoeira teria ocorrido num concerto do maestro Mário Tavares no Teatro Municipal do Rio de Janeiro em 1959, quando a execução do instrumento foi feita "para dar uma cor local e para imprimir uma fusão do espírito dos corais Bachianos com a melódica das cantigas de feira nordestinas" (*ibidem*). Esta "cor local" estava geograficamente situada, pois, como lembra em seguida, ainda que o uso do berimbau "tenha ocorrido em diversas regiões (Rio, Bahia, Minas etc.) ele hoje representa tipicamente a Bahia" (*ibidem*). Como numa espécie de cartografia folclórica, o berimbau passava a ser visto como a presença da Bahia, assim como a capoeira com a qual a Bahia se confundia.

O pesquisador Vilhena (1997: 184) comenta que um dos grandes interesses do *Movimento Folclórico* era o de realizar um grande inquérito nacional sobre o folclore, que permitisse estabelecer um mapa com suas manifestações. O mesmo autor lembra que as exposições das semanas e congressos de folclore foram pensadas, por Renato Almeida, como um grande mapa com recortes regionais segundo suas manifestações. Esse tipo de interesse, que teve ampla penetração na Comissão Nacional de Folclore e nas Comissões Estaduais, remete de maneira precisa a alguns dos principais dispositivos de poder necessários à imaginação nacional: censos, mapas, museus e outros tipos de dispositivos classificatórios.

Benedict Anderson (1991: 242) analisa o surgimento e os efeitos desse tipo de pensamento, que atua como uma "grelha classificatória": "Essa grelha tinha o efeito de permitir sempre que se dissesse, acerca de qualquer coisa, que era isto e não aquilo, ou que o seu lugar era aqui e não ali... O particular era sempre encarado como o particular provisório de uma série, e era a essa luz que se deveria lidar com ele". Tal orientação, voltada para a classificação e localização geográfica das manifestações folclóricas, emerge como correlata ao censo e ao mapa presente nas origens dos Estados

Nacionais. Os folcloristas pareciam acreditar que, nos censos e mapas existentes, faltava a representação do "povo brasileiro", uma força mais poderosa que se fazia presente nos folguedos, danças, brincadeiras etc. Diríamos que, a "grelha folclórica" muito contribuiu para a definição da cor local do berimbau, para o que também contou com ampla colaboração de outras frentes, como a de vários artistas baianos.

Jorge Amado e Carybé são exemplares. Nas obras do escritor baiano, música e canção de capoeira vão ganhando maior relevância ao longo do tempo, pois, de início, é somente como instrumento de defesa e segurança que a prática é representada. Em *Gabriela, Cravo e Canela*, deparamos com o capoeira Sete Voltas de passagem por Ilhéus, a fugir da polícia, sem deixar de tocar seu berimbau e cantar. Após ajudar Gabriela, era pensando em forma de canção que "Sete Voltas podia ir-se embora. Camarada do campo de batalha, vamos embora, pelo mundo afora" (Amado, 1994: 347). Cerca de dez anos depois, em *Tenda dos Milagres*, a trilha sonora que abre e descreve o panorama da ampla Universidade Popular do Pelourinho são os estribilhos da capoeira de Mestre Pastinha, transmutado em Budião: "Nesse território popular nasceram a música e a dança: Camaradinho ê, Camaradinho, camará" (*idem*, 2008 [1969]: 11). É sob o comando dos berimbaus que os rapazes jogam, "na louca geografia dos toques" (*ibidem*), mais diversos ainda do que os citados, pois para Amado, "aqui neste território a capoeira angola se enriqueceu e se transformou: sem deixar de ser luta, foi balé" (*ibidem*: 12). Sempre extraídas da *Capoeira Angola*, sempre territorializadas na geografia baiana, as músicas compõem uma louca cartografia e as canções citadas, em parte derivadas de outras bastante conhecidas, em parte criadas pelo autor, nos falam da cordialidade entre os camaradas,[7] da busca por aprender

---

[7] Ver na página 11 do livro de Amado, o estribilho "Camaradinho..." e na sequência a chegada dos alunos cansados à Escola de Budião.

a jogar bonito,[8] das histórias dos mestres inimigos da polícia,[9] da busca pelo amor[10] e da sabedoria decantada do passado escravo.[11] Poucas canções têm trechos inventados somente pelo autor, constituindo, em sua maioria, reproduções verificáveis nas fontes de Edison Carneiro (1937), Mestre Pastinha (1964) e Waldeloir Rego (1968). Em adição, as menções a canções de capoeira em *Tenda dos Milagres* são bem selecionadas para enfatizar uma sabedoria popular expressa por elas, ao mesmo tempo em que ilustram inflexões dos personagens da trama ou suas características.

Este livro é também um dos mais destacados na defesa da mestiçagem, como testemunha uma frase lapidar do herói Pedro Archanjo, bedel da Faculdade de Medicina, obá e intelectual popular:

> Sou a mistura de raças e de homens, sou um mulato, um brasileiro. Amanhã será conforme o senhor diz deseja,

---

[8] "Ai, ai, Aidê/ Joga bonito que eu quero aprendê" (Amado, 2008: 12) e também na página 264, sobre Pedro Archanjo: "Gosta mesmo é de uma boa prosa...de sentar no banco da orquestra na Escola de Capoeira de Mestre Budião ou na de Valdeloir, assumir o berimbau, puxar cantiga: Como vai como está/ Camunjerê/ Como vai de saúde (...)" (*ibidem*: 264).

[9] "Minino quem foi teu mestre?/ Meu mestre foi Barroquinha/ Barba ele não tinha/ Metia o facão na polícia/ E paisano tratava bem" (Amado, 2008: 12).

[10] Na página 230, uma canção complementa e ilustra a frustração amorosa do dr. Ruy Passarinho, em fazer a corte para Lu, apaixonada por outro homem: "O advogado fitou o mar coberto de lua, de alguma parte chegava um baticum de samba de roda, cantiga de capoeira: Panhe a laranja no chão Tico-Tico/ Meu amô foi simbora eu não fico (...)" (Amado, 2008).

[11] Novamente a canção complementa o sentido do conflito colocado, que sugere a educação como saída para superar a desigualdade entre negros e brancos. A canção citada parece sugerir que tal conflito é antigo e também tema de aula na Universidade Popular do Tabuão: "Na escola de Budião, os capoeiristas cantavam moda antiga, da época da escravatura: No tempo que eu tinha dinheiro/ comia na mesa com iôiô/ Deitava na cama com iáiá/ Camaradinho eh, Camarado!" (*ibidem*: 268).

> certamente será, o homem anda pra frente. Nesse dia tudo já terá se misturado por completo e o que hoje é mistério e luta de gente pobre, roda de negros mestiços, música proibida, dança ilegal, candomblé, samba, capoeira, tudo isso será festa do povo brasileiro, música balé, nossa cor, nosso riso, compreende? (*ibidem*: 107).

Assim pensava Archanjo, na década de 1940, no romance que Amado escrevia em finais de 1960, relendo a história das proibições transformadas em "festa do povo brasileiro".

Carybé foi um dos desenhistas e pintores dessa festa. Em grande parte de seus quadros, desenhos e murais, há um reconhecimento e uma apropriação dos elementos musicais da capoeira. Mais do que em qualquer outro artista da época, parece haver em Carybé um esforço contínuo para representar os movimentos dos jogadores e sua integração com o ritmo executado pelos instrumentos musicais.[12] A relevância dos instrumentos atinge tal importância a ponto de os tocadores de berimbau serem por vezes apresentados sem referência ao jogo.[13] É o que ocorre, por exemplo, no quadro *Bahia*, ganhador da medalha de bronze no III Salão Baiano de Artes, em 1951: dois tocadores de berimbau são colocados ao lado de três tocadores de atabaque, em uma das várias cenas que comporiam uma multifacetada Bahia. Igualmente, pode-se destacar o quadro *Tocadores de Berimbau*, de 1973, no qual, em meio a uma

---

12   Barreto e Freitas (2009: 152) afirmam que Carybé "traçou no lápis, no pincel, o passo-a-passo da luta, cada golpe, cada movimento, cada instrumento usado (berimbau, caxixi, cabaças, reco-reco, pandeiro, chocalhos), todo o ritual (...). Há uma profusão de desenhos, esboços incontáveis, mostrando a exuberante plasticidades dessa arte...".

13   Não era comum haver tocadores de berimbau que também não fossem capoeiras na Salvador das décadas de 1950 e 1960 (excluídos os casos de músicos que vieram a utilizar o instrumento como parte de suas composições). Um dos casos mais conhecidos é o de Camafeu de Oxóssi, dono de uma barraca no antigo Mercado Modelo, e amigo de Carybé e Jorge Amado.

paisagem desértica, sete homens executam o instrumento em diferentes posições e localizações. Nos quadros, desenhos ou murais em que o jogo e os instrumentos aparecem juntos, há casos, como o de *Vadiação*, de 1965, em que o jogador parece se assemelhar ao próprio berimbau, em sua flexibilidade e movimento:

Figura 11. Quadro *Vadiação*. Óleo sobre tela (imagem extraída de Furrer, 1989).

A última obra destacada aqui é o *Painel das três raças*, de 1958, por dois motivos principais. Em primeiro lugar, porque os murais eram uma das formas preferidas de trabalho de Carybé e também umas das principais formas por meio das quais ele encontrou reconhecimento por parte da crítica, demonstrando bem o alcance que o tema da capoeira tinha em suas obras. O segundo motivo é o sentido manifesto no quadro, executado para o Banco Português de São Paulo, reiterando os elementos que comporiam a identidade brasileira como mestiça: índios, europeus e africanos.

Figura 12. *Painel das três raças*. Guache sobre cimento (imagem extraída de Furrer, 1989).

Dentre a variada gama de leituras que o painel comporta, sublinho o que parecem ser os tipos de contribuição de cada raça evidenciados pelo painel. Enquanto os europeus (ou apenas portugueses) são dispostos com postura mais altiva e guerreira, vemos também parte dos indígenas em posição de resistência, a empunhar arcos e zarabatanas. Candomblé, samba e capoeira parecem ser as contribuições negras ao encontro das raças, entre as quais, jogadores e tocadores ganham destaque e são assistidos de perto por duas pessoas e, de longe, pelos europeus. Não há nenhum tipo de arma empunhada pelos negros, a não ser a da religiosidade, da "vadiação" (capoeira) e da música. Carybé, no livreto que escreveu sobre a capoeira, enfatizou que a grande contribuição da Bahia se deu, principalmente, "na parte musical introduzindo o pandeiro, o caxixi e o reco-reco, em substituição das palmas; e o berimbau-de-barriga com corda de aço (...). Inventou cantigas e deu regras ao jogo que começa com as chulas de fundamento tiradas pelo mestre (...)" (Carybé, 1951: 5). Para o pintor, a Bahia misturou música à luta, em uma espécie de sincretismo semelhante ao da religião, "camuflando" suas manifestações nas práticas de seus senhores, um artifício que comporá uma das versões que marca a capoeira baiana, tanto em seu estilo *Regional* como *Angola*.

Fenômeno importante para indicar a apropriação dos elementos musicais da capoeira por outros segmentos artísticos também é o da Música Popular Brasileira[14] (MPB). Uma reportagem do jornal carioca *Correio de Manhã*, de 1964, dá o tom da situação ao afirmar:

> Berimbau está aí. Na onda da Bossa Nova que uns dizem estar morrendo... Invadindo os salões, as rodas eruditas e elegantes... E ao lado dos instrumentos tradicionais, ressuscitados ou 'bolados' para o samba moderno, o berimbau, ou como se dizia antigamente, urucungo, incorpora-se às orquestrações e dá um toque de primitivismo aos arranjos musicais. Intelectualiza-se... Apesar de suas limitadas possibilidades, em solo ou acompanhamento, a verdade é que, de repente, como a capoeira, caiu no gosto do público e aí está. Para mostrar ao que veio.[15]

A mesma reportagem menciona ainda, como exemplos dessa "nova febre", os discos gravados por alguns mestres de capoeira baianos como Bimba, Traíra e Canjiquinha[16] e também por artistas que vinham utilizando os aspectos musicais da capoeira em suas músicas, como os já então conhecidos Vinícius de Moraes e Baden

---

14  Entendo a noção de MPB num sentido equivalente ao surgido no processo histórico indicado por Sandroni: "De fato, no decorrer da década de 1960, as palavras música popular brasileira, usadas sempre juntas como se fossem escritas com traços de união, passaram a designar inequivocamente as músicas urbanas veiculadas pelo rádio e pelos discos (...). A concepção de uma 'música-popular-brasileira', marcada ideologicamente e cristalizada na sigla 'MPB', liga-se, ao meu ver, a um momento da história da República em que a ideia de 'povo brasileiro' – e de um povo, acreditava-se, cada vez mais urbano – esteve no centro de muitos debates, nos quais o papel desempenhado pela música não foi dos menores" (Sandroni, 2004: 29).

15  "Na onda do berimbau". Reportagem de Fuad Atala no *Correio de Manhã*, Rio de Janeiro, 18 de outubro de 1964. Cultura-diversão, p.8.

16  "Hoje o berimbau se dá ao luxo de comparecer perpetuado no acetato..." (Reportagem de Fuad Atala no *Correio de Manhã*, Rio de Janeiro, 18 de outubro de 1964. Cultura-diversão, p. 8).

Powell, no samba *Berimbau*, ou novos como Wanda Maria, que gravou uma canção intitulada *Samba do berimbau*.

Como exemplo, podemos dizer que a canção *Berimbau* introduz, sob o arranjo da bossa nova, o ritmo musical da capoeira,[17] ao mesmo tempo em que aproveita os estilos dos versos das canções para falar, principalmente, da importância do amor, terminando com: "Capoeira me mandou/Dizer que já chegou/Chegou para lutar/Berimbau me confirmou/Vai ter briga de amor/Tristeza, camará".[18] Um ano depois, em 1964, Vinicius volta ao tema, em parceria com Antonio Carlos Jobim, na canção *Água de Beber*, outra narrativa sobre o amor, que destaca seus perigos, cantados em meio a um refrão popular da capoeira baiana: "Água de beber/Água de beber, camará......".[19] Outro exemplo, que provém de mais uma vertente musical da época, nos é dado por Gilberto Gil, que compõe uma canção que se torna nacionalmente conhecida após sua apresentação no 3° Festival da Canção da TV Record, em 1967:[20] *Domingo no Parque*. Esta peça também é elaborada conforme o ritmo musical da capoeira, e confere outra perspectiva à incorporação do berimbau, que é inserido como instrumento na composição sobre o destino trágico

---

17 "Baden extraiu no violão o efeito do berimbau..." (Reportagem de Fuad Atala no Correio de Manhã, Rio de Janeiro, 18 de outubro de 1964. Cultura-diversão, p. 8).

18 *Vinicius & Odette Lara,* Gravadora Elenco, 1963. Extraído do site oficial do compositor, em agosto de 2010: http://www.viniciusdemoraes.com.br/discografia/sec_discogra_discos.php?id=2.

19 Lançada no disco *The composer of desafinado plays*. New York: Verve, 1963. Edição brasileira lançada em 1964, pela Gravadora Elenco. Fonte: http://www.jobim.com.br/cgi-bin/clubedotom/discfr.cgi.

20 A canção, que ficou em 2° lugar, seria regravada várias vezes por outros artistas como Gal Costa, *Golden Boys*, Hermeto Pascoal, Margareth Menezes, *Os Mutantes*, Rita Lee, Rogério Duprat e *Duofel* entre outros. Informações extraídas do site oficial de Gilberto Gil, em julho de 2010: http://www.gilbertogil.com.br/sec_musica.php?page=2

de um triângulo amoroso: o capoeirista João "rei da confusão", o pedreiro José e Juliana. Como afirmou o cantor, seu objetivo foi montar algo diferente a partir de elementos regionais, baianos: "Daí a ideia de usar um toque de berimbau, de roda de capoeira, como numa cantiga folclórica. O início da melodia e da letra da música já é tirado desses modos".[21] Todos esses exemplos referem-se a composições de ampla repercussão na época, originárias de duas diferentes vertentes da Música Popular Brasileira – a bossa nova e o tropicalismo –, que demonstram como a capoeira baiana e seu destacado aspecto musical adentravam em círculos de ampla projeção nacional.

A penetração das formas musicais e das canções da capoeira na MPB se torna ainda mais interessante ao notarmos, com Sandroni, que a consolidação da expressão Música Popular Brasileira ocorre durante as décadas de 1950 e 1960, quando há, em termos mais gerais, uma mudança na própria concepção de "povo brasileiro". Se antes ele era buscado nas manifestações folclóricas, principalmente em áreas rurais, a partir de então passa a coincidir com as regiões urbanas:

> É nesse momento que gostar de MPB, reconhecer-se na MPB passa a ser, ao mesmo tempo, acreditar em certa concepção do 'povo brasileiro', em certa concepção, portanto, dos ideais republicanos. (Do mesmo modo que nas décadas anteriores, gostar de folclore e reconhecer-se no folclore – mesmo à custa da transfiguração deste como na música de Villa-Lobos e na pregação de Mário de Andrade – era acreditar em outra versão do que era o povo) (Sandroni, 2004: 29)

Portanto, é nessa transição entre concepções diversas de "povo brasileiro" na música, inicialmente ancorada em base rural e, depois, urbana, que os acordes do berimbau e as canções,

---

21 Informação extraída do site oficial de Gilberto Gil, em julho de 2010: http://www.gilbertogil.com.br/sec_disco_info.php?id=517&letra. Acesso em abril de 2015.

completamente fundidos com a imagem da capoeira baiana (fusão decantada durante as décadas anteriores), parecem reverberar as notas de uma identidade mestiça junto aos grandes públicos com acesso ao rádio e à televisão.

A maneira pela qual os capoeiristas baianos compreendiam e se utilizavam dos aspectos musicais da capoeira não era uníssona, e sua variação fica bem perceptível nas declarações de Mestre Pastinha em sua defesa do estilo *Angola*. Aqui, as canções são vistas como uma suposta memória decantada do passado africano e escravo, à semelhança do que Jorge Amado defende quando as apresenta em seus livros. Nas declarações públicas que deu, Pastinha reforça esta visão. É o que acontece na entrevista realizada por Roberto Freire em 1967, para a revista *Realidade*:

> O que eu gosto de lembrar sempre é que a capoeira apareceu no Brasil como luta contra a escravidão. Nas músicas que ficaram até hoje, se percebe isso. Uma é essa que estão cantando e que eu vou cantar junto: "E, valha-me Deus, camarada./ E, água de beber, camarada" (Abreu e Castro, 2009: 23).

Em paralelo às canções que considerava antigas, ele também criava novas, imaginando seu lugar de guardião na tradição da *Capoeira Angola*, a exemplo da canção registrada pelo repórter Luis Ellmerich, que a chamou de "hino da Academia de Mestre Pastinha":

> Brasil, nosso Brasil, capoeira és a nossa glória/ Eu já fui juvenil, nasci em Salvador/ Capoeira por todo Brasil/ no momento da festa ou de dor/ Bahia minha Bahia, capital do Salvador/ Quem não conhece esta capoeira/ não lhe dá o seu valor/ Todos podem aprender/ General e também quem é doutor/ *Quem deseja aprender, venha a Salvador/ Procure Pastinha, ele é professor*.[22]

---

22 "A capoeira em Salvador", *A gazeta*, São Paulo, 25 de agosto de 1962, 1 cad. 10, "Folclore".

Nesta canção, também publicada no livro do Mestre, *Capoeira Angola* (1964), e no seu disco de 1969, é explícita a mensagem que traz a elevação da capoeira a patrimônio do Brasil, da Bahia como território onde esta se desenvolve e, por fim, de Vicente Pastinha como o professor mais indicado para o ensino da luta. Junto às versões dos temas que as canções veiculam, segundo intelectuais e artistas, pode-se incluir também o de uma comunicação voltada para divulgação das melhores escolas e mestres.[23] Na mesma direção também procedeu Mestre Bimba, quando gravou um dos primeiros discos de capoeira em 1962, intitulado de *Curso de Capoeira Regional Mestre Bimba*. O disco tinha nove faixas, sendo sete com diferentes toques de berimbaus, gravados sem letras, e duas com canções, classificadas em quadras[24] e corridos.[25] Além das músicas e canções, o disco apresentava um libreto com as lições do curso de Bimba (Rego, 1968: 270). Porém, Bimba não fazia alusão a si mesmo e apenas raramente à *Capoeira Regional* como melhor forma de luta, preferindo apresentar sua capoeira nas canções, através de uma classificação dos toques, executados de maneira instrumental, das próprias canções e dos golpes em libreto à parte, como numa programação de curso, conforme anuncia o próprio título do disco.

---

23  Outro interessante exemplo, registrado por Waldeloir Rego: "Cachorro qui ingole osso/ Ni alguma coisa êle se fia/ Ou na guela ou na garganta/ Ou ni alguma trivissia/ A coisa milhó do mundo/ É se tocá berimbau/ Lá no Rio de Janeiro/ Na Rádio Nacional" (1968: 105). A sugestão é que a possível recepção do berimbau por um dos principais meios comunicação do período era vista de maneira positiva por alguns capoeiristas.

24  Em geral, a palavra "quadra" denomina as estrofes de quatro versos. Renato Almeida (1942) e Edison Carneiro (1937, 1975) usam o termo para descrever algumas canções da capoeira.

25  Ricardo Sousa, que estudou a música da *Capoeira Angola* de Salvador, afirma que os corridos são cantados durante os movimentos e "sempre acompanhados do coro, são muito diversificados (...) No jogo, vários corridos podem ser cantados, de acordo com a habilidade do puxador ou cantador..." (2006: 255).

O contraste com Pastinha não poderia ser maior, uma vez que este, além de aludir várias vezes à importância da *Capoeira Angola* e de si mesmo como guardião da tradição em canções que criou, vai assemelhar seu disco a uma conversa na beira de uma roda de capoeira da sua escola, onde vai contando suas histórias e a da capoeira, em meio às canções, entoadas e selecionadas como uma narrativa. Conta-nos, portanto, com canções da capoeira, muitas vezes semelhantes às cantadas no disco de Bimba, aquilo que acredita ser sua própria história na capoeira. Mas, assim como as músicas e canções são utilizadas como memória decantada e como forma de divulgação, elas também tocam contra a capoeira-esporte que Pastinha também defende, pois a lançam no universo do espetáculo acrobático, do balé ágil, como aliás mencionaram alguns periódicos. É constante no período a interrogação que busca saber se a capoeira é uma luta, devendo ser incorporada ao desporto nacional, ou uma dança, cuja classificação a colocaria no âmbito do folclore.

Mestre Canjiquinha, que representou a capoeira em filmes como *Barravento* (1961), de Glauber Rocha, e *O Pagador de Promessas*, de Anselmo Duarte (1962), assevera o paradoxo: "Se você está numa festa: se tocar bolero você dança bolero; se tocar samba você dança samba; – a capoeira é conforme: tocando maneiro você dança amarrado; tocando apressado você se apressa. O único esporte brasileiro é a capoeira" (Silva, 1989: 21). Apesar de usar a dança como régua de comparação, sua conclusão é que a capoeira é um esporte. Canjiquinha, que se dizia capoeirista e recusava as distinções entre os estilos *Angola* e *Regional*, se apresentou para, pelo menos, dois presidentes da República: Juscelino Kubitschek e General Emílio Garrastazu Médici. Para este último deu de presente ao término de sua apresentação, o berimbau que usou no filme *O Pagador de Promessas*, instrumento musical que nesse momento já havia se tornado plenamente capaz de simbolizar a prática como um todo, um patrimônio negro na origem e baiano na definição. Como lembra Jocélio Teles dos Santos, ao analisar as leituras culturais do governo da Bahia sobre a singularidade do viver baiano, esse patrimônio poderia ser percebido na distinção "das origens africanas com a cultura ocidental. A docilidade, o ritmo, a sensualidade, a malandragem, a capoeira e a culinária seriam tanto os elementos básicos desse contraste quanto o que imprimiria as características próprias do 'jeito baiano' (...)" (2005: 77).

Enquanto folclore, a *Capoeira Angola* projetava uma ideia de tradição e de pureza conservada, que se refletia tanto nos golpes, como nas canções "conservadas do tempo da escravidão", como dizia Pastinha. Já como esporte, era o futuro que parecia projetá-la, com cada vez mais escolas de capoeira pelo país, e também com o esforço para institucionalizar a capoeira como a luta nacional. Na parte que coube ao Mestre Bimba, a aproximação com o esporte foi mais reconhecida, o que lhe custou críticas quanto ao valor de sua capoeira como folclore, questionada pelo acréscimo de golpes "estrangeiros". Embora não houvesse retirado o acompanhamento musical e canções de sua *Capoeira Regional*, estes não operaram como uma marcação folclórica, persistindo para os defensores do folclore, a imagem de uma capoeira degradada.[26] Já no que concerne a Pastinha e à *Capoeira Angola*, cujo reconhecimento foi maior no campo do folclore, o controle do contato físico entre os jogadores, somado ao acompanhamento musical e às canções, funcionou de maneira eficiente como um marcador folclórico adequado para determinar as versões de um ideal de identidade que afirma o adoçamento da luta escrava transformada em dança.

---

26 Além de Edison Carneiro e Jorge Amado, existia uma recepção ampla na imprensa. Um exemplo é a reportagem de José Antonio de Souza Batista, no *Jornal dos Sports*, Rio de Janeiro, de 07 de maio de 1972: "A capoeira, que veio da Angola com os negros escravos, sendo dançada ao som do berimbau, pandeiro e ganzá, é uma das manifestações folclóricas mais ricas brasileiras, embora a sua prática venha sendo deturpada pelas academias de luta".

A supervalorização da *Capoeira Angola* como folclore, reforçada pelo próprio Pastinha, diminuía as possibilidades de sua interpretação como esporte, como deixa evidente a crítica do Mestre (Pastinha, 1964: 20) aos que se "julgam autorizados em assuntos de ordem esportiva e veem na capoeira Angola uma simples dança ao toque do Berimbau". O erro dos que não veem a capoeira como esporte seria justamente não perceber que "a violência de seus golpes não pode ser controlada ou dosada, facilmente, como acontece em outras modalidades de luta" (*ibidem*). Daí a ambiguidade que a música e a canção ocupam como marcadores, dosando a violência dos golpes, ao mesmo tempo em que projetam a imagem de um espetáculo imaginado, que une passado e presente, configurando uma antiga luta que se disfarçou em dança.

Os aspectos musicais da capoeira baiana, quando seguidos por alguns dos caminhos abertos por capoeiristas, escritores, folcloristas, musicistas, compositores e pintores, nos possibilitam entender um pouco de sua importância como marcador de identidade nacional. Para muitos capoeiristas, tal marcador operava de forma ambígua, deslizando a compreensão entre o folclore e o esporte e hierarquizando a prática entre pura e degradada. A pureza folclórica dependia de uma equação que combinasse maior ênfase na musicalidade e na ausência de contato corporal, ocorrendo o inverso com relação ao esporte. Tanto esporte, como folclore estavam diretamente associados à identidade nacional, porém, no caso do folclore, havia uma projeção temporal para um passado a ser preservado, enquanto no caso do esporte, apostava-se numa projeção de progresso e aperfeiçoamento.

No caso de intelectuais e artistas, era mais clara a apropriação da capoeira baiana e de seu aspecto musical por aquilo que ela poderia apresentar como evidência da mestiçagem e, no entender desses pensadores, de "malícia do elemento negro", sábio em seu sincretismo ao disfarçar, sob a forma de dança, o que seria originalmente uma luta violenta. De prática proibida, na definição lapidar do personagem Pedro Archanjo, a capoeira viria a transformar-se, passando de mistério e luta de gente pobre, a "festa do povo brasileiro, música, balé..." (Amado, 2009, loc. cit.).

Havia a intenção, ao começar pelos anos 1950, de destacar a ampla penetração da sensibilidade estética em torno do berimbau e da capoeira, assim como suas diferentes apropriações e ambiguidades. Pretendo agora visitar as décadas de 1930 e 1940, sob o aspecto da música, procurando vislumbrar um pouco melhor a transição de um tempo de violência para o tempo da "festa do povo brasileiro", de uma capoeira venenosa para as ambiguidades entre folclore e esporte.

## O veneno da capoeira: os ritmos violentos do berimbau

> "A capoeira é uma espécie de contenda que os escravos fugidos criaram... Por aqui, tiraram-lhe o veneno, proibindo os golpes mais difíceis e violentos. E lutam com música!"
> Edison Carneiro *apud* por Ruth Landes.
> *A cidade das mulheres.*

Por meio da afirmação da importância da música e das canções para a seleção da capoeira da Bahia como representativa da identidade baiana e do Brasil, tanto por intelectuais e artistas, como por capoeiristas, pode também haver ocorrido a consolidação da ideia de que existia uma "capoeira antes da música" e uma "capoeira depois da música". Para relativizar um pouco este divisor e compreender melhor o lugar da música na economia da capoeira baiana, discuto agora o que alguns capoeiristas e intelectuais disseram sobre os tempos de violência da capoeira baiana, enfocando a sua trilha sonora e arranjos musicais.

Mestre Noronha (Daniel Coutinho), que participava da roda de capoeiristas da Gengibirra, tão lembrada por Vicente Ferreira Pastinha como a origem da sua atividade como Mestre,[27] fornece testemunho importante sobre a dupla função do berimbau. Seu relato está em forma de manuscritos redigidos em momentos distintos, sendo boa parte deles datados da década de 1970. Em tom professoral, ele afirma:

> Sinhores capoerista e profesor de cademia preste bem atenção o birinbão é um itrumento que dirige a roda de capoeira... Sinhores profesor este itrumento que cichama birinbão é uma arma do capoerista nais hora nececaria para barulho a sua defeiza está em sua mão não são todos capoerista que sabe deste definição que o birinbão é uma arma a verga[28] é um cacete para defender e dar a vaqueta[29] é para furar e si defender do inimigo esta instrução é dos velhos metres que sabe entra e sair de um barulho (Coutinho, 1993: 29).

A chamada de atenção do Mestre evidencia duas funções para o berimbau: dirigir a roda de capoeira e servir como arma de defesa contra os inimigos. Sabemos que a primeira função é mantida e fortalecida nas décadas posteriores, enquanto o mesmo não ocorre com a função de arma. O tom com que Mestre Noronha se dirige

---

27  Ao se referir ao local no bairro da Liberdade, Pastinha afirmava: "No Gengibirra tinha um grupo de capoeirista que só tinha mestre...os maiores mestres aqui da Bahia, todo domingo tinha ali uma capoeira que só ia mestre, não tinha nada de aluno, só tinha mestre... e esse ex-aluno meu Aberrê fazia conjunto lá, então os mestres lá procuraram saber...querer me conhecer e perguntou a Aberrê quem tinha sido o mestre dele, ele deu meu nome". *Pastinha! Uma vida pela capoeira*. Filme com direção de Antonio Carlos Muricy. Brian Swell Produções Cinematográficas. Editora Praticando Capoeira, 1999.

28  A *verga* se refere ao arco do berimbau.

29  A *vaqueta* se refere à baqueta que percute a corda de aço do berimbau.

aos "senhores capoeiristas e professores de academia", procurando ensinar aquilo que apenas os velhos mestres sabem, aponta para o reconhecimento de uma experiência que deixara de existir, mas que fundamentava uma distinção entre os capoeiristas da década de 1970 e os antigos, das décadas de 1910 e 1920 (o que podemos confirmar pelas datas de alguns dos eventos mencionados nos manuscritos). Tal seria a experiência de ter vivido numa época de violência que envolvia, entre outros, capoeiristas, policiais, marinheiros e autoridades políticas, em que a importância da dupla função do instrumento berimbau seria tão grande quanto o manejo de uma navalha,[30] garantindo a entrada e saída de um "barulho", ou seja, de uma briga ou confusão.[31]

Outro testemunho, um tanto enigmático, sobre as utilidades do berimbau é deixado por Pastinha: "Para que serve o berimbau? Não é só para indicar o jogo. E, porque o birinbau na hora H. é pirigouso? É pirigoiso nas mãos de quem sabe maneijar o birimbau, ou coisa semelante." (1997: 53). Nos relatos que constam no disco que lançou dos anos 1960, o mesmo Mestre deixa mais claro o que seria o "manejo", contrastando suas funções de maneira afetiva: "Berimbau é música, instrumento...também é instrumento ofensivo. Ele na ocasião de alegria é um instrumento, nós usamo como instrumento, e na hora da dor ele deixa de ser instrumento para ser uma foice de mão (...)" (Pastinha, 1969: faixa 3). O capoeirista descreve, ainda, como foi sua experiência pessoal de uso do instrumento, que envolveu sua transformação em arma: "Eu vô contá, no meu tempo eu usava também uma foicezinha do tamanho de uma

---

30  Dias (2005: 280, nota 25) informa que, nos conflitos que envolveram capoeiristas, entre 1910 e 1925, "49% das armas utilizadas por nossos personagens eram navalhas e diferentes tipos de faca...".

31  Dias (2006: 282) menciona que: "Farras em botequins, comportamentos libidinosos com meretrizes, jogos de azar e brigas com a polícia eram situações tão comuns na vida dos marujos quanto na dos capoeiras".

chave, a foice vinha com um corte e um anel para encaixar no cabo-
...e aí na hora desmanchava o berimbau, encaixava a foice e eu ia
manejá né..." (Pastinha, 1969: faixa 1). Os principais oponentes, segundo o Mestre, seriam os policiais, constantemente perseguindo
e reprimindo a prática.[32] Assim, embora Pastinha justificasse a repressão policial àqueles que chamava "capoeiristas desordeiros",[33]
acrescentava que muitas vezes os capoeiristas eram provocados
pelas forças públicas, "porque si estava numa vadiação ni um grupo, com um birimbao... na mão, eles passava entendia de quere
tomá, pá quebrá, aí inflamava né, por isso tinha muito capoeirista
que não queria perder seu instrumento, intão nós tinhamo que
brigá..." (Pastinha, 1969: faixa 3). O berimbau, como instrumento
duplo de ação, visto como arma pela polícia, seria alvo importante
e motivo de destruição, provocando a ira de capoeiristas que o usa-
vam nos momentos de alegria.

Numa das raras referências documentais sobre a existência do
lendário capoeirista Besouro Mangangá,[34] o pesquisador Antonio

---

32  Novamente em Dias (2006: 303) encontramos a seguinte ponderação:
"Na realidade, não há dúvidas que havia repressão á capoeiragem, todavia
ela não era absoluta e também havia maneiras de burlá-la, principalmente através de suborno e vínculos personalistas".

33  Ele não estava sozinho nessa compreensão. Observe o que Mestre
Noronha afirma: "(...) so acin esta festa de Santa Luzia tinha suceigo por
que a policia tomou muita precação. Aradecemos au nosco chefe de polícia do Estado da Bahia (...)" (Coutinho, 1993: 37).

34  Além de versões contemporâneas, Besouro Mangangá é citado por Edison
Carneiro em *Negros Bantus* (1937). Jorge Amado (1936: 128), no romance
*Mar Morto*, escreve: "A estrela de Besouro pisca no céu. É clara e grande.
As mulheres dizem que ele está espiando os malfeitos dos homens (os
barões, condes, viscondes, marqueses) de Santo Amaro. Está vendo todas
as injustiças que os marítimos sofrem. Um dia voltará para se vingar" .
Várias canções de capoeira também citam o capoeira, como as registradas
por Lorenzo Turner (1941: faixa 5): "era besouro conhecido/ (coro repete)/ ô conhecido na cidade/ (coro repete)/ ô besouro besourinho/ (coro

Liberac Pires (2001) identifica um processo criminal sobre uma agressão a um agente da polícia civil de Salvador. Conta-nos Pires que, após exaustiva sistematização de relatos orais e documentos jurídicos e policiais da cidade de Santo Amaro, chegou ao nome de Manoel Henrique Pereira, que seria a verdadeira identidade de Besouro. Em 1918, como membro do exército (Pires não indica sua patente) e após um "barulho", Pereira teria sido preso e processado por agressão. Incluo esse caso pelo interessante motivo que parece ter desencadeado a confusão, tal como transcrito no processo recuperado pelo historiador. O documento cita o testemunho do agente agredido, que estava de plantão no posto policial de São Caetano, num domingo, quando ocorreu o incidente:

> Ali compareceu um indivíduo mal trajado, e encostando-se à janela central do referido posto, durante uns cinco minutos, em atitude de quem observava alguma coisa; que decorrido este tempo, o dito indivíduo interpelando o respondente, *pediu-lhe um berimbau que se achava exposto juntamente com armas apreendidas (...)* (*apud* Pires, 2001 : 230, grifo meu).

A partir de então, por conta da negativa em entregar o instrumento, desenrola-se toda a agressão, chegando a envolver outros soldados do 31º Batalhão de Infantaria, mobilizados pelo soldado capoeirista. O episódio finda com a prisão e processo contra Manoel Henrique Pereira, o Besouro Mangangá. O destaque da citação expõe a dimensão que considero mais importante, qual seja, da tentativa do capoeira de usar sua autoridade militar para

---

repete)/ ô besourinho cordão de ouro/ (coro repete)/ o alecrim cordão de ouro/ (coro repete)/ ôi o besouro eu vou me embora/ (coro repete)/ oi chegou a minha hora/ (coro repete)/ oi é besouro de Santo Amaro". Rego (1968: 123) também cita a seguinte canção: "Besôro antes de morrê/ Abriu a boca e falô/ Meu filho não apanhe/ Qui seu pai nunca apanhô/ Na roda da capoêra/ Foi um grande professo".

recuperar o instrumento musical, que havia sido colocado junto a outras armas apreendidas. A fonte jurídica complementa o relato de Pastinha e permite compreender a visão que as forças de segurança tinham sobre o instrumento, ou seja, de uma arma em meio a outras, alvo de busca e apreensão.

Por outros caminhos, as pesquisas dos historiadores Adriana Albert Dias (2006) e Josivaldo Pires de Oliveira (2004), que enfocaram o cotidiano dos praticantes de capoeira nas primeiras décadas do século XX, lembram como eram escassas as referências à prática e, menos ainda, aos aspectos musicais e das canções (Dias, 2006: 60). Como lembra Dias (2006), apenas na década de 1930 haverá descrições mais detalhadas sobre as rodas, em reportagens de Edison Carneiro. Para Josivaldo Pires (Oliveira, 2004: 10), entre 1912 e 1937, o que pode ser percebido é que o "cotidiano dos capoeiras na capital baiana estava, segundo reflexo da documentação analisada, circunscrito ao universo da criminalidade das ruas". Neste sentido, os praticantes são classificados menos como capoeiras e mais como valentões e capadócios. Assim, é nas páginas policiais que o autor (*idem*) consegue encontrar mais detalhes sobre a vida de capoeiras que seriam perpetuados pelas canções da capoeira, um indicador relevante da elaboração dos tempos de violência em narrativas ainda perceptíveis na década de 1960 (Rego, 1968: 266).

Um dos casos que Oliveira (2004: 91) detalha bem é o de Pedro Mineiro, que "aparece na memória da capoeira baiana como um dos valentões que causavam terror nas ruas de Salvador nas primeiras década republicanas" e que foi assassinado em razão de uma briga com um marinheiro, no interior de uma delegacia. Pedro possuía relações com representantes do poder político local, atuando como capanga, assim como também faziam outros capoeiras baianos. O caso citado, que ocorreu em 1914, foi reconstituído por meio de notícias da imprensa e dos manuscritos de Mestre Noronha; no episódio, foi envolvido o chefe de polícia Álvaro Cova, que chegou a pedir demissão ao então governador, J.J. Seabra. Oliveira (*ibidem*) comenta que a memória deste fato foi elaborada em canções de capoeira registradas por Jair Moura, Waldeloir Rego e Mestre Canjiquinha. Waldemar (2004: 89-90), por sua vez, menciona versões que sempre destacam o assassinato de Pedro Mineiro dentro da delegacia, assumindo um tom de responsabilização da polícia pelo ocorrido. Aos registros indicados pelo pesquisador, poderíamos acrescentar Carybé, que também dá notícias de uma versão desta canção em seu livreto *Jogo de Capoeira* (1951: 7). Por fim, vale pontuar que se outros exemplos de canções de capoeira que retratam desfechos violentos poderiam ser destacados, o caso documentado em detalhes por Oliveira (2004) parece suficiente para evidenciar como a memória das canções da capoeira elaborou, musicalmente, no universo da roda, a dimensão violenta da capoeira do início do século.

 Após esses comentários sobre o berimbau e as canções, destaco um último fator que elucida o uso dos aspectos musicais para a capoeira da época, qual seja, a existência de um toque de berimbau que, segundo relatos de mestres e pesquisadores, perde gradativamente, a função que tinha nas primeiras décadas do século XX: o chamado toque *cavalaria*. Mestre Pastinha (1964: 32) menciona esse toque, explicando que sua característica principal era avisar "aos capoeiristas, da aproximação da cavalaria da polícia, quando a capoeira era objeto de severa repressão". Os mestres Bimba e Traíra (João Ramos do Nascimento) incluíram o toque em seus discos, gravados dois anos antes.[35] Em Waldeloir Rego também encontramos menção ao toque nas seleções musicais dos mestres Canjiquinha, Gato (José Gabriel Goes), Waldemar da Paixão e Bigodinho (Francisco de Assis). Semelhante à declaração de Pastinha e admitindo sua generalidade, Rego conta que:

---

35 Ver referências na discografia apresentada ao final do livro.

> Em nossos dias, o comum a todos os capoeiras é o chamado cavalaria, usado para denunciar a presença da polícia montada, do conhecido Esquadrão de Cavalaria, cuja grande atuação na Bahia foi no tempo do chefe de polícia chamado Pedrito (Pedro de Azevedo Gordilho), que perseguia candomblés e capoeiristas... (1968: 63).

O toque cavalaria é, portanto, parte do conjunto acionado por vários mestres de capoeira da década de 1960, mas sempre lembrado com referência a uma situação social passada, uma vez que nesse período já não se joga mais capoeira com este toque. Há, porém, alguns indícios deixados por matérias de jornais de São Paulo e do Rio de Janeiro, que permitem pensar numa reinterpretação do toque, atualizando seu significado para os novos tempos. Em reportagem do início da década de 1960, publicada pelo periódico *A gazeta*, um jornalista registrou o toque *cavalaria* no conjunto de toques da academia de Pastinha, informando que teria o objetivo de servir de "aviso para anunciar a presença de estranhos".[36] Notícia semelhante foi publicada em periódico carioca alguns anos depois.[37] Pouco utilizado durante o jogo, na comparação com outros toques de capoeira, o *cavalaria* ficou como mais um exemplo da memória da capoeira baiana em seus tempos violentos, expressa em seu aspecto musical, combinando-se às canções e aos relatos da dupla função do berimbau. Em contraste, na declaração de Pastinha citada anteriormente, tanto o instrumento, como as canções e a música podiam ter seu uso coordenado, segundo a ocasião, para a alegria ou para a dor.

Os exemplos anteriores, que exploraram a dimensão musical da capoeira baiana no período em que esteve mais associada

---

36 *A Gazeta*, São Paulo, 25 de agosto de 1962. 1 cad. p. 10.
37 "Na onda do berimbau". *Correio de Manhã*, Rio de Janeiro, 18 de outubro de 1964.

à violência (as primeiras décadas do século XX), contribuíram para os principais objetivos principais desta seção. O primeiro foi relativizar um pouco o papel das músicas e canções na "pacificação" da capoeira, demonstrando como, mesmo em seu período de maior "barulho", instrumentos, músicas e canções correspondiam aos papéis que lhes eram destinados pelos capoeiristas. O segundo objetivo foi o de deixar mais evidente o contraste com os sentidos posteriores atribuídos à música e às canções, que se voltaram aos entendimentos de uma capoeira amigável, como "vadiação" entre amigos e mesmo um símbolo de identidade. Como afirmou Edison Carneiro a Ruth Landes (2002), na capoeira baiana operou-se uma retirada de seu veneno, isto é, do aspecto de violência, perpetuando-se e consolidando-se uma imagem amistosa, sem dúvida cantada por capoeiras e respondida em coro por artistas e intelectuais e vice-versa. Assim, a "pacificação" da capoeira, seu processo de civilização, foi obra conjunta de capoeiristas, intelectuais e artistas, assumindo a música e as canções sentidos variados, mas sempre se fazendo ouvir.

## Fechando o capítulo: música e canção na pacificação dos sentidos

> "No som do berimbau/ Sou feliz cantamos assim/ Nas festas não somos mau/ Todos cantam para mim.
> Mestre Pastinha citado por Waldeloir Rego.
> *Ensaio sócio-etnográfico de Capoeira Angola.*

Seguindo as ressonâncias da música e das canções do universo da capoeira baiana, pude em um primeiro momento descrever e analisar a ampla penetração que esses elementos ganharam entre capoeiristas e intelectuais de diversos matizes (escritores, folcloristas, pintores, músicos), bem como suas apropriações diferenciadas.

Embora o tema da herança africana e da identidade nacional tenha constituído um pano de fundo em boa parte da discussão, espero ter apontando para a maneira pela qual a capoeira baiana e sua dimensão musical assumem arranjos diferentes. Outro panorama se desenha quando acompanhamos a presença da música e a memória das canções nos tempos mais violentos da capoeira baiana, operando como símbolos que opunham capoeiristas e forças da ordem. Esse contraste comprova que a existência da música e das canções não necessariamente faz da capoeira baiana uma brincadeira entre amigos. Houve um gradativo processo, envolvendo capoeiristas e intelectuais, que consolidou a cordialidade da capoeira baiana, como fica elucidado na epígrafe de Pastinha, parte de uma canção entoada na década de 1960. Em seus manuscritos encontramos uma importante pista:

> (...) e a capoeira vem amofinando-se quando no passado ela era violenta, muitos mestres, e outros nos chamavam tensão, quando não estava no ritmo, esplicava com decencia, e davanos educação dentro do esporte da capoeira, esta é a razão que todos que vieram do passado tem jogo de corpo e ritimo. Os mestres rezerva segredos, mais não nega a esplicação. Você deve cantar com inredo eimprovisado, e é isto justamente que eu venho imprimindo no Ctro. desde 1941. (Decânio, 1997: 30).

Aqui, Mestre Pastinha novamente esboça a distinção entre a capoeira antiga e violenta e a mais recente; porém, com relação à violência ele recorda que o papel do Mestre era chamar a atenção quando um discípulo saía do ritmo. Assim eleva a condição dos mestres do passado, visto que deixa subentendido que a combinação de jogo de corpo e ritmo não estaria mais presente nos capoeiristas mais recentes. Em certo equilíbrio entre jogo de corpo e ritmo parece residir a concepção de capoeira de Pastinha, talvez generalizável também para outros mestres. Tal equilíbrio implicava no desenvolvimento de golpes e outros movimentos físicos, mas também num estrito controle do corpo, submetido às notas do berimbau, tido como "o primitivo mestre. Ensina pelo som. Dá vibração e ginga no corpo da gente" (Abreu & Castro, 2009: 28). Se junto ao jogo de corpo, o ritmo é o fundamento do capoeirista, sua aprendizagem pelos alunos nas academias dotou a música de um poder de controle dos jogadores, que foi utilizado pelos mestres como estratégia de ensino e controle da violência, simultaneamente. Mestre Bimba, quando afirmou a invenção de sua *Capoeira Regional*, não o fez apenas nos golpes, no "jogo de corpo", para seguirmos com um termo semelhante. Ele também o fez no ritmo, criando um toque de berimbau característico e, talvez, um jeito próprio de executar os mesmos toques conhecidos de outros capoeiristas. Muniz Sodré, jornalista e discípulo do Mestre, presta interessante afirmação ao contrastar os dois estilos, *Angola* e *Regional*, de acordo com o aspecto musical que o Mestre imprimia ao tocar:

> é preciso levar em conta que o jogo da capoeira é tradicionalmente defensivo (...). Por esse motivo, o toque angola puxa para trás. Que fez Bimba? Recriando golpes e tornando mais ofensiva a movimentação, puxou o toque para frente (...). Com Bimba, tornou-se claro para mim como pode o berimbau aumentar a energia que passa no ritmo. O jogo, os corpos dos jogadores e, eventualmente, a violência são estrategicamente controlados pelo berimbau (2002: 82).

Não devemos esquecer que, antes das academias, o controle dos movimentos e a submissão aos toques do berimbau parecem ter ocorrido nas muitas rodas realizadas nas feiras e festas populares, registradas por vários intelectuais nas décadas de 1930 e 1940. Se a música constituiu importante elemento de controle da agressividade na capoeira, um efetivo "processo civilizador" (Elias, 2008), por outros caminhos ela também projetou um status de cordialidade (Holanda, 1978: 106) que foi sistematicamente ouvido e amplificado por intelectuais em diferentes sentidos: "brincadeira coletiva" (Carneiro, 1965:

51); "luta convertida em dança" (Landes, 2002: 154); "diversão entre amigos" (Carneiro, 1937: 148); e "vadiação" (Robato Filho, 1954).

Penso que a capoeira baiana, assim definida, se aproxima da definição de *cordialidade* que Sérgio Buarque de Holanda (1978) consagra à interpretação do homem brasileiro, oscilante entre a afetividade e a agressividade, ambas "expressões legítimas de um fundo emotivo extremamente rico e transbordante" (*idem*: 107). Da mesma forma como a conduta do homem cordial se opõe aos fundamentos coercitivos e impessoais do comportamento civilizado, a capoeira baiana também estará deslocada em relação, por exemplo, ao esporte, analogia correspondente à do comportamento civilizado. Embora o "guardião" da *Capoeira Angola*, Mestre Pastinha, tenha assegurado que "civilizou" a capoeira, e o criador da *Capoeira Regional*, Mestre Bimba, tenha afirmado que incluiu golpes para deixá-la mais eficiente, a capoeira baiana, no período estudado, será interpretada como uma luta disfarçada em dança, ou dança que pode, num repente, se transformar em luta sangrenta.

Entendida como parte do legado africano dos escravos de Angola, assim como o samba e, em algumas leituras, como o Candomblé, a capoeira passou a fazer parte da "festa do povo brasileiro", como vários intelectuais passaram a defender desde os anos 1930. Para dar um último exemplo, foi a música que Lorenzo Turner quis ouvir de Bimba, em 1940, e que ele incluiu no filme *Vadiação* (Robatto, 1954), que teve roteiro e desenhos de Carybé. A capoeira era, por esse ângulo, um exemplo da mestiçagem: numa canção, exaltava-se a resistência, o jogo de corpo, os golpes; na outra, o ritmo, a dança, o movimento. A capoeira une a ambos os termos na ambiguidade das categorias: classificada como esporte, mas também como folclore. Se como disse Pastinha, "capoeira é tudo o que a boca come", não era pouca a fome desses homens em talhar a conduta dos lutadores e cantar sua prática nos círculos da capoeira e nas rodas de intelectuais.

# Considerações finais
## Canções para começar a luta

> "Era uma canção de desafio, esperança e resignação, com fragmentos de ideias de rebeldia. Não possuía um tema único, bem trabalhado, mas resumia um tipo de vida e de protesto. E fazia começar a luta..."
>
> Ruth Landes, *A Cidade das Mulheres*

A epígrafe acima, extraída da descrição que Ruth Landes fez de um jogo de capoeira observado no final da década de 1930, em Salvador, é representativa de dois aspectos relevantes: a polissemia da canção e sua função no jogo. Destes, destaco o primeiro. No esforço de abarcar em poucas palavras o que as canções, apresentadas ao longo do texto da autora, diziam, notamos, como a antropóloga sugere, várias chaves de leitura, indo desde o desafio até a resignação, passando pela esperança e pela rebeldia. Suscitando vários temas, as canções da capoeira impunham dificuldades em resumir seu significado, o que leva Landes a concluir, de maneira geral, que elas correspondiam a um tipo de vida e de protesto. Estimulada, talvez, pela pesquisa que vinha realizando sobre as religiões na Bahia, a antropóloga se perguntava a respeito das canções da capoeira: *"Lembrariam as lutas que as haviam inspirado ou apenas dramatizavam os homens negros, como o candomblé dramatizava as mulheres negras?"* (Landes, 2002: 154). Seu amigo e guia na cidade do Salvador, Edison Carneiro, que cedeu as canções que compõem o capítulo em que Landes menciona a capoeira, foi mais incisivo ao afiançar que muitas das canções da capoeira eram produto do sincretismo religioso, correspondendo à deturpação original de canções do Candomblé.

Alguns anos antes, Manoel Querino, que dedicou algumas páginas à capoeira em seu livro *A Bahia d'Outrora*, mencionava algumas canções e a existência de música, mas não dirigia uma única linha à sua interpretação ou função no jogo – o que de certa forma revela a pouca importância que o tema ocupava na compreensão da capoeira baiana a seu juízo. Interessava mais a Querino elevar a relação da capoeira com os grandes feitos do passado nacional, tais como o heroísmo que os capoeiristas baianos demonstraram na Guerra do Paraguai, pois, como disse à época, isso servia para "justificar que a capoeira tem a sua utilidade em determinadas ocasiões" (1922: 67). Cerca de vinte anos depois, a descrição da melodia, dos instrumentos da capoeira e das canções ganharia lugar de destaque entre os principais intelectuais que viriam a escrever sobre a capoeira baiana. O próprio fenômeno seria cada vez mais debatido e apresentado de forma positiva, ao lado de outras manifestações que constituiriam exemplos das "sobrevivências" (Arthur Ramos, 1935) da África no Brasil.

Alteravam-se as disposições de poder no campo cultural baiano, saindo-se de uma situação em que a capoeira era vista como estímulo à "desordem social",[1] passando para sua exaltação em função da potencialidade marcial[2] para, por fim, atingir-se um terceiro momento, que combina a qualidade de arte marcial com a ideia de diversão ou divertimento (Carneiro, 1937: 148). Nesta terceira fase, a capoeira passará a ser apresentada como uma das expressões do "inconsciente coletivo" do Brasil ou, dito de outra forma, do caráter nacional.[3]

---

1 Josivaldo Pires de Oliveira (2004 : 120) menciona: "(...) o agente dessa prática cultural aparece frequentemente nas colunas policiais, às vezes como vítima, outras tantas como agressor, mas sempre nas manchetes que tratam da criminalidade nas ruas (...)".

2 Além de Manuel Querino, Mello Moraes Filho (1979: 263) também destacava esse traço, no caso, na capoeira carioca: "A capoeiragem, como arte, como instrumento de defesa, é a luta própria do Brasil".

3 Arthur Ramos (1935: 73) é um dos principais defensores dessa hipótese, por exemplo ao afirmar sobre o folclore: "O que vem a provar que a

Tal deslocamento de concepções somente parece ter sido possível após a redefinição conceitual proposta por Mário de Andrade. A partir das pesquisas empreendidas pelo escritor paulistano, o folclore, aceito como expressão romântica da alma de um povo, deixa de ser buscado no âmbito da literatura oral e passa a ser imaginado em termos da música popular, vista como a expressão peculiar por excelência do Brasil: "Nos últimos dias do Império finalmente e primeiros dias da República..., a música popular cresce e se define com uma rapidez incrível, tornando-se violentamente a criação mais forte e a caracterização mais bela da nossa raça" (Andrade, 1965: 31). No mesmo período, Edison Carneiro (1936) inclui o berimbau na lista de instrumentos usados pelos negros que apresenta em *Religiões Negras*, concluindo que haveria uma "invencível tendência da raça para a música instrumental" (*ibidem*: 114).

A capoeira, porém, para emergir como um dos elementos da nacionalidade brasileira, dependeu dos esforços de determinados intelectuais em defesa da valorização de um conjunto de manifestações culturais negras, que também incluiu o samba e o Candomblé. Alguns desencontros são significativos desse momento, como uma ocasião em que Edison Carneiro e Áydano do Couto Ferraz deram explicações divergentes a Ruth Landes. O primeiro falava da maneira pelas quais os negros conseguiram manter "preservadas" suas práticas no Brasil, enquanto o segundo fazia questão de retificar: "Mas lembre-se, as tradições africanas são agora brasileiras – e nós as chamamos de afro-brasileiras" (Landes, 2002: 148). Por meio desse tipo de processo, em pouco tempo, essa noção de mestiçagem, antes vista como degeneração ou elemento negativo, passa a ser considerada peculiar e nacional (Schwarcz, 1995: 56). O papel da Revolução de 1930, conforme destacado por

historia se mistura de symbolos, de crenças, de ritos, isto é, de elementos affectivo-dynamicos que passaram ao inconsciente collectivo, constituindo a tradição anonyma. Inconsciente folklorico".

Antonio Candido, também é importante para tal mudança, como demonstra a normalização e generalização de uma série de experiências que vinham ocorrendo no campo da cultura durante a década de 1920. Em meio a elas, emergem as novas interpretações no campo dos estudos históricos e sociais, que concentram parte significativa de um "sopro de radicalismo intelectual" observado no período (Candido, 1978: xi).

O radicalismo intelectual foi responsável por formular outras possibilidades de se imaginar a nação (Anderson, 2005). Nos termos de Anderson (*idem*), procurou-se destacar as novas popas a partir das quais se imaginava a agremiação horizontal e profunda de membros da nação brasileira. Esses topos de imaginação incluíam outra modalidade de relação entre as elites e os estratos sociais mais baixos, aproximando-se daquilo que Peter Burke (1989: 40) intitulou de "descoberta do povo", caracterizada por um "movimento de primitivismo cultural no qual o antigo, o distante e o popular eram todos igualados". Tal movimento de raízes românticas ganha efervescência no Brasil com o modernismo, cuja "descoberta do povo" fica marcada tanto pela sua dimensão literária, plasmada no herói sem caráter do livro *Macunaíma* (1928), de Mário de Andrade, quanto pela experiência pioneira da Sociedade de Etnografia e Folclore de São Paulo (1936). Por seu turno, esta instituição seria elemento de inspiração para uma das mais importantes políticas culturais nascidas durante o Estado Novo (Vilhena, 1997: 90), a Comissão Nacional de Folclore (CNFL) que, de 1947 a 1964, realizou intenso trabalho de "identificação", "catalogação", "proteção" e "restauração" das manifestações populares.

A CNFL foi a ação dos intelectuais à frente de uma política cultural, por meio da qual estes se arvoravam a intervir nas manifestações culturais, "com extrema discrição e muita liberdade aos brincantes" (Carneiro, 1957: 30), para "restaurá-las" em toda sua "pureza", como o próprio povo faria, se assim tivesse condições de fazê-lo (*ibidem*: 35). Tal contradição, que levou alguns intelectuais a quererem preservar o que acreditavam estar desaparecendo, só ocorreu porque imaginavam que os representantes do folclore eram portadores de um "espírito nacional" ou "inconsciente coletivo" que havia sido "perdido" pelas elites em sua ânsia de modernização e progresso. Basta lembrar que Carneiro (1937: 160) terminará suas observações sobre a capoeira em 1937, com o seguinte diagnóstico: "O progresso dar-lhe-á, porém, mais cedo ou mais tarde, o tiro de misericórdia".

Outro importante fator da "descoberta do povo" no Brasil, passa pela questão racial, uma vez que, até o início do século XX, a consideração da população negra pelas elites ocorria sob o signo do atraso e da degradação da nação. Ao mesmo tempo em que várias manifestações populares começam a ser apresentadas como portadoras dos elementos da nacionalidade, aquelas mais associadas aos negros ganham projeção redobrada nesse sentido. Samba, capoeira e Candomblé são três expressões, como demonstra Jocélio Telles (2005: 65), que se tornaram, após a década de 1970, o *trademark* da Bahia, "topos" que define o patrimônio negro no Brasil (2005: 65). Entre 1930 e 1960, consolidam-se as bases dessa imaginação que coloca o negro como importante elemento fundador da nação brasileira e a mestiçagem como modelo de convivência racial para exportação. Não por acaso, a antropóloga Ruth Landes chega ao país no fim da década de 1930, para pesquisar as religiões afro-brasileiras, como uma das primeiras pessoas a se beneficiar do início de intercâmbio entre Universidades norte-americanas e brasileiras, interessadas em conhecer melhor a suposta convivência harmônica entre negros e brancos.

A capoeira, de certa forma, foi enfocada pelo interesse destes pesquisadores no "povo", que seria analisado segundo duas modalidades de institucionalização: de um lado, a pesquisa e preservação do folclore no âmbito do Estado, realizada pelos folcloristas, ainda nos moldes do intelectual polígrafo; de outro, o desenvolvimento de estudos no domínio de disciplinas como a Sociologia e a Antropologia, a partir das modernas instituições universitárias que forjavam um tipo de intelectual altamente especializado. A verdade é que, enquanto a capoeira foi amplamente absorvida pelos folcloristas, os antropólogos e sociólogos desenvolveram maior interesse pelo tema da religião, embora incluíssem a capoeira, ainda que pontualmente, como exemplo das definições mais gerais sobre as manifestações negras.

Como afirmou Rodolfo Vilhena (1997: 173-4), o *Movimento Folclórico* atuava por meio das Comissões Estaduais, sob um *ethos* que se baseava num misto de voluntarismo cívico e promoção de "rumor" público, sendo este favorável às manifestações folclóricas em vias de "desaparecimento" ou "degradação". Um dos principais resultados conseguidos pelos folcloristas é a criação de grandes eventos, como os encontros e exposições de folclore, onde a nação imaginada é ritualizada por variados tipos de "folguedos". A capoeira apresentada nos encontros é a da Bahia, e seus representantes se aproximam cada vez mais desse espaço de visibilidade e constroem, reflexivamente, suas próprias elaborações sobre a capoeira como folclore. Todas as categorias exportadas pelos folcloristas, em seu íntimo contato com os representantes da capoeira, foram rapidamente agenciadas, como ocorreu, por exemplo, com Mestre Pastinha e Mestre Bimba, ambos falando sobre si e sua prática.

É um processo semelhante ao que Manuela Carneiro da Cunha (2009) descreveu como "cultura" com aspas, que constitui a dimensão pela qual os "nativos" mobilizam reflexivamente as categorias que lhes são atribuídas. A antropóloga assegura que noções como "cultura", "raça", "trabalho" e "dinheiro" também passaram por um processo de renovação, uma vez que os "povos da periferia foram levados a adotá-las, do mesmo modo que foram levados a comprar mercadorias manufaturadas" (*ibidem*: 312). A adoção e renovação que imprimiu aspas em tais noções decorre da celebrada utilização que vários povos vêm fazendo desses termos, principalmente da palavra "cultura", como estratégia para exigir reparação por danos políticos sofridos. Algumas destas reparações passam pelas reivindicações de territórios ou pelos "direitos intelectuais indígenas", o que configura uma situação na qual tais povos passam a usar a noção de "cultura", tentando reconciliar, prática e intelectualmente, "sua própria imaginação com a imaginação limitada que se espera que eles ponham em cena" (*ibidem*: 355). Cunha indaga, portanto, diante da contradição entre a imaginação metropolitana e indígena: "Como é que indígenas usam a performance cultural e a própria categoria de 'cultura'?" (*ibidem*: 355).

No caso da capoeira, a apropriação da noção de "folclore" refletiu-se nas disputas travadas por capoeiristas em torno da definição de uma manifestação mais "autêntica". Vivendo entre a ginga cotidiana das rodas da capoeira, a noção ganhou utilização pragmática entre os capoeiristas, como estratégia para a otimização de oportunidades no promissor mercado de bens culturais que se abria em Salvador. A concorrência e os conflitos entre mestres se multiplicaram e ganharam mais repercussão na medida em que a capoeira baiana se popularizou por meio das escolas, livros, filmes, pinturas e apresentações, estas últimas realizadas tanto em Salvador quanto em outros locais do país.

Assim como capoeiristas do estilo de Pastinha, Bimba, Canjiquinha, Samuel Querido de Deus, Traíra e Polu, entre outros, foram muito importantes para conformar a relevância e originalidade[4] da capoeira baiana, intelectuais ou artistas como Jorge Amado, Carybé e o próprio Carneiro, travaram um tipo de convívio que permite qualificar a produção de sentidos sobre a capoeira como um fluxo circular entre membros da elite

---

4   O termo "originalidade" assume, neste caso, dois sentidos: um como origem e outro como inovação.

e capoeiristas. Samuel Querido de Deus passou pelos livros de Carneiro e Amado, mas também jogou capoeira para os intelectuais do 2° Congresso Afro-Brasileiro (1937). Carybé, amigo de Amado, se dedicava às amizades com capoeiristas e praticava nas rodas junto com eles, sendo retratado nas fotos de Pierre Verger, por um lado, e retratando os movimentos dos capoeiristas em telas e painéis, por outro. Pastinha, amigo de Carybé, abrira sua Escola de Capoeira no Largo do Pelourinho, e no mesmo espaço, transmutado na Universidade Popular do Taboão, de *Tenda dos Milagres* (1969), podemos ver os personagens de Jorge Amado "vadiando" no começo da noite. Bimba é alvo das críticas mais duras tanto de Carneiro como de Amado, mas se apresenta diante de Getúlio Vargas, em encontro dos folcloristas; e Canjiquinha faz uma demonstração de capoeira para Juscelino Kubitschek e participa do filme *O pagador de promessas* (1962). Antes ainda do "poder da cultura" que Jocélio Telles (2005) descreve em relação ao Candomblé da década de 1970, a capoeira passava a ser sistematicamente incluída em eventos oficiais públicos.

Mas, para que ocorresse a nacionalização da capoeira baiana em detrimento da carioca, foi muito importante tanto o papel dos grandes mestres, quanto a divulgação da prática pelos órgãos de turismo do Estado baiano. As afinidades que se estabeleceram entre esse conjunto de fatores foi explosiva para tal projeção, ressaltando-se a musicalidade como aspecto peculiar e sinal diacrítico. Simbolizada pelo berimbau, a musicalidade participou de maneira ativa em vários níveis, desde a padronização do jogo, com certa normatização que implicava um maior controle do corpo e da violência, até a penetração de seus instrumentos, versos e sons nas canções da Música Popular Brasileira (MPB), na literatura, nas artes plásticas, nos periódicos e nos estudos dos folcloristas.

Pelo mesmo marcador musical, a capoeira seria constantemente interpretada ora como luta, ora como dança, ora como jogo, o que aumentava sua ambiguidade. Esta característica foi bastante explorada pelas políticas oficiais que, como já dito, se apropriaram da capoeira baiana como um dos símbolos da nação mestiça, imaginada também como um equilíbrio entre contrários, como um ajustamento de significados contraditórios. Diante desta peculiaridade, a capoeira guardava, em seu suposto disfarce, a reconciliação, no presente, das proibições impostas por uma sociedade escravocrata, repressora da capoeira, com sua tolerância a festejos, danças e batuques.

Refletindo a partir da perspectiva de Beatriz Dantas (1988), há de se concordar que a capoeira baiana, semelhante ao candomblé, passou pelos usos e abusos das interpretações de uma herança africana, na medida em que esta era valorizada segundo sua pureza em relação à origem. A capoeira baiana esteve associada, na sua origem, ao grupo dos angolas, subcategoria dos bantus, um conjunto étnico que seria pouco afeito à preservação de seus traços (Querino, 1922). Este grupo racial teria características contrárias às dos sudaneses, privilegiados por Nina Rodrigues (Dantas, 1988) em seus estudos antropológicos na Escola de Medicina da Bahia. Quando Edison Carneiro se interessou pela busca de traços bantus na Bahia da década de 1930, guiou-se por uma crítica ao "exclusivismo sudanês" do médico maranhense, sem deixar de preservar a reflexão de Rodrigues de valorização da pureza. Assim, para Carneiro (1937: 159), nada estará mais distante da capoeira "pura" do que aquela praticada por Bimba, corrompida pela inclusão de golpes alheios à origem da prática. Simetricamente, em sua opinião, a modalidade da capoeira mais preservada será a *Capoeira Angola* praticada, à época, por Samuel Querido de Deus e Onça Preta, entre outros.

É interessante notar uma sutileza pouco comentada sobre a denominação da capoeira baiana em sua vertente *Angola*. Um dos primeiros intelectuais a registrar a definição da capoeira na Bahia como sendo "capoeira *de* Angola" foi Edison Carneiro, em reportagens de jornais e, principalmente, em sua publicação *Negros Bantus*: "A capoeira *de* Angola me parece a mais pura das formas de capoeira (...)" (1937: 149). Jorge Amado, em *Capitães da Areia* (1937), também fez eco a tal definição, ao afirmar que "no jogo de capoeira *de* Angola ninguém pode se medir com Querido de Deus (...)" (2008: 31). Já na década de 1960, a definição consagrada será somente "Capoeira Angola", sem a preposição "de", que estabelecia um evidente vínculo entre a origem da capoeira e a África. Jorge Amado, que se utiliza da capoeira em muitas de suas obras, é um ótimo exemplo para constatar tal mudança, pois em *Tenda dos Milagres* (1969), publicado cerca de 30 anos depois de *Capitães de Areia*, menciona que em Salvador, "a capoeira Angola se transformou: sem deixar de ser luta foi balé" (2008: 12). E se transformou sutilmente, a ponto de a preposição "de" deixar de ser utilizada. Outro exemplo é o de Mestre Pastinha, amigo de Amado, que alguns anos antes havia lançado um livro intitulado *Capoeira Angola* (1964), mesmo nome do *Centro Esportivo* que criou. Talvez seja possível interpretar o desaparecimento da preposição como um processo de ajustamento, pois ao mesmo tempo em que se evoca a África, se relativiza o peso de sua herança, valorizando uma ressignificação local.

Alguns dos principais capoeiristas baianos também usaram e abusaram das concepções de pureza e mestiçagem. Pastinha, por exemplo, também gingava com as classificações, ora marcando uma denominação da prática que relativizava a herança africana, ora reiterando sua proximidade com o continente negro: "Bem, mas de uma coisa ninguém duvida: foram os negros trazidos escravos de Angola que ensinaram a capoeira para nós (...)" (Abreu e Castro, 2009: 21). Ao mesmo tempo, Mestre Bimba não se fazia de rogado e jogava com as definições que enfatizavam a "autenticidade" da capoeira: "Em Angola nunca houve capoeira. Tem dois escritores do Rio de Janeiro que dizem que a Capoeira veio da África. Mas não. Ela foi criada no Brasil, nas senzalas, nos engenhos, onde os pretos trabalhavam (...)" (*ibidem*: 36). Em sentido contrário ao da afirmação acima, Bimba também era plenamente capaz de defender a pureza da capoeira, como por exemplo, nos espetáculos folclóricos que dizia ter apresentado em Salvador, nos quais afirmava ter sido sempre "muito elogiado. Mas agora, atualmente, existe muita falsificação (...)" (*ibidem*: 34). Na ginga dos sentidos, tanto intelectuais quanto os mestres acabaram por jogar com as classificações, sendo que os primeiros tinham maior poder na imposição de certas categorias, por estarem investidos do discurso científico e das políticas oficiais. Mas a imposição das categorias não se faz em uma única direção, como mostra a ideia de "cultura" com aspas (Cunha, 2009).

Há que se atentar para o fato de que na utilização pragmática de categorias como folclore, efetuadas por capoeiristas, o que se evidencia não é uma "invenção" e, menos ainda, uma "falsificação" das manifestações. O que se explicita são as imaginações dos capoeiristas, intelectuais e representantes do Estado em questão, para conciliar "expectativas diferentes, quando não opostas, sem sentir que há contradições" (Cunha, 2009: 355).

Pode-se dizer que as expectativas expressas por pessoas que ocupam distintas posições de poder fortaleceram certa crítica empobrecedora da complexa realidade que experimentaram os atores enfocados nesta pesquisa. Em linhas gerais, tal crítica aponta para um processo de simples "cooptação da cultura popular", no nosso caso, dos capoeiristas por intelectuais e representantes do Estado, sendo estes os vencedores na batalha pela hegemonia cultural. Uma boa síntese dessa opinião foi veiculada por um artigo de Alejandro Frigerio (1989: 90), para quem, entre 1930 e 1960, "a Capoeira se 'folcloriza'. Em vez de se impor como uma manifestação cultural popular, com características próprias, apresenta-se uma imagem adulterada da mesma, procurando o que mais impressione e agrade o turista". Ao contrário desta análise, esperamos ter seguido a inspiração da leitura que Stuart Hall faz de Gramsci, uma vez que a "hegemonia cultural nunca é uma questão de vitória ou dominação pura (...) nunca é um jogo cultural de perde-ganha (...)" (Hall, 2006: 321).

A capoeira baiana, popularizada num período marcado pela apropriação massiva de manifestações culturais pelo Estado, também foi passível de se constituir em uma estratégia cultural capaz de fazer a diferença para as pessoas que a produziam. Definitivamente, não se pode ignorar o uso da capoeira como uma das várias estratégias culturais de praticantes de manifestações populares, pois, com todas as limitações, elas foram "capazes de efetuar diferenças e de deslocar as disposições de poder" (*ibidem*). Nas inúmeras batalhas em que estiveram envolvidos, os capoeiristas, intelectuais e outros atores procuraram garantir posições ou deslocar disposições, sem deixar de tentar conciliar a imaginação que tinham da capoeira com as outras expectativas envolvidas. Lutas ou artes de encontro e desencontro.

# *Bibliografia*

ABREU, Frede e BARROS DE CASTRO, Maurício (org.). *Coleção Encontros – Capoeira*. São Paulo: Azougue Editorial, 2009.

ABREU, Frederico. *Bimba é Bamba: a capoeira no ringue*. Salvador: Instituto Jair Moura, 1999.

ALBUQUERQUE, Wlamyra. *Algazarra nas ruas – Comemorações da independência na Bahia (1889-1923)*. Coleção Várias Histórias. Campinas: Editora da Unicamp, 1999.

ALMEIDA, Renato. "O brinquedo da capoeira". *Revista do Arquivo Municipal de São Paulo*, São Paulo, n. 84, jul./ago. 1942.

_____. *Manual de Coleta Folclórica*. Rio de Janeiro: Campanha de Defesa do Folclore Brasileiro, 1965.

ALVARENGA, Oneyda. *Melodias registradas por meios não-mecânicos*. São Paulo: Arquivos Folclóricos da Discoteca Pública, 1946.

AMADO, Jorge. *A morte e a morte de Quincas Berro D'água*. São Paulo: Companhia das Letras, 2008 [1961].

_____. *Bahia de todos os Santos – guia das ruas e dos mistérios da cidade de Salvador*. 1ª ed. São Paulo: Livraria Martins Editora, 1945.

_____. *Bahia de todos os Santos – guia das ruas e dos mistérios da cidade de Salvador*. 8ª ed. São Paulo: Livraria Martins Editora, 1960.

_____. *Bahia de todos os Santos – guia das ruas e dos mistérios da cidade de Salvador*. 25ª ed. São Paulo: Livraria Martins Editora, 1973.

_____. *Capitães de Areia*. São Paulo: Companhia das Letras, 2008 [1937].

_____. *Dona Flor e seus Dois Maridos*. São Paulo: Companhia das Letras, 2008 [1966].

_____. *Gabriela, Cravo e Canela*. Rio de Janeiro: Record, 1994 [1958].

_____. *Jubiabá*. Rio de Janeiro: Record, 1995 [1935].

_____. *Mar Morto*. 28ª ed. Salvador: Record, 1995 [1936].

_____. *Navegação de Cabotagem: apontamentos para um livro de memórias que jamais escreverei*. Rio de Janeiro: Record, 1992.

_____. *Tenda dos Milagres*. São Paulo: Companhia das Letras, 2008 [1969].

AMOROSO, Marta. "Sociedade de Etnografia e Folclore (1936-1939). Modernismo e Antropologia". In: *Catálogo da Sociedade de Etnografia e Folclore*. São Paulo: Discoteca Oneyda Alvarenga/ Centro Cultural São Paulo, 2004.

ANDERSON, Benedict. *Comunidades imaginadas: reflexões sobre a origem e a expansão do nacionalismo*. Lisboa: Edições 70, 2005.

ANDRADE, Mário de. "Evolução social da música no Brasil". In: *Aspectos da Música Brasileira*. São Paulo: Livraria Martins Editora, 1965 [1939]

_____. *Mário de Andrade – Oneyda Alvarenga: cartas*. São Paulo: Duas Cidades, 1983.

_____. *Dicionário Musical Brasileiro*. Coordenado por Oneyda Alvarenga e Flávia Camargo Toni. Belo Horizonte: Itatiaia:

Brasília: Ministério da Cultura: São Paulo: Instituto de Estudos Brasileiros da Universidade de São Paulo, 1989.

_____. *Cartas de Mário de Andrade a Luis da Câmara Cascudo*. Belo Horizonte; Rio de Janeiro: Villa Rica, 1991.

ANUNCIAÇÃO, Luiz Almeida da. "O Berimbau da Bahia". *Revista Brasileira de Folclore*, Rio de Janeiro, ano XI (29): 24: 33, jan./abr. 1971.

ARAÚJO, Alceu Maynard. *Folclore Nacional*. São Paulo: Melhoramentos, 1964.

ARAÚJO, Ricardo Benzaquen. *Guerra e Paz: Casa Grande e Senzala e a obra de Gilberto Freyre nos anos 30*. São Paulo: Editora 34, 1994.

ASSUNÇÃO, Matthias Rohrig. *Capoeira: The history of an Afro-brazilian martial art*. Londres: Routledge, 2005.

ASSUNÇÃO, Matthias Röhrig; MANSA, Mestre Cobra. "A dança da zebra". *Revista de História da Biblioteca Nacional*, Rio de Janeiro, mar. 2008. Disponível em: <http://www.revistadehistoria.com.br/v2/home/?go=detalhe&id=1445>.

BACELAR, Jeferson. "Imigrantes e estrangeiros na Bahia de Jorge Amado". In: *Bahia, a cidade de Jorge Amado*. Ciclo de Palestras, 2000.

BAHIA. *Bahia, a cidade de Jorge Amado*. Ciclo de Palestras, 2000.

BARRETO, José Jesus & FREITAS, Otto. *Pastinha: o grande mestre da capoeira Angola*. Salvador: Assembleia Legislativa do Estado da Bahia, 2009 (a).

BARRETO, José Jesus & FREITAS, Otto. *Carybé: um capeta cheio de arte*. Salvador: Assembleia Legislativa do Estado da Bahia, 2009 (b).

BASTOS, Elide Rugai. *As criaturas de Prometeu: Gilberto Freyre e a formação da sociedade brasileira*. São Paulo: Global, 2006.

BAXANDALL, Michael. *Padrões de intenção: a explicação histórica dos quadros*. São Paulo: Companhia das Letras, 2006.

BIAGGIO, Talento & COUCEIRO, Luis Alberto. *Edison Carneiro: o mestre antigo*. Salvador: Assembleia Legislativa do Estado da Bahia, 2009.

BOBBIO, Norberto; MATEUCCI, Nicola; PASQUINO, Gianfranco. *Dicionário de Política*. Brasília: Editora UnB; São Paulo: Imprensa Oficial do Estado de São Paulo, 2000.

BOLA SETE, Mestre. *A capoeira Angola na Bahia*. 4ª ed. Rio de Janeiro: Pallas, 2005.

BOTELHO, André & SCHWARCZ, Lilia. *Um enigma chamado Brasil – 29 intérpretes e um país*. São Paulo: Companhia das Letras, 2009.

BURKE, Peter. *Cultura Popular na Idade Moderna*. São Paulo: Companhia das Letras, 1989.

BURKE, Peter & PALLARES-BURKE, Maria Lúcia. *Repensando os trópicos: um retrato intelectual de Gilberto Freyre*. São Paulo: Editora Unesp, 2009.

CANDIDO, Antônio. "O significado de Raízes do Brasil". In: HOLANDA, Sérgio Buarque de. *Raízes do Brasil*. Rio de Janeiro: José Olympio, 1978 [1967].

_____. "A Revolução de 1930 e a cultura". *Novos Estudos Cebrap*, São Paulo, v. 2, n. 4, p. 27-36, abr. 1984.

CAMPOS, Maria José. *Arthur Ramos: luz e sombra na Antropologia Brasileira: uma versão da democracia racial no Brasil nas décadas de 1930 e 1940*. Dissertação (mestrado em Antropologia) – FFLCH/USP, São Paulo, 2003.

CARNEIRO, Edison. *Negros Bantus*. Rio de Janeiro: Civilização Brasileira, 1937.

_____. *Pesquisa de Folclore*. Rio de Janeiro: Instituto Brasileiro de Educação e Cultura/Comissão Nacional de Folclore, 1955.

_____. *A sabedoria popular*. Rio de Janeiro: Instituto Nacional do Livro, Ministério da Educação e Cultura, 1957.

_____. *Ladinos e crioulos*. Rio de Janeiro: Civilização Brasileira, 1964.

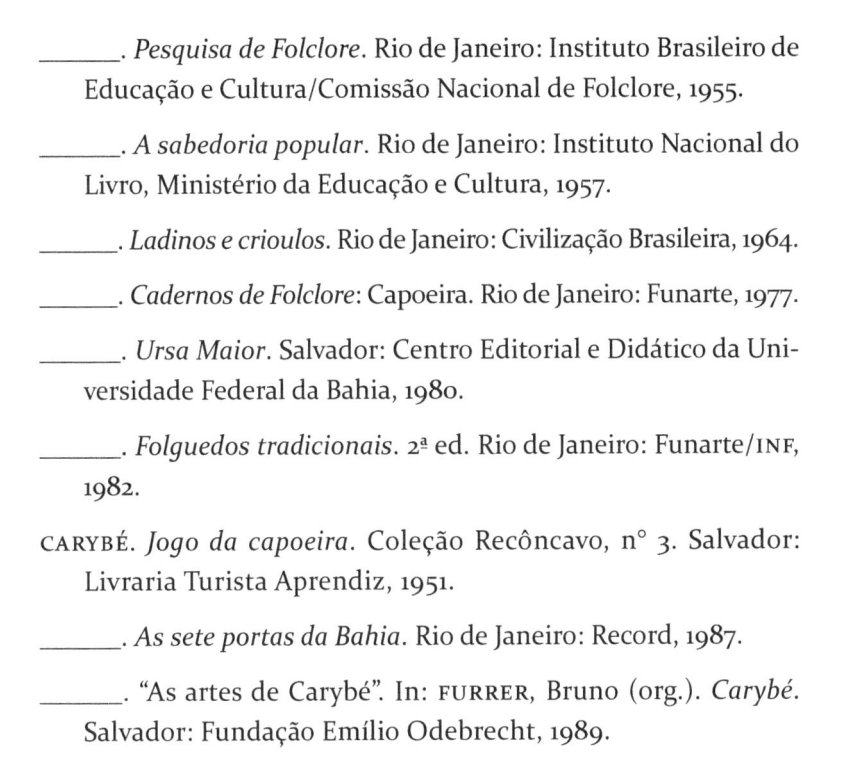

_____. *Cadernos de Folclore*: Capoeira. Rio de Janeiro: Funarte, 1977.

_____. *Ursa Maior*. Salvador: Centro Editorial e Didático da Universidade Federal da Bahia, 1980.

_____. *Folguedos tradicionais*. 2ª ed. Rio de Janeiro: Funarte/INF, 1982.

CARYBÉ. *Jogo da capoeira*. Coleção Recôncavo, n° 3. Salvador: Livraria Turista Aprendiz, 1951.

_____. *As sete portas da Bahia*. Rio de Janeiro: Record, 1987.

_____. "As artes de Carybé". In: FURRER, Bruno (org.). *Carybé*. Salvador: Fundação Emílio Odebrecht, 1989.

CASCUDO, Luís da Câmara. *Dicionário do Folclore Brasileiro*. Rio de Janeiro: Instituto Nacional do Livro/Ministério da Educação e Cultura, 1954.

CASTRO JÚNIOR, Luis Vitor. *Campos de visibilidade da capoeira baiana: as festas populares, as escolas de capoeira, o cinema e a arte (1955-1985)*. Tese (doutorado) – PUC-SP, São Paulo, 2004.

CATUNDA, Eunice. "Capoeira no terreiro de Mestre Waldemar". *Fundamentos – Revista de Cultura Moderna*, São Paulo, nº 30, nov. [16-18], 1952 e *Capoeira Palmares*, 2007. Disponível em <http://www.capoeira-palmares.fr>. Acesso em julho de 2009.

CAVALCANTI, Maria Laura Viveiros de Castro. "Cultura e saber do povo: uma perspectiva antropológica". *Tempo Brasileiro*, Rio de Janeiro, n° 147, out.-dez. 2001, p. 69-78.

CAYMMI, Stella. *Dorival Caymmi: o mar e o tempo*. São Paulo: Editora 34, 2001.

CORRÊA. Mariza. *As ilusões da liberdade: a Escola de Nina Rodrigues e a Antropologia no Brasil*. Bragança Paulista: Universidade São Francisco, Centro de Documentação e Pesquisa em História da Educação, 2001.

_____. "Diário de Campo: Arthur Ramos, antropólogos e a antropologia". In: *Anais da Biblioteca Nacional*, Rio de Janeiro, v. 119, 1999.

COUCEIRO, Luis Alberto & TALENTO, Biaggio. *Edison Carneiro: o mestre antigo*. Salvador: Assembleia Legislativa do Estado da Bahia, 2009.

COUTINHO, Daniel. *O ABC da capoeira Angola: os Manuscritos de Mestre Noronha*. Brasília: Defer, 1993.

CUNHA, Manuela Carneiro da. "'Cultura' e cultura: conhecimentos tradicionais e direitos intelectuais". In: *Cultura com aspas e outros ensaios*. São Paulo: Cosac Naify, 2009.

DECÂNIO, Angêlo A. *A Herança de Pastinha*. Coleção São Salomão. Salvador: s/ed, 1997.

DIAS, Adriana Albert. "Os 'fiéis' da navalha: Pedro Mineiro, Capoeiras, Marinheiros e Policiais em Salvador na República Velha". *Afro-Ásia*, n° 32, 2005, p. 271-303.

_____. *Mandinga, manha e malícia: uma história sobre os capoeiras na capital da Bahia (1910-1925)*. Salvador: Edufba, 2006.

DIAS, Luís Sérgio. *Quem tem medo da capoeira?* Rio de Janeiro: Secretaria Municipal das Culturas, Departamento Geral de Documentação e Informação Cultural, Arquivo Geral da Cidade do Rio de Janeiro, Divisão de Pesquisa, 2001.

DANTAS, Beatriz G. *Vovó nagô, papai branco*. Rio de Janeiro: Graal, 1988.

ELIAS, Norbert. *Mozart, sociologia de um gênio*. Rio de Janeiro: Zahar, 1995.

ELIAS, Norbert; DUNNING, Eric. *Quest for excitement: sport and leisure in the civilising process*. Dublin, Ireland: University College Dublin Press, 2008.

FAUSTO, Bóris. *História do Brasil*. São Paulo: Edusp, 2004.

FILHO, Mello Morais. *Festas e tradições populares do Brasil*. São Paulo: Edusp; Belo Horizonte: Itatiaia, 1979 [1893].

FREYRE, Gilberto. *Casa-grande & Senzala: formação da família brasileira sob o regime da economia patriarcal*. 51ª ed. São Paulo: Global, 2006 [1933].

_____. *Sobrados e mucambos: decadência do patriarcado rural e desenvolvimento do urbano*. São Paulo: Global, 2004 [1951].

FURRER, Bruno (org.). *Carybé*. Apresentação na sobrecapa Antônio Celestino; introdução Jorge Amado; textos Carybé, Lídia Besouchet, José Cláudio da Silva; pesquisa e biografia Gardênia Melo. Salvador: Fundação Emílio Odebrecht, 1989.

GOLDSTEIN, Ilana. *O Brasil best-seller de Jorge Amado: literatura e identidade nacional*. Dissertação (mestrado em Antropologia) – FFLCH/USP, São Paulo, 2000.

GUERREIRO, Goli. "A cidade imaginada – Salvador sob o olhar do Turismo". *Revista Gestão e Planejamento*, Salvador, ano 6, n. 11, jan./jun. 2005, p. 6-22.

HALL, Stuart. "Pensando a Diáspora – reflexões sobre a terra no exterior". *Da Diáspora: identidades e mediações culturais*. Belo Horizonte: Editora UFMG, 2003.

HOBSBAWM, Eric & RANGER, Terence. *A invenção das tradições*. São Paulo: Paz e Terra, 2002.

HOLANDA, Sérgio Buarque de. *Raízes do Brasil*. Rio de Janeiro: José Olympio, 1978.

LANDES, Ruth. *A cidade das mulheres*. 2ª ed. rev. Rio de Janeiro: Editora UFRJ, 2002.

LIMA, Vivaldo da Costa & OLIVEIRA, Waldir Freitas (org.). *Cartas de Edison Carneiro a Arthur Ramos*. São Paulo: Corrupio, 1987.

LÜHNING, A. E. "O compositor Camargo Guarnieri e o 2º Congresso Afro-Brasileiro em Salvador, 1937". In: SANSONE, Lívio; SANTOS, Jocélio dos (orgs.). *Ritmos em trânsito: sócio-antropologia da música bahiana*. São Paulo/Salvador: Dynamis Editorial, 1998, p. 59-72.

MARINHO, Inezil Pena. *Subsídios para o estudo da metodologia do treinamento da capoeiragem*. Rio de Janeiro: Imprensa Nacional, 1945.

MORAES, Vinicius de. *Forma e exegese*. Rio de Janeiro: Pongetti, 1935.

NERUDA, Pablo. *Odas elementales*. Buenos Aires: Seix Barral, Grupo Planeta, 2004.

NOGUEIRA, Maria Guadalupe Pessoa. *Edição anotada da correspondência Mário de Andrade e Renato Almeida*. Dissertação (mestrado) – FFLCH-USP, São Paulo, 2003.

OLIVEIRA, Josivaldo Pires de. *Pelas ruas da Bahia: criminalidade e poder no universo dos capoeiras na Salvador Republicana (1912-1937)*. Dissertação (mestrado em História) – UFBA, Salvador, 2004.

OLIVEIRA, Waldir Freitas. "Os Estudos Africanistas na Bahia dos anos 30". In: LIMA, Vivaldo da C. & OLIVEIRA, Waldir F. (orgs.). *Cartas de Edison Carneiro a Arthur Ramos*. São Paulo: Corrupio, 1987.

ORTIZ, Renato. *Cultura brasileira e identidade nacional*. São Paulo: Brasiliense, 1985.

PASTINHA, Mestre. *Capoeira Angola*. Salvador: Fundação Cultural do Estado da Bahia, 1988 [1964].

PIRES, Antonio Liberac Cardoso Simões. *Movimentos da cultura afro-brasileira: a formação histórica da capoeira contemporânea (1890-1950)*. Tese (doutorado em História) – IFCH-Unicamp, Campinas, 2001.

PRADO JÚNIOR, Caio. *Formação do Brasil Contemporâneo*. São Paulo: Brasiliense; Publifolha, 2000.

PRANDI, Reginaldo. "Religião e sincretismo em Jorge Amado". In: *O universo de Jorge Amado*. São Paulo: Companhia das Letras, 2009.

QUERINO, Manuel. *A Bahia de Outrora*. Salvador: Livraria Econômica, 1922 [1916].

RAIILARD, Alice. *Conversando com Jorge Amado*. Rio de Janeiro: Record, 1990.

RAMOS, Ana Rosa. "Historicidade e cultura urbana". In: *Bahia, a cidade de Jorge Amado*. Ciclo de Palestras, 2000.

RAMOS, Arthur. *O Folk-lore Negro do Brasil: demopsychologia e psychanalyse*. Rio de Janeiro: Civilização Brasileira, 1935.

RAMOS, Cleidiana Patrícia. *O discurso da luz (imagens das religiões afro-brasileiras nos arquivos do jornal* A Tarde*)*. Dissertação (mestrado) – Programa de Pós-Graduação em Estudos Étnicos e Africanos, UFBA, Salvador, 2009.

REGO, Waldeloir. *Capoeira angola: ensaio sócio-etnográfico*. Salvador: Itapuã, Coleção Baiana, 1968.

REIS, Letícia Vidor. *O mundo de pernas para o ar: a capoeira no Brasil*. São Paulo: Fapesp/Publisher Brasil, 1997.

_____. "A 'Aquarela do Brasil': reflexões preliminares sobre a construção nacional do samba e da capoeira". *Cadernos de Campo* – revista dos alunos de Pós-graduação em Antropologia Social da USP, n° 3, 1993, p. 5-19.

REIS, João José. "Batuque negro: repressão e permissão na Bahia oitocentista". In: JANCSÓ, István & KANTOR, Iris (orgs.). *Festa: cultura e sociabilidade na América Portuguesa*, vol. 1. São Paulo: Hucitec/Edusp/Fapesp/Imprensa Oficial, 2001.

_____. "Raça, política e história na tenda de Jorge". In: Tenda dos Milagres. São Paulo: Companhia das Letras, 2008.

RISÉRIO, Antonio. *Avant-garde na Bahia*. São Paulo : Instituto Lina Bo e P. M. Bardi, 1995.

ROSSI, Luiz Gustavo Freitas. *As cores da revolução: a literatura de Jorge Amado nos anos 30*. Dissertação (mestrado em Antropologia) – IFCH-Unicamp, Campinas, 2004.

SAHLINS, Marshall. "Experiência individual e ordem cultural". In: *Cultura na prática*. Rio de Janeiro: Editora UFRJ, 2007.

SALLES, Vicente. "Bibliografia crítica do folclore brasileiro: capoeira". *Revista Brasileira de Folclore*, Rio de Janeiro, ano VIII, n. 23, jan/abr. 1969, p. 79-103.

SALVADOR, Prefeitura Municipal de. *Álbum comemorativo da cidade do Salvador*. Salvador: s/ed, 1954.

SANDRONI, Carlos. "Adeus à MPB". In: CAVALCANTE, B.; STARLING, H. M. M.; EISENBERG, J. (orgs.). *Decantando a República*, vol. 1: *Inventário histórico e político da canção popular moderna brasileira*. Rio de Janeiro: Nova Fronteira; São Paulo: Fundação Perseu Abramo, 2004.

SANSONE, Livio. "Um campo saturado de tensões: o estudo das relações raciais e das culturas negras no Brasil". R*evista Estudos Afro-asiáticos*, ano 24, n° 1, 2002, p. 5-14.

SANTOS, Jocélio Teles dos. *O poder da cultura e a cultura do poder: a disputa simbólica da herança negra no Brasil*. Salvador: Edufba, 2005.

SEVCENKO, N. "Futebol, metrópoles e desatinos". *Revista USP*, São Paulo, vol. 22, 1994, p. 30-37.

_____. "A capital irradiante: técnica, ritmos e ritos do Rio". In: SEVCENKO, N. (org.). *História da Vida Privada no Brasil*. São Paulo: Companhia das Letras, 2004.

SCHORSKE, Carl. *Viena Fin-de-siècle*. Campinas: Editora da Unicamp; São Paulo: Companhia das Letras, 1990.

_____. "Tensão geracional e mudança cultural". In: *Pensando com a história: indagações na passagem para o modernismo*. São Paulo: Companhia das Letras, 2000.

SCHWARCZ, Lilia Katri Moritz. "Complexo de Zé Carioca. Sobre uma certa ordem da mestiçagem e da malandragem". *Revista Brasileira de Ciências Sociais*, São Paulo, vol. 29, n. 10, 1995, p. 17-30.

_____. "O artista da mestiçagem". In: *O Universo de Jorge Amado*. São Paulo: Companhia das Letras, 2009.

SCHWARCZ, L. K. M.; STARLING, H. M. M. "Lendo canções e arriscando um refrão". *Revista USP*, São Paulo, vol. 68, 2006, p. 210-233.

SILVA, Aldo José Morais. *Instituto Geográfico e Histórico da Bahia: origem e estratégias de consolidação institucional (1894-1930)*. Tese de Doutorado. Salvador: PPGH/UFBA, 2006.

SILVA, José Cláudio da. "As artes de Carybé". In: FURRER, Bruno (org.). *Carybé*. Apresentação na sobrecapa Antônio Celestino; introdução Jorge Amado; textos Carybé, Lídia Besouchet, José Cláudio da Silva; pesquisa e biografia Gardênia Melo. Salvador: Fundação Emílio Odebrecht, 1989.

SILVA, Paulo Santos. *Âncoras de tradição: luta política, intelectuais e construção do discurso histórico na Bahia, 1930-1949*. Salvador: Edufba, 2000.

SILVA, Washington Bueno da. *Canjiquinha, a alegria da capoeira*. Fundação Cultural do Estado da Bahia, 1989.

SOARES, Angela Barroso Costa. *Academia dos Rebeldes: modernismo à moda baiana*. Dissertação (mestrado) – Programa de Pós-graduação em Literatura e Diversidade Cultural, UEFS, Feira de Santana, 2005.

SOARES, Carlos Eugenio Libano. *A negregada instituição: os capoeiras na corte imperial, 1850-1890*. Rio de Janeiro: Acess, 1998.

_____. *A capoeira escrava e outras tradições rebeldes no Rio de Janeiro (1808-1850)*. Campinas: Editora da Unicamp, 2001.

SODRÉ, Muniz. *Mestre Bimba: corpo de mandinga*. Rio de Janeiro: Manati, 2002.

SOUSA, Ricardo Pamfilio. "A música na Capoeira Angola de Salvador". In: TUGNY, Rosângela Pereira de & QUEIROZ, Ruben Caixeta de (orgs.). *Músicas africanas e indígenas no Brasil*. Belo Horizonte: Editora UFMG, 2006.

TAVARES, Luís Henrique Dias. *História da Bahia*. São Paulo: Editora Unesp: Salvador: Edufba, 2001.

VASSALO, Simone Pondé. "Capoeira e intelectuais: a construção coletiva da capoeira 'autêntica'". *Estudos Históricos*, Rio de Janeiro, n° 32. 2003.

_____. "Resistência ou conflito? O legado folclorista nas atuais representações do jogo da capoeira". *Campos*, 7 (1), 2006, p. 71-82.

VERGER, Pierre. *50 anos de fotografia*. Salvador: Corrupio, 1982.

_____. *Retratos da Bahia*. 4ª ed. Salvador: Corrupio, 2005.

VIANNA, Hermano. *O mistério do samba*. Rio de Janeiro: Zahar, 1995.

VIEIRA, Luis Renato. *O jogo da capoeira: corpo e cultura popular no Brasil*. São Paulo: Itapuã, 1995.

VILHENA, Luis Rodolfo. *Projeto e Missão: o Movimento Folclórico Brasileiro (1947-1964)*. Rio de Janeiro: Funarte/Editora FGV, 1997.

WISNIK, José Miguel. "Nacionalismo Musical". In: SQUEFF, Enio & WISNIK, J. M. *Música*. São Paulo: Brasiliense, 1982.

## Sites

Academia Brasileira de Letras: <www.academia.org.br>.

Centro de Pesquisa e Documentação de História Contemporânea do Brasil da Fundação Getúlio Vargas: <http://www.fgv.br/CPDOC>.

Dicionário Cravo Albin da Música Brasileira: <www.dicionariompb.com.br/>.

Enciclopédia Itaú de Artes Visuais: http://www.itaucultural.org.br

Fundação Pierre Verger: <www.pierreverger.org/>.

Gilberto Gil (site oficial): <http://www.gilbertogil.com.br>.

Vinicius de Moraes (site oficial): <http://www.viniciusdemoraes.com.br>.

## Discografia

*Academia de capoeira Angola São Jorge dos irmãos unidos do Mestre Caiçara*. Copacabana, 1969, LP.

Bimba, Mestre. *Curso de Capoeira Regional*. Salvador, RC Discos/fitas, 1962. LP.

Camafeu de Oxossi. *Berimbaus da Bahia*. Com capa pintada por Carybé. Rio de Janeiro/Guanabara, Continental, 1967-8. LP.

Camafeu de Oxossi. *Berimbaus da Bahia*. Com capa pintada por Carybé. Rio de Janeiro/Guanabara, Philips, 1968. LP.

*Capoeira Angola – Mestre Pastinha e sua Academia*. Rio de Janeiro, Polygram, LP.

*Documentos Folclóricos Brasileiros – Capoeira*. Com Mestre Traíra e Cobrinha Verde e apresentação de Dias Gomes. São Paulo, Ed. Xauã, 1962-4. LP.

Veloso, Caetano. *Transa*. Polygram, 1972. LP.

## Filmes

*Barravento*. Produção de Glauber Rocha, com música do Mestre Canjiquinha, 1961.

*Bimba! A capoeira iluminada*. Direção de Luis Fernando Goulart. Lumem Produções Ltda, 78 minutos.

*Dança de Guerra*. Documentário de Jair Moura, 1968.

*Mandinga em Manhattan*. Documentário de Lázaro Faria. DocTV, 2006.

*O pagador de promessas*. Direção de Anselmo Duarte, 1962.

*Pastinha! Uma vida pela capoeira*. Antonio Carlos. Rio de Janeiro: Raccord Produções, 1998. DVD.

*Vadiação*. Direção de Alexandre Robatto Filho. São Paulo, 1954.

Alameda nas redes sociais:
Site: www.alamedaeditorial.com.br
Facebook.com/alamedaeditorial/
Twitter.com/editoraalameda
Instagram.com/editora_alameda/

Esta obra foi impressa em São Paulo pela Graphium no outono de 2016. No texto foi utilizada a fonte Constantia em corpo 10,5 e entrelinha de 15 pontos.